# 高中语文
## 思维模板教程

主编　郭建军

清華大学出版社
·北京·

## 内容简介

本教程颠覆了固有思维习惯，借助逻辑学、哲学、数学、心理学、跨媒介阅读等多种学科性思维创建了模板式思维的语文学习方法。

本教程根据国家课程标准与考试命题，分为多文本阅读(社科类文本)、文言文阅读、古代诗歌鉴赏、现代文学类文本阅读、记叙文与议论文写作五章，针对高中生学习和备考的主要问题，研究推出模板式思维的学法指导与思维品质的升格训练，并提供有针对性的解决策略和具体实施步骤。

每一章根据不同知识与能力板块设计了不同的思维模板、审题模板、表达模板等。在“模板思维学习”和“课堂教学实录”之后设计了“举一反三”和“学以致用”的扩展升格练习，内容不仅涉及最新高考题型与题目，更包含真实的生活素材、丰富的跨媒介阅读资料，以便清晰、高效地实现阅读与写作能力的贯通提升。

本书致力于让所有高中学生在语文学习的学科思维方面实现质的飞跃，尤其为同学们高三备考复习提供了科学、高效的专业性支持，相关内容在全国各考区教学实践中得到良好的反响。本书还可以作为家长朋友的亲子学习教材，以及为对阅读、写作有兴趣的广大读者朋友提供帮助。



**图书在版编目(CIP)数据**

高中语文思维模板教程/郭建军主编．—北京：清华大学出版社，2022.4(2024.12重印)
ISBN 978-7-302-60608-6

Ⅰ．①高…　Ⅱ．①郭…　Ⅲ．①中学语文课—高中—教学参考资料　Ⅳ．①G634.303

中国版本图书馆 CIP 数据核字(2022)第 060456 号

**责任编辑**：张龙卿
**封面设计**：徐日强
**责任校对**：袁　芳
**责任印制**：丛怀宇
**出版发行**：清华大学出版社
**网　址**：https://www.tup.com.cn，https://www.wqxuetang.com
**地　址**：北京清华大学学研大厦 A 座　**邮　编**：100084
**社 总 机**：010-83470000　**邮　购**：010-62786544
**投稿与读者服务**：010-62776969，c-service@tup.tsinghua.edu.cn
**质量反馈**：010-62772015，zhiliang@tup.tsinghua.edu.cn
**印 装 者**：三河市龙大印装有限公司
**经　销**：全国新华书店
**开　本**：185mm×260mm　**印　张**：12.5　**字　数**：286 千字
**版　次**：2022 年 5 月第 1 版　**印　次**：2024 年 12 月第 5 次印刷
**定　价**：59.00 元

产品编号：090110-01

# 序

五六年前，我被邀请到北京市房山区教师进修学校参加教研活动。活动结束时，有位微胖的女老师走到我跟前说：“张老师还认识我吗？我是您的学生。”我有点诧异，头脑里似乎没有什么印象。“您给我们上语文教学论的专业课，在北师大研究生班。我跟某某还有某某是一个班的。”她提到的另外一位同学我还有印象。后来，我到北京四中房山校区参加教研活动，听了她的课，有感于课堂上师生的真实、默契、活跃、参与度高，以及对语文学习的探索、热爱和浓厚的兴趣，慢慢地脑海里有了些她的印象。她，就是本书作者郭建军。

再后来，她时不时通过微信跟我联系，得意于她的教学设计和学生的好评，得意于她近几年以西城区兼职教研员和把关教师的身份义无反顾地从北京市中心投身到城乡教育一体化项目的教育情怀。她诉说每天从城里到房山上班奔波几十公里的艰辛，有时也发发牢骚，对此，我一般是做一个听众，也说些开导的话，究竟起没起作用不得而知。

大约一年前，她忽然说：“我计划写一本书，到时请您给我作个序行不行？”我说：“没问题。”

半年前，她给我看了一部分初稿，想法很好，但还比较粗糙，或许是业余时间太少的缘故吧。我提出一些建议，她说一定修改。

眼前，郭建军老师这本书稿即将付梓了，我自然要兑现一篇“序”。

这是一部完全源于真实的一线课堂，来自师生共同研究并取得了良好效果的原创性著作，十分难得。书中根据考试要求，较完整、系统地提出了针对新课标、新教材、新高考之下广大师生的一些困惑的解决方案，尤其是作者关注学生的思维培养，并以此为重点，在不少教学案例中贯彻了“促进深刻性、敏捷性、灵活性、批判性和独创性等思维品质的提升”的新课标精神，具有一定的探索意义和实践价值。

本书倾注于“模板”的形式，将语文试卷考查的各部分形成一个个“思维模板”，让学生看得清，抓得住，可视为有一定新意，或者说是创新。书中的教学案例取材于最新高考内容以及备考题目和鲜活的生活实际，还有看似信手拈来的课堂建设资源，无不体现着师生共同思考、探究的质量。其中对新课标 18 个学习任务群教学的积极探索，尤其是对“跨媒介阅读与交流”“中华传统文化经典研习”“思辨性阅读与表达”“科学与文化论著研习”“当代文化参与”等大家感到有些困难的任务群教学做了许多有益探索，提供了可资借鉴的课堂实例。

郭建军老师有近三十年的教龄。从她发给我的学生的信息反馈中，我了解到她是一位很受学生尊敬与欢迎的老师，教学质量一直很优异。而这些成绩的取得，与她积极投入教育科研不无关系。多年来，郭建军老师参与过多项国家级、北京市级课题的研究，作为“模板式思维的学习与备考”研发人，能够在新课标、新教材、新高考落地伊始就把新的理念与一线教学实践紧密结合起来，提高语文教与学两方面的兴趣、效率与质量；在方法论的指引下，她带领学生共同探索，建构出高效、充满活力的语文课堂，师生也由此共同体悟到语文带给人生的深刻与理性、柔软与幸福。

高中一线教师，尤其是毕业班的教师，在繁重的教学工作中做有心人，用难得的课余时间著书立说，将自己关于教育教学的探索总结、提炼并编写出来，并且乐于分享，实属不易。这需要有很高的追求、很大的毅力、很广的胸怀，因此我赞赏郭建军，对她的印象更加深了一层。

是为序。

**张彬福**

**2022 年春于首都师范大学**

# 前　言

**关于思维模板与方法论的降维效应相关内容的新课标摘要：**“思维发展与提升是指学生在语文学习过程中，通过语言运用，获得直觉思维、形象思维、逻辑思维、辩证思维和创造思维的发展，促进深刻性、敏捷性、灵活性、批判性和独创性等思维品质的提升。

语言是重要的交际工具，也是重要的思维工具。语言的发展与思维的发展相互依存、相辅相成。”

培养思维力不是训练模仿力。

培养是按照一定目的长期地对相应对象进行教育和训练，使其成长；训练是有计划、有步骤地通过学习和他人辅导来掌握某种技能。两者的区别在于：培养能够使学生具有自主学习及创造性思考的能力，使其思维品质获得全面提升；训练则更多的是通过机械地练习与模仿获得解题的技能。

斯坦福大学商学院教授、组织行为学专家马特·亚伯拉罕曾经在大量实验数据中得出一个结论：“有‘结构’的表达更加高效，人们更愿意理解那些被组织过的信息。合理地组织语言不仅有利于表达，也有利于听众理解。这就是‘结构’的意义，它可以帮助我们正确高效地传递和理解信息。”

这种关于“结构”式表达的研究成果，应用到阅读与写作教学中，可以用“思维模板”的形式来呈现。

本教程视角科学丰富，关注课程标准、教材体系、考试命题、课前预习、课后学习、复习备考、考试评价的学习全过程。只有全方位研究学习的整个过程，才能深入理解命题的呈现方式，也才能培养出自主学习的能力与创造性的思维能力。

“模板式思维”通过不同的具体思维模板培养建立逻辑思维，同时矫正学生的错误思维；颠覆、摈弃机械刻板的套用型训练，建立并激活科学性、创造性的思维。遵循逻辑思维的规律，通过一个个生动真实的课堂教学以及生活案例，运用不同的思维模板对直觉思维、形象思维、逻辑思维、辩证思维和创造思维进行定向训练，培养一种科学理性的思维方式，培养一种可以解决多学科、多种问题的贯通能力。这种思维方式一旦学以致用，将具有举一反三、融会贯通的效果，激发出学生自主思考与创新的超级能力，由此培养出的学生具有主观创造性的思维能力，具有灵活解决实际问题的迁移与应用能力。其颠覆了通过海量的机械训练，实现简单的模仿、套用，只停留在解题技巧层面的低效学习。

笔者在全国各考区连续几届的教学实践证明，在此科学的思维模板培养基础上，学生在高三一学年精学精练不到十套题就完全可以实现能力的较快提升及成绩的飞跃。

很多已经就读于大学的同学回望高中语文学习时，尤其强调语文课具有“降维”打击的思维快乐，这种思维方式也为大学深造打下了基础。简单地说，降维打击就是用更高一级的思维与手段把复杂问题简单化。举个简单例子，穿越小说的情节就是用今天的科学思维、战略战术、科技装备去解决古代的问题，远远高出几个维度。如果用三维的思维高度去解决二维问题，就会信手拈来，轻而易举。因此，本教程把多学科思维训练引入语文课堂，借助逻辑学、哲学、数学、心理学等学科思维以及跨媒介阅读、任务群建设等方式，助力学生的语文学习，彻底颠覆以记忆为主的传统认知，改为以逻辑思维为主的主动灵活的思维方式，从而提升思维品质。本教程把科学的理论与编者多年一线的教学实践紧密结合起来，在学习与应试中体会科学的思维方式带来的降维打击的成就感，从而实现高效、高产、高水平、高素养的语文学习目标。

紧跟“新课标”的战略，精准介入方法论的战术，依靠科学的思维模板提升思维品质，同时学会了“点金术”，不再陷入题海去“盲目寻金”。依规矩，才成方圆，赢在思维，举一不止反三，事半不仅功倍。思维的快乐也不仅仅局限在语文课堂之中。

本教程是应邀对模板思维教学的课堂实录进行的梳理，筛选的范围主要是刚刚结束的高三学年的教学与复习内容，材料新，课型全面，希望起到抛砖引玉的作用，也希望有更多的同学和同行因此享受到模板思维带来的高效，享受到语文学习带给人生深远的幸福与智慧。

对全国各考区的调研与教学实践证明，本教程通过对新课标、新教材的高度理解，扎实而系统的教学研究实践，广泛而严谨的调研论证，为广大师生提供了科学、高效且经过实践检验的解决方案，具有极强的真实性、科学性、实操性，从而便于学习、便于使用、便于提高。

在此特别感谢笔者在北京师范大学就读研究生课程班时的恩师张斌福教授，张老师在百忙中时时鼓励、真诚垂顾、拨冗作序，使笔者不敢有丝毫懈怠。在张老师的指点、提携中，年过半百的笔者再次体会到了作为学生的幸福感，仿佛时光倒流，青春洋溢的自己还在当年的课堂上聆听老师们的教诲，并热烈地讨论着……

感谢北京大学温儒敏老师的学生、安徽师范大学王中教授的热情鼓励和肯定；感谢原北京教育学院西城分院的刘燕院长对本教程进行仔细严谨的审阅，详细专业的批改；感谢北京第八十中学的高三资深教师晁凌云老师坦诚的专业交流；感谢不断鼓励并促成本书出版的管佩森老师、明博公司程学义老师以及北京、广东、四川、河北、吉林、江西、江苏等考区的模板思维实验课堂的教师和学生们。

还要感谢笔者历届的学生。近 30 年的教学生涯，笔者始终坚持与学生打成一片，深耕一线课堂，学生的青春与笔者的成长已经相互交织，成为生命中的年轮。正是每一届学生的信任与投入，才建设出高效欢乐的课堂，创造出格外精彩的教学成果。好的课堂，是好的老师与学生们共同创造的。

多年师生成知己。感谢出版专业的付萌老师提供的技术支持，感谢就读于清华大学的曹蕾同学、北京大学的翰轩同学、首都师范大学中文系的李嘉元同学、南京艺术学院的刘洋同学等为本书的校阅做的大量工作。

编 者

2022 年 1 月于北京

# 目　录

# 第一章　多文本阅读的思维模板

## 第一节　构建多文本阅读的思维模板的必要性

语文学习力图通过采用不同的阅读板块，借助不同的文本载体，培养学生掌握不同知识的能力，并培养他们具备优良的思维品质。通过考试中的命题，在阅读练习中对不同的知识点、能力点的掌握情况进行考查。

以命题导向引导学生在日常学习中关注逻辑思维的建构及思维品质的提升。也就是说，针对各板块不同的学习目标、不同的命题意图与角度、不同的考试题型，首先在思维方向与阅读方法上就要有所区别。其次缘于具体解题任务有所不同，不同板块的学习目标所对应的训练重点、采用的阅读策略、使用的高效解题方法也会有所变化。

在多文本阅读的板块中，考查的重点是学生对信息筛选、整合、推理的能力，同时考查的一个能力点是学生阅读文本的速度。所以在时间布局上，这个板块的考场作答所对应的答题时间相比其他的阅读板块应该缩短一些，这就要求我们在日常学习过程中了解高考选文特点，平时可以运用独特的快速阅读法与高效解题法，找出针对这一知识板块的解读策略。

### 一、多文本阅读的选材规律

实用类文本阅读选文多为一组多文本，遇到的题目通常会包含三四则材料。拿到这一组材料，首先要建立正确的思维模式，就是找到本阅读板块的选材规律。

在生活中，我们经常会看到新闻中有这样的报道：各国首脑在某某会议中“就共同关心的国际问题交换了看法”。看实用类多文本阅读的选材也具有这样的规律，要就“共同关心的问题”展开讨论。

请不同领域的专家围绕“共同关心的话题”进行论证。大家从不同的角度或者不同的深度展开讨论，每一则材料的文体是一段论述性文字或者说明性文字。材料间可能是并列的逻辑关系，也可能是递进的逻辑关系。无论哪一种都会围绕一个“共同关心的话题”来实现三四则材料之间的逻辑关联。

综上所述，多文本阅读的选文特点是：几则材料围绕一个共同的话题；材料类型是一组实用类文本；文本与文本之间通常具有平行或递进的逻辑关联。

因此建立实用类多文本阅读思维模式可以针对性地分为四步。

（1）找出阅读材料中“共同关心的话题”究竟是什么话题。

（2）明确每一则材料论述的观点或者被说明对象的特点。

（3）梳理清楚几则文本材料之间的逻辑关系。

（4）比较材料间的异同。

## 二、多文本阅读的提速方法

在做不同类型的文本阅读的时候，通常采用的阅读方法是不一样的，需要根据文体、语境以及命题意图因文而异。多文本阅读考查目标之一就是快速提取、筛选、整合有效信息的能力，以适应未来学习、工作、生活的需要。针对本板块考查目标，日常学习中提高阅读速度的科学训练至关重要，可避免在考场作答中因时间布局上的失误而影响全局。

### （一）屏蔽积累的阅读提速法

在进行文学类文本阅读的时候，提倡学生开启所有的生活积累和阅读积累去感同身受地理解文本。而在多文本的学习中，反而要在阅读中屏蔽所有的生活积累与阅读积累，以保证信息最大限度地单纯源于文本，不受学生自身积累的干扰，从而快速、简洁、干净地筛选出必要信息。

### （二）画逻辑关系图的阅读提速法

围绕多文本选文材料中的内容，可以假想一个场景，就是组织一次研讨会，大家针对材料中“共同关心的话题”展开讨论，听取各方意见。

以本章第二节中的“材料 1”这篇素材为例。首先找出“共同关心的话题”——关于历史建筑的保护问题。然后假想就此话题举行一个听证会。在会上，各方代表、各领域的专家站在不同角度去考虑历史建筑的保护问题，表达自己的见解，那么选文中的三则材料之间的逻辑关系是从不同角度解读的并列关系。

理顺了各个材料间的外部逻辑关系后，再来梳理材料内部的逻辑关系。

假设你是与会专家，要就历史建筑的保护问题谈谈见解，你的看法就是我们在语文中通常说的观点——“言”。为了证明自己的观点，还要提出一些佐证——“据”，之后加以论证。

通过对材料中逻辑关系的梳理，我们用于表达观点所对应的思维模板就清晰了——“言、据、证”。对应到文本中可以确认这组材料是议论文体，我们马上就可以切换到议论文的阅读方法。根据“言、据、证”的内部逻辑，很容易区分观点与依据、宏观与微观、世界观与方法论等。

根据对材料之间以及材料内部的逻辑关系进行梳理，接下来就可以把各材料之间的逻辑关系、同一材料内部各段落之间的逻辑关系画出结构图表。

画出文本间的逻辑关系图，可以快速地把握材料内容，一目了然地对文本中整组材料的结构与逻辑如“庖丁解牛”般洞悉，为答题做好了方向正确的准备。

**提示：** 多文本阅读学习初期，命题中各材料之间的关系比较简单，一道阅读练习题中的三四则材料之间往往是不同角度的并列关系，或者是不同深度的递进关系，更多侧重的是单向的逻辑关系的训练。但是到高三总复习阶段，随着大家学习能力及思维水平的提高，考试命题的难度系数也会相应增加。我们阅读的文本材料之间以及每一则材料内部的各个段落之间的逻辑关联往往既有不同角度的平行关系，又杂糅着不同深度的递进关系，因此在做题实践时一定要关注到逻辑关系的混合使用。

### （三）带题入文的阅读提速法

针对多文本阅读的命题思路及考查要点，在读题与阅读文本材料的顺序上与其他板块也是有较大区别甚至顺序相反。在文学类文本阅读中，提倡读懂、读透文章内容主旨再去审题。而多文本的阅读主要考查快速筛选、提取、整合有效信息的能力，也就是要求学生具有既快又准地把握信息的能力。鉴于这样的学习目标，建议先进入这一板块所设置的最后一道题目——简答论述题，之后带题入文，在文本材料中有目的地进行阅读和信息检索，便于提高阅读速度和解题的正确率。

简答题的题干中往往包含着文本的重要信息点，这些题干重点可以帮助我们快速确定有效的阅读区域，在题干信息锁定的有效阅读区域精读，对此区域外的文本可以切换成浏览、略读的阅读方式，这样既对全文信息有了总体把握，避免遗漏信息，又可以高效、快速地把时间和精力集中在重点的某一小段进行精读与思考。

带题入文可以将目力集中在重点段落，而不是散乱在通篇大幅文章中，并可以极大地提高阅读速度；聚焦在有效阅读区域又可以屏蔽文本中与本题不相关信息的干扰，可以有效地提高作答正确率。

**【知识卡片】多文本阅读的逻辑思维模板**

文本之间的逻辑关系如图 1-1 所示，材料之间的逻辑关系如图 1-2 所示。

事物的内部联系包括因果关系、层递关系、主次关系、总分关系、并列关系等。

逻辑顺序，即按照事物或事理的内部联系及人们认识事物的过程来安排顺序。例如，从个别到一般、从具体到抽象、从主要到次要、从现象到本质、从原因到结果、从概括到具体、从特点到用途、从整体到局部等。

图 1-1　文本之间的逻辑关系

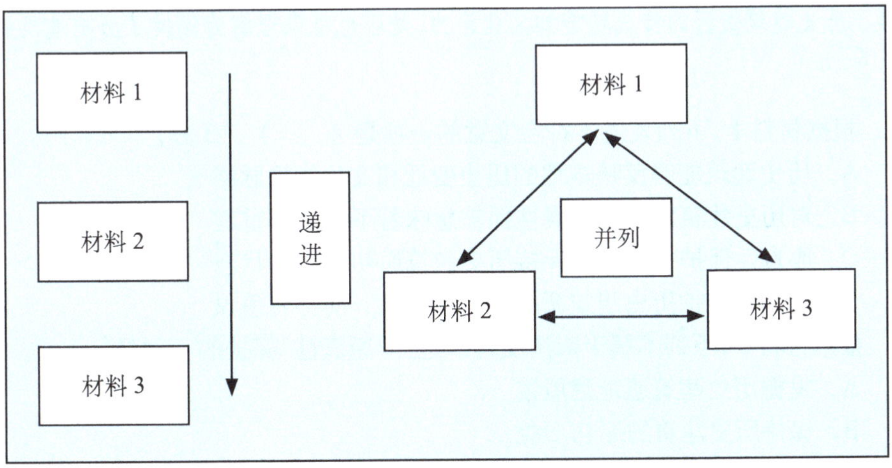


图 1-2　材料之间的逻辑关系

## 第二节　建立多文本阅读思维模板的步骤

本小节以北京市西城区高三一模（2020届）试题为例，学习多文本阅读的思维模板。

阅读下面的材料，完成1～5题。

**【材料1】**

历史建筑作为人类文化遗产的重要组成部分，是人类历史变迁的物质载体，包含着城镇、村庄的文化发展脉络，封存着本地居民的集体记忆和特殊情感，具有鲜明的地域特色与文化内涵。作为不可再生的文化资源，历史建筑保护已经成为全球性课题。

始建于公元前6世纪的庞贝古城，因维苏威火山喷发而被掩埋于地下，两千多年后才重见天日。在持续两百多年的发掘中，意大利对遗址采取了"原真性"保护策略，即在原地保留古城出土时的残损形貌和原初场景，不移动废墟中的任何残件，店铺、钱庄以及神庙都保持着灾难发生时的倒塌状态。这不仅再现了当时的规划建设、文化艺术以及日常生活画面，还能透过建筑破损直观地展现出古罗马时期建筑的材料、构造及建造工艺。经此保护的古城遗址，既是一件历史的"活化石"，也是一部关于建筑的"活的教科书"。

从17世纪起，北京琉璃厂便集中了许多出售书籍、笔墨纸砚、古玩字画的店铺，有着浓厚的传统文化氛围。20世纪80年代经过综合整治，琉璃厂保持了清代建筑风貌，文化商业街的功能得以延续，居民生活环境也得到了改善。但是对这种"仿古一条街"的做法，至今仍然存在两种对立的观点：一种观点认为"原真性"的清代历史建筑已不复存在，留下的只是做工地道的清式"新建筑"，那么这里只能算作历史风貌区，而不能算作历史文化街区。另一种观点则认为，琉璃厂历史地段原来的砖木结构建筑年久失修，若局限于静态的"原真性"，完全保留屋舍凋敝的真实，对城市发展和街区居民也未必有什么意义。而且经过翻新改造的琉璃厂，既保持了传统建筑风格，又延续了历史建筑街区的传统功能和文化活力，是否也可以理解为保持了历史地段的"原真性"？

1．根据材料1，下列表述不符合文意的一项是（　　）。(3分)

A．历史建筑能够反映本地的历史变迁和文化发展脉络

B．对历史建筑废墟的原真性保护意味着不能翻修重建

C．原真性保护指的是要保持历史建筑原初的倒塌状态

D．人们对保护历史建筑凋敝的"原真性"尚存有争议

2．根据材料1，下列不属于对历史建筑进行"原真性"保护的一项是（　　）。(3分)

A．发掘历史建筑遗址建展馆

B．保持历史建筑的原初形貌

C．保护历史建筑残件不改动

D．延续历史建筑的传统功能

【材料2】

1964年，在意大利威尼斯通过的《国际古迹保护与修复宪章》，第一次提出对历史文化遗产进行“整体性保护”。如今，“整体性保护”已成为世界各国在历史建筑保护方面的普遍共识。

英国什罗普郡塞文河畔的铁桥峡谷是18世纪工业革命的发源地，铁桥峡谷拥有代表英国18世纪科技与建筑水平的地标性建筑物——世界第一座全部用铸铁预制件建造的铁桥，峡谷中心地带的铁桥镇还原汁原味地保存着当初的矿区、矿井、高炉、厂房、车间、仓库等工业设施，步行道、电车轨道、铁路、运河等交通运输网络，以及工人住宅等生活设施。不仅如此，铁桥峡谷塞文河两岸的森林依然茂密如初。从工业设施到实体建筑，再到生态景观，今天的铁桥峡谷实景与18世纪的历史照片几乎吻合。由于完整地保存了英国工业革命时期的工业链条以及英国维多利亚时代的历史建筑风貌，铁桥峡谷1986年被列入“世界文化遗产”名录。

中国历史名城扬州已有2500年的建城史。扬州老城区水城一体，城池形态清晰完整，城内唐宋遗址、明清遗址并存，有30多处古代私家园林，592条古街古巷纵横交错，临街沿巷的老房旧屋鳞次栉比。扬州提出“不大拆大建，不破坏街巷体系，不破坏建筑风貌，不破坏历史文脉，不破坏居民生活”的发展原则，老城至今有保存完好并具有历史价值的传统民居建筑群484处，近8万居民生活其中，40多户园宅一体，住户们在自家院落筑池叠石，修亭建廊，老城区延续了“青砖黛瓦清水墙，深巷小院有人家”的传统生活场景和居住氛围。不仅如此，截至2014年，扬州还利用历史建筑建立了109座特色博物馆。如果把扬州老城看作一个整体博物馆，那么109座特色博物馆就是专题馆，这就把历史建筑等文化遗产与原生环境统一起来，变“孤岛式”的静态保护为整体性、开放性的动态保护，原生地居民成为历史建筑的继承者和保护者，“保”下来的历史建筑便“活”了起来。

3．根据材料2，下列有关历史建筑“整体性保护”的理解，不正确的一项是(　　)。(3分)

A．整体性保护已成为保护历史建筑的普遍共识

B．整体性保护是指完整保护地标性的历史建筑

C．整体性保护是原汁原味地保存历史建筑以及相关历史风貌

D．整体性保护是将静态的历史建筑与动态的居民生活作整合

【材料3】

在现代化步伐日益加快的背景下，历史建筑、历史街区的保护和地方的现代化建设似乎形成一对矛盾。20世纪60年代末，日本在城市建设中曾经大规模拆毁老旧街区。当时即有学者呼吁：原真性的历史环境也是现代化进程的组成部分，必须要得到保护。广大市民也积极参与，与学者一道推动日本各地立法保护历史建筑等文化遗产。

如何兼顾历史建筑、历史街区保护与本地现代化建设？法国巴黎玛黑区采用了文化复兴策略，即通过历史建筑的再利用，改善城市形象，提高城市竞争力。玛黑区有许多17—18世纪的巴黎贵族府邸，也有19世纪的工业建筑遗存。1980年前后，玛黑区建

立的6个图书馆、13个博物馆、10个剧院、6个音乐厅等文化设施，几乎都是对历史建筑的重新利用。玛黑区重要的历史文化遗存分散于各处，为了方便游人穿行观赏，玛黑区开放部分历史建筑的内部通道，扩增步行通道数量，将一个个非连续的、碎片化的历史文化“孤岛”连缀起来。为了提高知名度，玛黑区每年举办“玛黑嘉年华”，在各类历史建筑中举办音乐会、美术展、歌剧、历史展等，所有活动均对公众免费开放。这种将历史建筑与当代艺术紧密结合的文化创意，不仅吸引了世界众多主流文化团体参与，还普及了文化知识，提升了当地民众的文化认同感，培养了人们保护历史建筑及其历史风貌的责任感。

当然，解决历史建筑、历史街区保护与现代化建设这对矛盾并不轻松。比如，许多历史街区的基础设施现代化滞后于新建街区；各地管理决策者对历史建筑的文化价值与保护策略方面的认识参差不齐；文化投资者更加着眼于经济收益……可以说，历史建筑、历史街区的原真性、整体性保护仍然面临着许多难以想象的困难。

4．根据材料3，下列理解与推断不正确的一项是（　　）。(3分)

A．许多国家都存在着历史建筑保护与现代化建设之间的矛盾

B．专家学者和普通民众都有推动历史建筑保护的责任和义务

C．开发历史建筑的文化资源或可缓解保护与建设之间的矛盾

D．解决保护与建设之间的矛盾关键在于改变投资者的着眼点

5．综合以上三则材料，请简要概括说明在历史建筑保护中存在哪些难题。(6分)

通过本小节的学习，我们分以下几步建立文本阅读的思维模板。

## 一、找准“共同关心的问题”

针对以上试题中的材料，我们可以在头脑中模拟如下情境：召开一个研讨会，确定共同话题究竟是“历史建筑”还是“针对历史建筑的保护问题”，可以在课堂上思考并讨论一下。

意见有分歧的同学可以进一步研读文本，关注我们讨论的究竟是历史建筑本身的问题，还是与历史建筑相关的一些问题。现在我们发现教师课堂表述中引导的“本身的问题”“相关的问题”是两个不同的概念。表达成“历史建筑本身”的同学，对以上材料中共同话题的概括错在阅读中的定语与中心词没有准确区分：“历史建筑”只是定语，中心词是与“历史建筑相关”的“保护问题”。

我们需要在阅读中分清“保护”的具体内容是什么，根据表述的标志词“如何保护”确定“措施”。针对如何保护的共同话题，大家围绕“如何”“措施”两个核心词针对材料1～材料3分别表达各自的观点。

## 二、找出文本之间的逻辑关联

在阅读多文本的材料时，我们可以把它假想成召开一个研讨会的场景。

我们把材料1看作第一个发言人的看法，把材料2看作第二个发言人的看法，以此类推。在会议上每一种观点代表的不仅是个人的观点，更是一种思考的方向。与会各

方就共同关心的一个话题有三种观点进行讨论，落实到文字上就是我们阅读的三则材料，那么要做的是找出各个文本材料之间的逻辑关系。

首先，不同领域的专家论证这个问题时，是从不同的角度来探讨的；其次，同一领域的几个专家可能因为研究深度的不同，材料间会构成不同的梯度与深度。无论是不同角度的并列关系还是不同梯度的递进关系，各个材料之间都会围绕着一个共同的话题。代入该部分的多文本阅读材料中，大家是围绕着“如何保护历史建筑”这一共同关心的问题展开了讨论，这三则材料就是从不同角度展开论述的。

现在把三则材料之间的外部逻辑关系梳理清楚了，那么材料内部又是怎样的逻辑关系呢？通过本章第一节内容的学习，我们知道多文本的选文通常是一组论述性的材料或者是说明性的材料。具体到本节的练习题，呈现的是一组论述性材料。阅读材料时假设我们身处这个研讨会现场并且要做发言，那么我们不仅要就这个问题说说自己的看法，还要告诉大家你之所以提出这种观点的依据。言而有据的思维模式对应的表达思维模板就出来了——“言、据、证”模板。

之后做阅读题时，可以换位思考，由发言人变成听众，去正确理解他人就主题的表达。这样马上就找到了切入主题的最短路径，就是找出它的“言、据、证”。

我们要迅速捕捉材料间不同的观点。尽管有共同的话题，但每个人的论述有不同的角度、不同的深度，有一些区别于他人的不同思考。大家在阅读时的重点任务就是找到每一则材料之间的不同之处，快速分清每个材料间的个性化的表述和与众不同的阐释。

## 三、做出各文本之间的逻辑关系图

我们利用材料 1 做一个表达模板，如图 1-3 所示。

**材料 1**

以……为例

从……的角度

提出……的观点（建议、主张）

图 1-3　表达模板

这个表达模板是一种固定的句式。套用这个句式，可以把材料 1 内部的逻辑结构做出来。

下面仿照这个样本，大家举一反三，做出材料 2 和材料 3 的表达模板。

根据图 1-3 表达模板在材料 1 ～材料 3 中的具体运用，思考三则材料之间的逻辑关系是纵深递进的，还是平行并列于不同角度的。得出的思维模板如图 1-4 所示。

通过图 1-4，我们已经把这组材料之间的逻辑关系梳理清楚：三则材料强调的是不同的保护方式，各材料之间既有不同角度的平行并列，又有纵深递进。在做题时要重点关注各材料间的不同点以及具体有哪些不同，这是设题的方向之一。

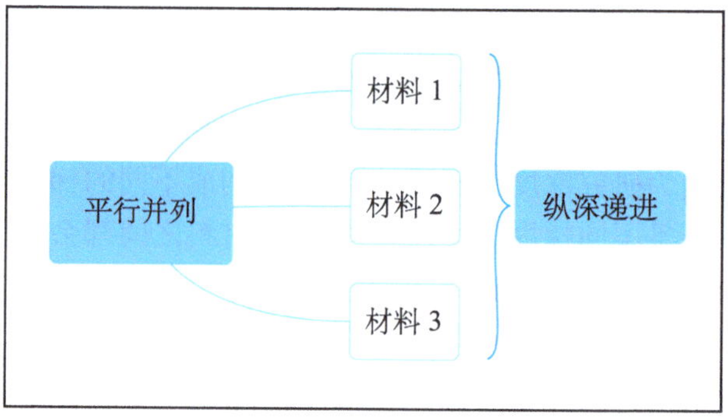


图 1-4　思维模板

## 四、找出材料内部各段的逻辑关系

梳理清楚三则材料之间的逻辑关系后，还要深入每一则材料的内部进行梳理。上文说过一个发言人要表达自己的观点，通常会找论据来进行论证，以便支撑观点，这些“言”和“据”都是答题时需要筛选的基础信息。

现在继续用材料 1 打样。这次的重点是进入材料 1 内部，研究各结构层次之间的逻辑关联。下面利用“言、据、证”思维模板分析一下。

### 1. 第一层

第一自然段提出了材料 1 的“言”。我们要快速地标注“言”是什么，识别其在行文结构中的位置是总括句还是总结句。

总结句是：“作为不可再生的文化资源，历史建筑保护已经成为全球性课题。”

“不可再生”和“文化资源”是历史建筑的两个特点，那么材料 1 的观点是靠哪个词体现的呢？——“保护”。

“保护”是观点，前面“不可再生”和“文化资源”作为历史建筑的两个特点与“保护”的逻辑关系是什么呢？因果关系。思维梳理清楚了，就画出因、果两层逻辑结构图。

通过材料 1 样本，大家可以掌握如何梳理逻辑结构图：首先在第一自然段特定的结构位置寻找观点，一般在总括句或者总结句中；其次找出这个观点的表述中所蕴含的逻辑关系。

因为历史建筑具有“不可再生”和“文化资源”两个特点，所以得出了“要保护”的观点。因果关系的表达让观点呈现得简明清晰。

### 2. 第二层

第二、三自然段进入举例部分。

第二自然段中的庞贝古城是一个古代的、外国的例子，第三自然段中的琉璃厂是中国近现代的例子。这两个例子的不同之处体现在，作者是从古今中外不同的角度举例。所以在学习阅读的同时也是在学习写作，材料 1 用两个例子就涵盖了古今中外四个角度。这说明要从不同角度选取例子，才具有典型性、代表性、普适性，也更具有说服力。

庞贝古城这个例子对应的主要是“保护”历史建筑的观点，而不是“不可再生”“文化资源”的特点。

在此要注意思维对应的是观点,而不是观点产生的原因。也就是说,论据一定要对应论点。那么如何“保护”历史建筑呢?那就是实行“原真性的保护”。

紧接着第三自然段举了琉璃厂的例子,对应的还是“保护”的观点。那么这一段又是如何体现“保护”呢?从字面上看似乎还是“原真性保护”,但是琉璃厂的“原真性”和庞贝的“原真性”一样吗?我们研读相关段落,对于庞贝古城的例子的观点是:“在原地保留残损形貌和原初场景,不移动废墟中的任何残件,再现了当时的画面”是“原真性”保护;而以琉璃厂为例的另一种观点认为:“经过翻新改造,既保持了传统建筑风格,又延续了历史建筑街区的传统功能和文化活力,也可以理解为保持了历史地段的‘原真性’。”也就是说,虽然都提倡“原真性”保护,但北京琉璃厂的例子中对“原真性”保护的认识,在含义、范围上更宽泛一些,在认识的层次上更深入一些。所以从这两个例子来看,材料 1 的两个举例段落既是不同角度并列,又构成不同深度的递进关系。

## 五、识别语言标志中的逻辑线索

### 1. 每一个自然段后面的总结句

例如,既保持了传统建筑风格,又延续了历史建筑街区的传统功能和文化活力,是否也可以理解为保持了历史地段的“原真性”?

### 2. 关联词语

例如,“不仅再现了……,还能……”“既是……,也是……”。

我们说“言、据、证”的思维模板,不仅有“言”和“据”,还要有对这个论据的分析。“证”就是要解说,对应着观点的核心词句解说,以及它是如何体现这个观点的。而语言标志使内容条理清楚,逻辑清晰、有序,引导论证走向深入,在阅读中不可忽视。

## 六、梳理清楚各层次间的逻辑关系

现在进入材料 2 内部,构思出与思维模板对应的表达模板。

从材料 2 中钢铁峡谷这个段落,可以仿照材料 1 的思维模板,快速地找出关联词,找到整体性保护的核心含义。

注意从第一行开始就用快速指读法(加知识卡片)指读,同时做圈点标注。比如,首先找到了关联词“不仅”,紧接着出现了“还”“以及”“然后”“不仅如此”“由于”“以及”等。我们在整个段落标注出了多个关联词,从这些关联词中可以看出本段内容的逻辑关系不是同一层级的,而是分成从分到总的两层结构关系,也就是说从对“整体性保护”的这个概念具体解说,到“由于”这个词语标志,前后两层是因果关系。

现在可以尝试往表达模板里填写内容,要注意逻辑层级的对等,从段落中准确地提取信息,只筛选一个词语。“不仅”保留“地标性建筑”,还保存什么?——保存工业设施。

回顾一下材料 2 文章的内容,“拥有地标建筑”“保存工业设施”等都是动宾短语。按照这个思路,接下来的表达也应该是一个动宾短语。这个时候就要警惕,在答题中如果多个相同结构的短语出现,题目有可能在逻辑层级的对应上设置了“陷阱”。

我们带着“警惕”的意识看下文：“保存着当初的矿区、矿井、高炉、厂房、车间、仓库等工业设施，步行道、电车轨道、铁路、运河等交通运输网络，以及工人住宅等生活设施。”“保存”后面带了一系列宾语，而这个大宾语又是由几个并列短语构成的，这时逻辑层级的区分对我们正确理解原文及正确答题就显得格外重要。

在一系列并列短语中，工业设施、交通运输网络、生活设施才是同一层级并列的概念，也是题目作答所需要的。

## 七、清晰表达层次间的逻辑关系

下面通过一道扩展题的答题练习，学习如何清晰表达层次间的逻辑关系，例题如图 1-5 所示。

> **题目**：你认为能不能在答题中概括成“保留工业设施和电车轨道、工人住宅、生活设施”？为什么？
>
> 参考答案如下。
>
> **言**：不能。
>
> **据**：工业设施和交通运行网络是同一逻辑层级的对应概念，而电车轨道是交通运行网络中的子概念，比工业设施的层级低，所以不能并列表达。
>
> 同理，工人住宅也只是生活设施的一部分，比工业设施的概念层级低，两者不能相提并论。
>
> **证**：逻辑层级的对应关系不匹配，会影响理解与表达的正确性。可以修改为“保留工业设施、交通运输网络和生活设施”，这样逻辑概念层级表述一致。

图 1-5　例题

这道扩展题提示我们，在答题的表述中依然要关注逻辑层级上的对应关系。

下面举一反三进行练习。如果保留“电车轨道”这个概念，对应的应该是比如“厂房、车间、步行道、工人住宅”等逻辑层级的子概念。

答题写到这一步，表达依然不够清晰、完整。继续来读下文。“不仅如此”这个词语中的“如此”指代的是谁呢？是我们刚才概括的上文的这些内容。除了“不仅如此”，还有“森林”。现在我们就很明确地知道要找森林的上级概念，和“工业设施”逻辑层级对等的是“生态景观”这个词。

现在已经可以梳理出这一层的逻辑关系。文本是用钢铁峡谷这个例子，从地标建筑、工业设施、交通运输网络和生态景观四个方面，完成了关于整体性保护的论证。

现在尝试从命题角度思考：为什么要用这组材料作为考试文本？因为它具有清晰的逻辑思路，是一个极好的选文范本。

首先有“言”，就是提出对历史建筑要进行整体性保护的观点，然后要用一个“据”来讲什么叫整体性保护，这样才能使观点明确。所以这里的选文其实是用钢铁峡谷的例子解说观点里的“整体性保护”这个词，“由于完整保留了英国工业革命时期的工业链条以及维多利亚时代历史建筑，钢铁侠谷被列为世界文化遗产名录”。

在关于整体性保护的论证中，要注意词语标志“由于”引导的是因果关系。

钢铁峡谷之能够进入世界文化遗产名录，是因为它保留了两个方面的价值，具体还是用逻辑层级对等的词语来完成概括。

表达中的对应思维如图 1-6 所示。

**时间：**

英国工业革命时期 → 维多利亚时代

**内容：**

工业链条 → 历史建筑

图 1-6　表达中的对应思维

图 1-6 在时间和内容上直观地展示了表达中的对应关系。英国经历了工业革命时期，而工业链条中的各种建筑整体就足以证明这段人类发展史上重要的一页。维多利亚时期的建筑风格具有独特的审美、科技等历史价值，用此强调了“整体性保护”这个观点的重要性。

至此，我们用铁桥峡谷这个例子，主要学习了如何利用关联词语梳理出段落、层次之间的逻辑关系，清晰的逻辑思维可以帮助我们迅速、准确地理解文本。可以尝试做出如下逻辑结构图。材料 2 中的思维模板如图 1-7 所示。

**言：**整体性保护

**据：**铁桥峡谷不仅拥有……地标性建筑物，还原汁原味地保存工业设施、交通运输网络、生活设施、生态景观。——递进关系

**证：**由于完整保存了……铁桥峡谷 1986 年被列入“世界文化遗产”名录。——因果关系

图 1-7　材料 2 中的思维模板

## 八、举一反三练习

### （一）快速找出含有逻辑线索的语言标志

我们看材料 1 中第三自然段琉璃厂这个例子的论证，快速找出含有逻辑线索的语言标志——总结句、关联词、标志性词语等。

（1）总结句：“而且，经过翻新改造的琉璃厂，既保持了传统建筑风格，又延续了历史建筑街区的传统功能和文化活力，是否也可以理解为保持了历史地段的‘原真性’。”

（2）关联词：“而且……既……又……”，提示了层层递进的逻辑关系。

（3）标志性词语：“是否也可以理解为保持了历史地段的‘原真性’”这句话中的“是否”其实是一个商榷的态度，用“是否”这种表述，作者的立场实际上有没有明确为“是”还是“否”？作者认为这究竟算不算“原真性”呢？用一个很客气的语气，其实有他的潜台词，包含着“对，是，可以这么讲，就是这么认为的”这些意思。

现在把结构梳理出来了，也就是说这两个例子的作用，除了角度不同，对原真性的概念的界定层次也有所不同，由“是否”这个词读出了第二个范围的逐渐扩大，读出了

逻辑上的递进关系。这就是标志性词语在表达中的重要作用。

### （二）画出文本间的逻辑关系图

材料 1 和材料 2 的逻辑关系如图 1-8 所示。

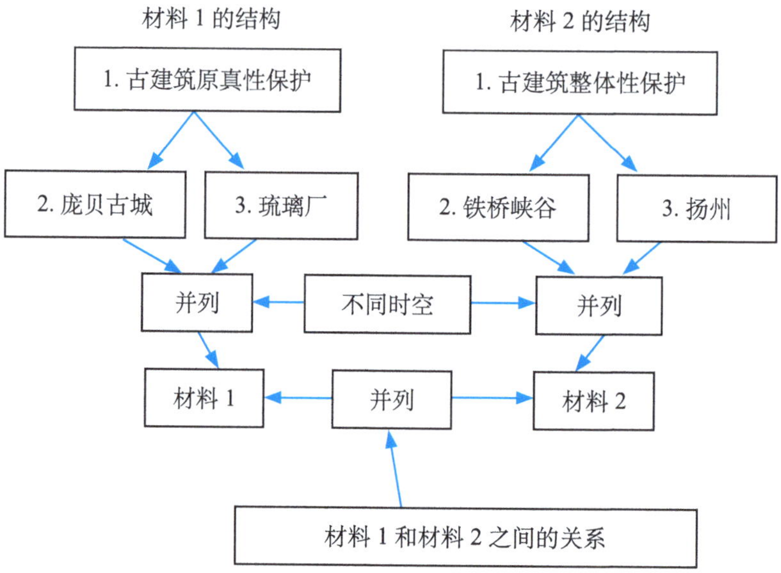


图 1-8　材料 1 和材料 2 的逻辑关系

我们回顾一下，多文本阅读的练习初期，题目所选材料比较简单，三则材料之间存在比较明显的不同角度的并列关系，或者不同深度的递进关系。但是在高三这节课我们读到的资料，无论是三则材料之间还是材料内部的各个小例子之间，不同角度的平行关系和不同深度的递进关系是交织在一起的。这既体现了不同的角度，又体现了不同的深度。

虽然阅读与答题的难度系数都加大了，但是通过用材料 1 的举例教学，把结构中的逻辑关系梳理清楚了，并建立模板打样。再读材料 2 时，模板思维一致，难度就大幅降低了。

## 第三节　多文本阅读思维模板的教学应用

### 一、教学片段实录一

本实录挖掘文本的多重教学价值，实现教学资源效益最大化。

### 一）解题能力的升格

### （一）学以致用的迁移

现在回到我们假设的研讨会现场，大家都在围绕“保护”历史建筑这个话题在表达自己的观点，材料 1 作者的观点是强调“原真性保护”，材料 2 作者强调的观点是“整体性保护”。

按照逻辑顺序继续研读材料 2，先看整体，后看局部。第二段写铁桥峡谷，第三段写扬州。这种逻辑结构与刚才分析的材料 1 内部的逻辑结构完全一致。

首先，材料 1 和材料 2 这两个例子均是从不同的时空角度对保护古建筑的观点加以论证。

用材料 1 的思维模板就可以完成学以致用的迁移：庞贝是古代的，铁桥峡谷是近现代的，扬州是延续到当代的，从古到今延续的是在时间、空间上角度的不同。

其次，这两个例子从不同的专业角度加以论证。

如果把两则材料放在一起进行比较阅读，在材料 1 中，庞贝这个例子的结构位置在材料 2 中就替换成铁桥峡谷；材料 1 中琉璃厂这个例子的结构位置在材料 2 中替换成了扬州。除了建造时间和空间上的区别，对城市的功能保护也存在不同之处。

如果我们到了扬州，不仅可以“阅读”这座“历史名城”，还可以居住下来体验今天的城市生活，这是一座充满活力的城市，所有的可供人类生活居住的城市功能都具备。而铁桥峡谷作为城市已经失去了应有的功能，成为一座死城。扬州的城市功能是怎样保留下来并使之存活的呢？大家马上根据思维模板在相关阅读区域做信息提取，我们可以找到总结句，就是“把历史建筑等文化遗产与原生环境统一起来，变‘孤岛式’的静态保护为整体性、开放性的动态保护，原生地居民成为历史建筑的继承者和保护者，‘保’下来的历史建筑便‘活’了起来”。

思维模板的运用让我们做阅读理解题的速度越来越快了。提速锁定有效阅读区域，我们就可以在关于“琉璃厂”的段落里找出琉璃厂与扬州在历史建筑保护中相似的词语标志。

用举一反三的方法，我们根据材料 1 中关于词语标志的学习马上就找到了关联词，“既……又……”，两个例子在保护的思路上的相似之处是“既保持了传统建筑风格，又延续了历史建筑街区的传统功能和文化活力”。又在此基础上有了“变‘孤岛式’的静态保护为整体性、开放性的动态保护”的发展与创新。

### （二）替换练习的拓展

大家都在围绕如何“保护”历史建筑的论题中分别阐述了自己的观点，“言、据、证”内容有了具体的对应性变化。

参照材料 1 的思维模板，可以做材料 2 的内容替换练习。

“言”——主要观点由材料 1 的“原真性保护”替换为材料 2 的“整体性保护”。

“据”——主要举例由“庞贝古城”替换成“钢铁峡谷”，由“琉璃厂”替换成“扬州”。

“证”——论证的区分点在于广度和深度的不同。

例如，以钢铁峡谷和扬州两座城市作为例子，选的地址和时代本身具有古今中外不同角度，但是如果只是在时空角度上区分论据，论证就会陷入罗列论据的平面化，无法引导读者深入思考。所以这两个例子还具有从退化为标本到依然保留鲜活的城市功能性的递进。所以在阅读的时候，要善于思考不同事例在文本中的多重作用。

通过原文可以看到，“原真性”和“整体性”这两个特点在各语段中展开论证的过程中都是从不同角度、不同深度进行交叉论证，我们马上就会有所醒悟：这两段的思维模板是完全一致的。老师用材料 1 打样，大家学习了多文本阅读的专有思维模板，马上就可以学以致用替换到材料 2、材料 3 中。这就是运用思维模板举一反三的迁移能力。

根据材料 1 的思维模板学习，可以轻而易举地学以致用，用替换内容画出材料 2 的逻辑结构图。材料 2 的逻辑关系如图 1-9 所示。

**言：** 整体性保护。
**据：**
(1) 建城历史长、水城一体、遗址众多。
(2) “五不原则”。
(3) “不仅保存……延续……还利用……”。
**证：**
(1) 变……静态保护为……动态保护。
(2) 原生地居民成为……继承者和保护者。
(3) “保”下来的历史建筑便“活”了起来。

图 1-9　材料 2 的逻辑关系

同样，我们已经有能力举一反三梳理清楚材料 3 的逻辑结构。材料 3 中的思维模板如图 1-10 所示。

**言：** 古建筑保护与当地现代化建设。
**据：**
(1) 日本拆毁老城，玛黑区重新利用，与当代艺术结合。
(2) 不仅保存……延续……还利用……有创新……。
**证：** 将古建筑保护与现代化建设结合并产生新的文化创意，普及原生地居民知识，增强保护意识。

图 1-10　材料 3 的思维模板

通过思维模板的学以致用和替换内容的举一反三的练习，大家已经体会到画图不是目的，而是借助画出逻辑关系图的方法，帮助我们快速、清晰、准确地理解文本内容。

通过对上述两段文本不同学习目标的精讲精炼，我们已经初步掌握了多文本阅读的思维模板和表达模板，明确了梳理清楚逻辑关系对这一板块阅读理解的重要意义，并能够以此驾驭社科类文本、多文本阅读的题型。

## 二）思维品质的升格

### （一）文本资源的最大化利用

下面以材料 2 第三自然段为例，学习对文本资源的最大化利用。

我们要善于从教学文本中就地取材，有意识地做好相关的知识积累、文化积累、表达积累。

首先，我们依然要完成逻辑梳理，尽管“钢铁峡谷完整保留了英国工业革命时期的工业链条以及维多利亚时代历史建筑，被列为世界文化遗产名录”，遗憾的是，作为城市，它的生命已经失去活力，失去了城市功能，成为一座仅供参观、研究的遗址。而与木乃伊似的遗址相较，充满活力的历史名城扬州就像一位古典美人，穿越千年岁月款款而来。

我们先找找扬州这座历史名城的文化价值体现在哪里，比如跟工业革命和维多利亚两个历史时期对应的。这个环节依然运用快速指读法，从文章起始部分开始标注。

我们一边圈点批注一边回答，扬州有哪些特点体现了城市的整体性？①建城历史长；②水城一体；③遗址众多。在这里体会一下，前两个特点提取信息就可以完成，第三个特点则需要在信息提取的基础上完成概括。

概括时就要注意在第二节的教学环节中，我们以第二段为例讲的逻辑层级的对应，要时刻保持学以致用的意识，以第二自然段为例学到的本领马上就要运用到第三自然段。比如我们概括的“遗址众多”中的“遗址”是上一级的概念，子概念有什么呢？——是私家园林、古街古巷、老房旧屋，这些建筑都是这座城市的价值载体，都体现了材料 2 的核心词——“整体性”。

如果在表达中就写了保护“遗址”，那么不要“园林”行吗？只写保护“园林”，不要“胡同”行吗？这样的表述当然都不合适。每一个元素都已经互相渗透在这个城市的整体性中，突出了材料 2 的观点。要怎样进行保护呢？——整体性保护。

除了表达训练之外，在知识积累、文化积累方面，其中私家园林、古街古巷、老房旧屋等作为文化载体和遗址文化，是值得我们分项整理、探究、扩展积累的。

### （二）读写贯通的技巧

好的阅读文本如何与写作贯通，实现教学资源最大化呢？方法如下。

#### 1．识别、探究具有写作生发点的词语

我们进一步思考一下可知，扬州与钢铁峡谷的区别不在于共性的整体性，而在于这座城市的个性，它“活着”，作为城市的功能依然鲜活。

首先大家扩展思维想一想，说一说在此文本语境中“活着”这个词的丰富含义。关于扬州，关于“活着”的城市，应该是什么样的面貌呢？

（1）“不破坏居民生活”。这意味着人们尤其是原住民该怎么过日子就依然怎么过，人气不断，文化不断。这就说明了扬州城现在不是空城废墟，不是辛弃疾的“烽火扬州路”，也不是姜夔的“过春风十里，尽荠麦青青。自胡马窥江去后，废池乔木，犹厌言兵”的空城。

2020 年我们经历着新冠肺炎疫情，从新闻中能看到，在生活中也能体会到，一些疫情有扩散危险的城市为了更好地防控疫情，被迫按下了城市生活的暂停键，原本活色生香的烟火市井、生产生活的各种场所，很少再看到人们的活动，城市仿佛一下子失去了活力。

扬州这个城市历经千年，在自然灾害、人间战火的缝隙中顽强地保有着作为城市的功能，是因为城里有人，有生命、生活、文化的延续，这才是一个活生生的城市。

扬州的动人之处在于今天的人仍然在这座历史建筑的遗址上生活着，因此才突出

了文本中提到的钢铁峡谷已经成为遗址废墟，而扬州依然是鲜活的可贵之处。除了常规“建筑”，还有老城中至今保存完好的484处历史的传统民居建筑群，这些传统民居中的人们，以及人们的生活是不是同样构成了扬州城市文化的一部分？除了建筑，还有生活中的方方面面，都能体现出这座城市的文化价值。而生活的方方面面在原文中就是与“建筑”逻辑对等的词语，有“生活场景”，还有“居住氛围”，这些要素共同构成了这座城的整体性，证明了“活着”的语境意义。

借鉴这样的视角来观察一座城市，解读一座城市，是否可以使我们的写作视野更加宽广，立意更加深刻呢？我们再写游学、游历之类的题材，也许就不只是局限在“因为一个人，爱上一座城”这类煽情的文字层面，而是有能力把思想抵达文化与历史的深度。

此外，我们还可以在这组文本中研究一下“生活场景”这个词。迁移到我们的写作思维中，何谓生活场景呢？

（2）描写。确切地说是场面描写。之前的课堂教学中教师可能曾经给大家讲过场面描写的特点——“有你有我有我们”，这里的“我们”既包括我们这些人物，还包括我们所处的周边的环境，比如自然环境、社会环境等。大家看教室窗外的几棵大树，寒来暑往，“四时之景不同”，那是自然环境的一部分；但行道树和草坪是人工种植的，所以它们又具有一些社会性。另外，我们所处的教室，身边的老师、同学以及各种人物之间的关系等，又共同构成了一个小的社会环境。如此看来，我们课堂的窗外，树木花草和操场；我们生活的身边，同学、师长和工友，所有这些鲜活的景物和人物都是构成我们生活场景的重要组成部分。

始终具有蓬勃生命、动感十足的生活场景不断证明着扬州城不同于钢铁峡谷的动人之处在于它是一座仍然“活着”的城市。

位于四川西充的周子古镇，同样延续着一千四百余年的人间烟火。直至今日，三千余套（间）明清时代的古民房沿着千米长、5米宽的平梯，在古街两侧错落有致地排列着；建于汉代，兴于唐朝，鼎盛于宋时的两千年古码头依旧停泊着各式船舶。朱子古镇的原住民依然一代一代地住在古老民居中，安然地度着岁月。当年朱熹上岸处，古老的码头依旧白云苍狗、江水滔滔；西充的凉粉夹在酥脆的面饼中，香气弥漫在周敦颐讲学的濂溪祠，司马相如的故居也依然有穿着汉服的女孩穿越其中拍照。只有参天的树木俯瞰着人间变迁。嘉陵江畔的千年月光下，历史在这座不动声色的小镇岁月中得以流传。这，也是一处“活着”的文化遗存。

有了这样的思维贯通与提升，我们在写作中，积极向上的、蓬勃的、生生不息的中华文化是不是就具有了现实载体？宏大题材的把握恰恰要落点到一个个具体而细微的生活场景的描述中。

下面再辨析思考“居住氛围”这个词有哪些可以扩展思维的角度与内容。

“氛围”有时就是一种感觉。如果我们查一查《现代汉语词典》，其解释为“周围的气氛和情调。也指一定环境中给人某种强烈感觉的精神表象或景象”。

我们出去旅行的时候常常会有所体会，比如去泉州时你会发现，那些临街的铺面房门前，当地居民就摆上小桌子和小板凳，坐在马路边喝茶，小壶小碗的工夫茶变得很随意，也很闲适。这就是他们的日常生活，这就是属于泉州城生活的“气氛和情调”。

可能有时候我们认为要铺上茶席，小茶壶、小茶盏等茶艺都摆好，要有点仪式感，有点时间讲究，再慢慢去品茶；但是泉州人也许就不用讲究所谓的仪式，看见几个人弄个小板凳，弄张小桌子，摆上小壶小碗坐那儿喝喝茶、聊聊天儿，这种生活场景，在整个一座小城的街上，散步遛弯时随处可见，几乎是每家每户日常生活的一部分，这样的生活场景就构成了这座城市居民的生活氛围。在生活场景、氛围以及生活方式中，我们看到的是这座城市的精神以及所蕴含的文化底蕴。也就是说，茶文化在泉州这个小城其实已经渗透到了老百姓的平凡生活中。泉州作为新晋"非遗"，不仅因为有联合国唯一认定的海上丝绸之路起点，也不仅因为具有蜚声中外的泉州古建筑和东西方交融的丰富宗教，还有这些生活氛围中的种种细节所承载的文化。

我们所说的开门七件事，"柴米油盐酱醋茶"中的"茶"，已经是泉州人民生活中不可或缺的重要组成部分。

在这样的生活氛围中，饮茶已经不仅仅是一小部分人讲究的风雅，它更是深入大部分普通百姓的寻常日子当中的生活本身。

现在我们不仅很自然地利用模板思维关注到了"生活场景""居住氛围"与"建筑"逻辑层级的对应性，快速准确地理解文本内容，而且更深层地挖掘了文本的文化内涵，使教学资源得以最大化利用。

**2．查阅、补充具有写作立意点的材料**

例如，在扬州的建筑里有一批特色博物馆，这里所列的数字具有潜台词。"扬州"那么小的一座城市，竟然有 109 座"利用历史建筑建立的特色博物馆"，很厉害啊。厉害在哪里？这个数字在文本中的作用究竟是要表达什么呢？回到材料 1 开篇的观点，我们为什么要保护历史建筑？因为"不可再生"和"具有文化底蕴"两个特点。用列数字的方法显然是为了强调扬州城的文化底蕴。扬州城本身并不大，南方城市博物馆的规模与北京的国家博物馆、首都博物馆还是有很大区别的，如同苏州园林有很多是在私家花园的基础上保留改建的。扬州也是如此，建筑比较小巧精致，但是其数量显然很多。

一座城市注重博物馆、图书馆、科技馆之类的文化设施的建设，无疑构成了这座城市人民独特的"生活场景"和"居住氛围"，体现了这座城市的文化生活、文化风格、文化底蕴。

例如，我们通过查阅资料和在游学中亲自考察等语文实践活动，可以了解到作为扬州文化标志性建筑的扬州博物馆内常年设有广陵潮展览，其中扬州城市故事厅、扬州八怪书画厅、馆藏明清书画厅、国宝厅、扬州古代雕刻厅、中国雕版印刷展厅、扬州雕版印刷展厅已经成为展示扬州传统文化和现代文明最重要的窗口。

这样的素材与角度无疑是写作的立意生发点，可以据此进一步查阅、补充资料，拓展思考的深度与广度，做好写作的积累。

到地方博物馆参观学习是语文实践活动中很重要的一个方面，即博物馆教学。现在的多媒体、数字化展览等形式也是"新课标"中理解与传承中华传统文化的很好的学习载体——"跨媒介阅读与交流"。可以从中了解不同地域的历史、文化的源流与演变，了解中华文明的来龙去脉以及融合过程，这样会有很多课堂以外的惊喜收获。了解常见媒介与语言辅助工具的特点，掌握利用不同媒介获取信息、处理信息、应用信息的能力，学习运用多种媒介展开有效的表达和交流。知道信息来源的多样性、真实性，辨识媒体立场，多角度分析问题，从而形成独立判断。

一个城市的博物馆、图书馆的功能如同一个家庭的书房。

我们也曾读过这样的资料，有的人家房子虽然面积特别大，别墅中十几间甚至二十几间房子中却没有一间书房，你能从中看出主人的特点是有钱，有良好的经济基础。但是可能没有阅读习惯，家庭生活缺乏一些文化氛围。书房其实是一个家庭必备的要素，可能我们居住条件没有那么好，没有别墅，没有很大的房子，那么可能没有书房，没有书墙，但是我们会有个书桌，有个逐渐积累起来的书架，书架上的新旧不同的书籍就是我们的阅读成长史。总之，是有一个角落能让自己身心安静下来的，是能过一过精神生活的。有让人安心读书的一隅之地，这是家庭居所必备的一个功能。如果连这个角落都没有，那么这个家庭是缺乏书香气的。

同样的道理，放大到一个城市，如果没有博物馆，没有图书馆，或者说只有一个为了完成城市建设与规划指标的博物馆或图书馆，这个城市的居住氛围同样缺少文化底蕴。

但是我们从课堂阅读的这段文本中看到，扬州虽然小，它却有这么多各具特色的博物馆，很多是从历史上遗留、继承的博物馆，说明了这座城市具备上文提出的特点：形成了独特的城市“文化底蕴”，具有“不可替代”的历史价值。

通过上述教学环节，我们体会到尽管三则材料选材视野广泛，角度各异，但材料之间的逻辑关系非常清晰，并一一对应，环环相扣。

同时，我们又以材料 2 为例，学习了教学资源的重组及再利用，从而实现了阅读效益的最大化。比如，在了解了“生活场景”与“居住氛围”的不同侧重点及其作用，可以借鉴到我们的写作中；我们又对扬州这座历史名城的独特魅力有了进一步了解，产生了向往，为以后相关阅读做了必要的积累；同时又提高了我们对博物馆学习的认识，增进了我们对中华文化核心思想理念和中华人文精神的认识和理解，体会到了中华文化创造性转化和创新性发展的趋势，坚定了继承和弘扬中华优秀传统文化的信心。

所以对好的阅读文本的教学使用不是简单地做几道题，我们要利用它，挖掘它，以便获得更多的文化启迪。

请同学们根据上述学习内容，完成下面这道扩展题，如图 1-11 所示。

> 我们到各地旅游时，发现历史风貌街太多了，比如说北京重修的“永定门城楼”和“前门文化一条街”。网上对此评论有褒有贬；有人说门楼子等建筑是新的，根本不是真的；也有人说是照着原来的样子盖的就是真的。
>
> 请你借助“原真性”与“整体性”的保护知识，用“言、据、证”的思维与表达模板说说你的看法。

图 1-11　扩展题

## 二、教学片段实录二

本实录对多文本阅读答题中常见的表达错误进行分析。

### 一）试卷中的错误类型举例

依然以作业中的北京西城高三测试多文本的题目为例，进行简要分析，并深入探究、诊断相关内容。下面来审题，这道题目的核心词是什么？如图 1-12 所示。

> 综合以上三则材料，请简要概括说明在历史建筑保护中存在哪些难题。（6 分）

图 1-12　例题

这道题目作答错误的同学比较多，可是我们自己并没有发觉错误出在哪里。题干里审题的核心点在于“难题”，理解这个词的词义不难，难在表述上。“难题”应该如何表述呢？先举个简单的例子，大家比较并思考一下，对“难题”这个词的表述能不能是一个陈述句。

假设这个座位是空的，然后有同学说文宇同学没来上课，我问其他同学：“文宇今天还来吗？”这是一个难题吗？不一定是。如果说能够确认“她一会儿就来”，这就不构成难题，是一个陈述句的表述；但是如果她究竟来还是不来，我们也无从知道，无法确认她今天能来还是不能来，这似乎就是一个难题了。难在哪里呢？难在我们“无法”确认。

大家体会一下，针对这两种情况的表述是不是也是不同的？我说“文宇一会儿就回来”是一个陈述句，就是表达一个非常明确的意思，我陈述的是一个表示确认的事实；但是如果我说“文宇今天到底来还是不来，我也不知道”，这个难题是不是就出现了？我不能够知道，我无法确认，这个时候它表述的重点不再是文宇来不来这件事，而是要表述“我不能确认”这个事实，那么句中“不知道，不能、无法确认……”这些否定词其实就是对文宇来还是不来这件事难以判断的一种表述方式，它不再是一个简单的陈述句，必须有特定词汇的语言标志。

理解了这个简单例子，我们由此入手，看多文本的三则材料的问题设置是“在历史建筑保护中存在哪些难题”。这道题其实就是在概括和表达的时候，准确表达出“两难在哪里及无法确认的是什么”这一层意思，要把它变成一个对于“难题”的表达，而不是一个简单的确认事实的陈述句的表达。

这道题又牵扯到个人的基本功，如果词语基本功不扎实，解词的语境意义（以下简称语境义）有不准确之处，不仅影响正确理解题干，甚至会影响答题时的语言表达。所以我们在审题的时候一定要审清楚题干中的词语语境义，对它保持高度警惕。这道题的题干在理解上似乎没有“陷阱类”的词语，但是“难题”这个词在表达的过程中容易出错，这也是需要注意的一类审题中的干扰项。

审题就是把题干当作审视的对象，第一，可能有导致理解有误的“陷阱”；第二，隐含着可能导致表达错误的干扰项。因此在审题过程中要采取严谨审慎的态度，绷紧

“审”这根弦，依据“新课标”这个宝典，跟命题老师换位思考、“斗智斗勇”。找出题目中这类“陷阱”，确保答题的正确率。

在具体练习这道题的时候，对题目、材料内容的理解上没有问题，主要在表达上出了问题。表达一旦出现问题，理解的分数自然也就拿不回来了。

三位同学的答题样例如图 1-13 ～图 1-15 所示。

**学生答案一**

需要同时实现原真性保护且解决历史建筑年久失修以及传统功能延续；各地管理者要提高对于历史建筑的文化价值和保护策略的认识；需要从根本上解决历史建筑保护和当地现代化建设之间的问题。

图 1-13　答题样例 1

**学生答案二**

怎样避免让历史建筑成为文化孤岛。

怎样既能实现历史建筑原真性保护，又能解决历史建筑年久失修以及传统功能延续的问题。

怎样保护历史建筑当地居民的生活品质。

图 1-14　答题样例 2

**学生答案三**

（1）如何既能实现原真性保护，又能解决历史建筑年久失修及传统功能延续的问题。

（2）如何避免让静态的历史建筑成为文化孤岛。

（3）如何既能保护历史建筑，又能满足当地居民提升生活品质的需要。

（4）如何避免由于认识不足、决策失误而给历史建筑带来毁灭性破坏。

图 1-15　答题样例 3

上述例子哪一个表达的是“难题”之两难，是对难题的概括？哪一个是直接给了确认的答案？正确的表达包含两个方面：一是关于“难题”两难在何处；二是错误的表达是陈述一方面的解决措施。

现在看同学们做的答案，有的同学答道：“各地管理者要提高对历史建筑的文化价值和保护策略的认识。”“要”这个词就表明你对这个问题已经给出了明确的观点或者方法了，那它还称得上“难题”吗？这不是对“难题”的表述，这是针对这个难题给出的解决策略和方案。

### 二）表达中的错误原因分析

重新审题之后发现，题目要求我们答出“难题”是什么，我们却答出“解决方案”是什么。也就是如同这样一个情境，别人说：“请你出个难题。”你说：“不，我直接告诉你答案，我帮你解决了。”这是不是答非所问了？

现在针对这一题型，大家对比一下自己做的答案。一是在表达上，我们对“难题”这个词的语境义与题目对应的是错误的，也就说不理解“难题”这个词在表达中应该如何恰当体现。二是我们在逻辑思维上对应也是错误的，别人让你出个问题，你直接给了一个答案对策。现在请同学们做出修改并归纳错误类型。表达错误的分析如表 1-1 所示。

表 1-1　表达错误的分析

| 错误类型 | 正 | 误 | 错误原因 |
| --- | --- | --- | --- |
| 理解错误 | “难题”是什么 | “解决方法”是什么 | 答非所问；逻辑不对应 |
| 表达错误 | 难题之两难的双方体现 | 单一方面的解决 | 题干关键词在表达中的恰当体现；逻辑的不对应 |
| 学生答案举例 | | | |

### 三）表达模板的建立与应用

在多文本阅读中，同学们在作业及考试答题中常见的错误可以分为两大类。

（1）理解问题方面的错误：对文本和题目理解不完全、不正确。

（2）表达问题方面的错误：理解正确，但无法运用清晰的逻辑思维组织语言，表达出自己对题目和文本的见解。

针对体现出来的逻辑错误和词语表达错误这两种主要问题，我们需要运用点到点的对应思维建立表达模板并加以应用。点到点的思维表达模板如表 1-2 所示。

表 1-2　点到点的思维表达模板

| 理解 | | 表达 | |
| --- | --- | --- | --- |
| 任务 | 逻辑对应 1 | 逻辑对应 2 | 逻辑对应 3 |
| 审题 | 找出题干关键词 | 对应解答该词的语境义 | 对应语境义的要求来组织答题的句式 |
| | 解析题目层次；对题干共设几个问题用序号标识出来 | 对应解析的层次搭建逻辑关系图 | 对应逻辑关系图填入文本语境的具体内容 |
| 研读文本 | 划分层次 | 对应圈点词语标志 | 对应题干中的每一问、每一关键点组织语言，确保每一个问题都有回答 |
| | 筛选与题干对应的有效阅读区域 | 对应批注题干中所设几个问题在有效阅读区中的相关语句 | |

在对应性思维的运用过程中，对于词语的理解要高度重视。在答题与题干的对应中要注意已知逻辑和文本，并由已知内容推导出未知答案，从而做到推而有据。

### 四）学以致用练习

对应性思维的解题模板如表 1-3 所示。

**表 1-3　对应性思维解题模板**

<table>
<tr><td colspan="4">【例 1】目前开采天然气的成本较低，我国为什么还要耗巨资去开采天然气水合物？请根据三则材料的相关内容简要说明。(6 分)</td></tr>
<tr><td colspan="2">理　　解</td><td colspan="2">表　　达</td></tr>
<tr><td>任务</td><td>逻辑对应 1</td><td>逻辑对应 2</td><td>逻辑对应 3</td></tr>
<tr><td rowspan="2">审题</td><td>找出题干关键词：天然气，天然气水合物的开采成本</td><td>对应解答该词的语境义，确定开采成本低还是开采成本高</td><td>对应语境义的要求来组织答题的句式：因为……所以……</td></tr>
<tr><td>解析题目层次，对题干共设几个问题标识序号：<br>(1) 成本低；<br>(2) 原因；<br>(3) 耗巨资；<br>(4) 三则材料</td><td>对应解析的层次搭建逻辑关系图<br>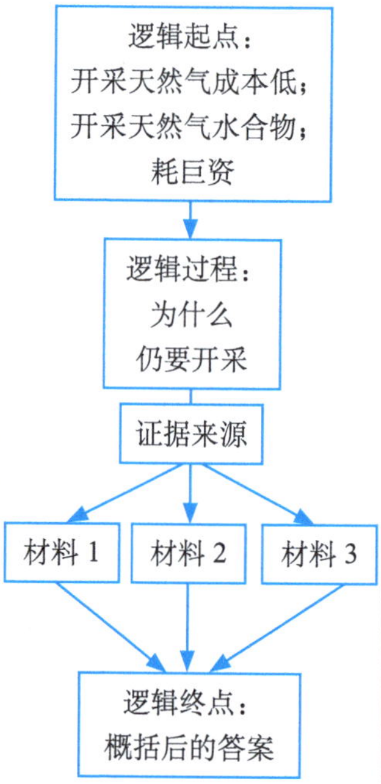<br></td><td>对应逻辑关系图填入文本语境的具体内容。<br>高经济成本可换来很高的科学价值；天然气作为传统能源不可逆转地在减少</td></tr>
</table>

【例 2】(2020 年，高三) 综合以上三则材料，概括回答病原微生物对人类造成了哪些影响。(6 分)

审题思维模板如图 1-16 所示，对应性表达模板答题样例如图 1-17 所示。

**审题（出要素）**

综合以上三则材料，概括回答病原微生物对人类造成了哪些影响。（6 分）

对应（有条理）概括：病原—人类—影响

图 1-16　审题思维模板

（6 分）答案要点：

（1）病原微生物引发的疫病伤害了人类的健康。

（2）病原微生物引发的大规模疾病影响着人类文明的进程。

（3）病原微生物的相关研究，推动了现代医学防疫事业不断飞跃发展。

图 1-17　对应性表达模板答题样例

根据点到点对应的思维模板，我们规避了审题中对题干关键词解析不到位，以及设问中三问丢一问等理解错误；也避免了解题中语言的逻辑混乱、言而无据甚至答非所问的表达错误，这样在学习中可以有效提高阅读效率与答题的正确率。

## 三、教学片段实录三

本实录对多文本阅读的区级公开课进行升格训练。

### 一）检索式阅读的方法

这一课的主题叫“速度与理性”，注意不是“速度与激情”。

多文本阅读信息量比较大，考查点之一就是快速筛选信息，要求我们首先要提高阅读速度，否则考试时既读不完文本，也无法很好地理解文本，更没办法正确地答题。所以在多文本阅读当中，应强调速度与理性。

速度在这里是指高质量的阅读的速度，不是一味求快而丧失阅读质量，甚至连文本内容都没读全。理性主要是指在表达的时候要有逻辑思维的理性表达。

首先来看怎样提高阅读的速度。举个例子，现在能否请一位同学到教室楼道去把走廊上小许书柜里的《语文阅读材料》拿回来。

如果这个时候是你去完成这个任务，那么你出去之后首先要在楼道中的一排书柜里找到小许的书柜。打开一看，里边的东西琳琅满目，竟然还有很多零食。我们忽略零食等干扰项，目光集中在一排排书籍中，看一看哪一本是《语文阅读材料》。

现在回顾一下这个过程：首先，找《语文阅读材料》这本书的存放区域，即从一排书柜中找到小许的书柜；其次，打开书柜，忽略零食这些干扰项；最后，目光聚焦在书籍中，找到限定的那一本书。

我们平时找东西用的思维，其实就是在根据要求检索一样东西。我们平时在生活中经常会用这种检索式思维，只不过没有把它提升到一个专有名词的层面上。

现在把找东西过程中的逻辑思维借鉴到多文本阅读中，就是检索式阅读。把刚才找书的这几步归纳上升，就是检索式阅读的步骤。首先，将“找书柜”替换为在多个文本的阅读中找到有效阅读区域的相关段落，缩小阅读范围；其次，在有效阅读区域中排除干扰项，与题目无关的内容就类似小许书柜中的“零食”，要忽略不计；最后，在一排书籍中找到需要的一本，也就是在更小的限定范围内找到题干要求我们筛选出的那一个具体、确切的信息。这样的科学方法可以使我们的搜索范围不断缩小，有效区域更加精准，从而便于提升速度。

科学的检索式阅读法能够帮助我们极大地提高阅读速度，此即谓“工欲善其事，必先利其器”。所以说好的学习方法非常重要，能提升学习效率与理解的正确率。

现在再回顾一下审题的技巧与步骤。拿到一个题目，首先要在题干中找到设问的关键词，然后在答题的时候，运用点到点思维的表达模板，针对关键词回答问题。如果遵循这样的思维方式，其实我们答题的时候就已经缩小了阅读搜索的范围，而只需要根据关键词重点搜索文本中的相关信息。这个过程也就是一次检索。

检索式阅读有一套完整的体系。我们在中学不必研究检索式阅读的理论体系，而只需要借鉴这个专业的方法来为我们所用，能够在应用中提升阅读文本与筛选信息的速度，帮助我们解决语文学习中的问题，提升语文学习的水平就可以了。

### （一）检索式阅读的提速训练

**【练习 1】检索式阅读训练——审题**

**【材料 4】**

天宫二号要实现航天员太空中期驻留，需要很多技术支持。根据第二节中的三则材料，简要说明科研人员为此采用了哪些技术，并说明这些技术将如何保障航天员完成中期驻留的任务。

现在具体看一下这道题。如果用检索式审题，首先要找到题干中的关键词——“技术”，如果只靠“技术”这个词来答题还不够完整、准确，还要看“技术”这个词前面的修饰语，也就是要关注偏正短语（由修饰语和中心语组成的短语）的中心词之前的修饰成分。带入具体语境中，阅读检索的时候主要寻找什么类别的技术呢？在此要重点关注“中期驻留”的技术。也许下面的文本里还会涉及其他的技术，但是对于这道大题来说并不是有效阅读区域的相关内容，所以可以略读一下。

我们在这个环节的实践中对检索式阅读有一点感觉和体会了。接下来再看材料 5 这一道例题，这是多文本阅读里经常出现在最后一题的主观题类型。

**【材料 5】**

请结合第二节中的三则材料，简述让文物“活”起来的含义与作用。

拿到这类题型，第一步依然是检索题干中的关键词，找到“含义和作用”。第二步要检索关键词的修饰语，在这里就是“活起来”这个词。至此就能够看出来，下一步进入文本语段中，针对这一题目的有效阅读区域其实就是围绕这个“活”字的部分。

阅读范围马上缩小了，目光只聚焦在有效阅读部分的精读，速度与正确率都有了提高。

针对刚才在审题中对检索式阅读的初步学习，请同学们自己提炼出方法，并归纳到笔记本中。

审题的时候首先要检索出关键词，然后要找到关键词的修饰语，这是检索的主要内容。

检索式审题如图 1-18 所示。

审题的检索方法：
(1) 找到题干关键词。
(2) 找到关键词的修饰语。

图 1-18　检索式审题

**【练习 2】检索式阅读训练——单文本**

**【材料 6】**

**题目**：阅读下面的材料，概括说明《汉书》与先秦史传文学有哪些区别。

先秦史传文学，从最早的《尚书》到《春秋》《国语》《左传》《战国策》，其“史传”的性质逐渐减弱，而“文学”的性质则逐渐加强。《尚书》记言直录，不别方语雅言，亦不加裁剪；《春秋》记事简洁，如新闻标题一般。后世文学家对这两部著作推崇备至，主要是崇其高古，很难说其有多少文学意味。至《国语》《左传》，记言记事写人，尚裁剪，重技法，且开始出现与史无关而于文有益的“闲笔”，其叙述之高明，言语之醇美，较之《尚书》《春秋》，非止一箭之进。到《战国策》，夸张失实之处俯拾皆是，很多记述都是出于文学的考虑，而难以史学的标准衡量，最突出的便是“床笫之私”“密室之谋”之类情景的记述。发展到两汉时期，史传文学的巅峰之作《史记》出现，这两方面性质同时达到了最高水平，“史家之绝唱”，言其史传之成就；“无韵之离骚”，言其文学之成就。然而从《汉书》开始，便预示了与先秦史传文学恰好相反的趋势，即“史传”性质的加强，和“文学”性质的减弱，这一趋势也就意味着“史传”与“文学”的分离独立，后世的史传著作便很难再在文学史上占一席之地了。

现在从审题中的检索进阶到文本中的检索，首先从简单的单文本阅读开始学习。

题干检索主要是在句子当中。我们现在进入单文本阅读状态，检索范围从句子扩展到段落；检索内容相对单一，没有多文本那么多的角度。

材料 6 的内容比较简单，篇幅也只有一段。有了练习一中审题环节对检索式阅读的学习和方法归纳，大家在材料 6 部分不用畏难，只需要进行依次检索。第一次检索依然是读题目进行审题，也就是采用题目先行的策略。第一次检索之后就识别出题干关键词“区别”以及它的修饰语关于“《汉书》与先秦史传”的内容，为进入文本阅读初步确定了有效阅读区域。

完成了对于题干中关键词及修饰语的一次检索后，进行第二次检索，进入文本语段中完成两次阅读检索。

（1）快速浏览，全文检索出有效阅读区域。

我们读文本的时候要回到指读时代，就是拿笔从第一个字指读到最后一个字，这也是帮我们提速的一个方法。因为在从头指到尾地快速浏览时，客观上其实是在帮助自己高度集中注意力，避免因走神而导致阅读速度下降及理解程度降低。同时，指读还可以帮助我们在阅读时不遗漏信息。

（2）精读有效阅读区域，检索出与题目关键词及修饰语相关的内容。在精读中思考，完成信息筛选、概括、整合等任务。

现在开始计时进入段落的第二次检索。速度没跟上的同学不要着急，继续稳扎稳打地圈点出你应该检索到的信息。现在开始标记时间，用时一分半钟，绝大部分同学完成了二次检索的任务。现在来找出《汉书》和先秦史传的区别主要在哪一部分。

"然而从《汉书》开始，便预示了与先秦史传文学恰好相反的趋势，即'史传'性质的加强和'文学'性质的减弱，这一趋势也就意味着'史传'与'文学'的分离独立。"

从这一句开始，《汉书》在段落中才出现，所以检索的有效阅读区域是集中在这一段的最后部分，从"然而从《汉书》开始"到"后世的史传著作便很难再在文学史上占一席之地了"。

在这最后两句中就能找到提取信息的关键词。完成信息提取之后，就能够针对第一次检索的题干关键词找到答题中概括的生长点。关于《汉书》和先秦史传文学的区别，有同学在原文中检索出"'史传'性质的加强和'文学'性质的减弱"这句话。那么审题中的另一个修饰语"哪些"有没有在二次检索中体现呢？提醒大家一下，"哪些"是复数形式，所以只找到一条区别肯定是不完整的。

"'史传'与'文学'的分离独立"是不能丢掉的第二点。现在看这两点的区别从表面现象上升到对后代的深远影响，那么在内容上是什么逻辑关系呢？大家可以马上识别出递进关系。

现在我们用检索的阅读方法计时完成这个题目，并且把逻辑关系看懂，只用了不到两分钟，实现了大幅度的阅读提速。

**【材料 7】**

**题目：**根据材料 7，下列信息符合文义的一项是（　　）。

A．蔺相如机智勇敢，出使秦国时能不辱使命直至完璧归赵

B．战国时期的"纵横家"在政治外交活动中很少取得奇效

C．苏秦"悬梁刺股"智勇双全，用外交辞令得楚地 600 里

D．张仪雄才大略，身佩六国相印，统帅六国雄师逼秦废帝号

战争是政治的延续，也是智者的游戏。春秋战国是中国历史的大变革时期。西周末年，王室衰微，诸侯林立，战争不断，周边戎狄蛮夷迅速强大，各诸侯国身处忧患之中，为了生存、为了发展，只有利用强大的军队去征服别国。战争磨砺了智者，催生了谋略，产生了智慧。在战争中，人类将政治智慧发挥至极致。毋庸置疑，春秋战国的历史是血染的历史，是白骨堆积的历史，在这一历史舞台上，智慧与狡诈、血腥与惨烈构成时代的

主旋律，这里有流芳千古的浩然正气，也有滑稽可笑的荒唐闹剧。虽然说“春秋无义战”，但是，战争却有其自身规律。

春秋战国时期，伴随着武器的进步、战争方式的变革，以及战争规模的扩大，造就了一大批擅长指挥作战的将帅和军事家。他们从战争实践中不断总结经验，从事军事理论研究，裁篇著录，大量的军事理论著作应运而生，出现了一个兵家荟萃、群星璀璨的兵法盛世。兵家思想正是这一时期战争智慧的集中体现。

《孙子兵法》被誉为“东方兵学的鼻祖”。孙子所提倡的“知己知彼”“出奇制胜”“避实击虚”等军事思想至今仍被人们奉为圭臬，堪称世界第一兵书。他全面总结了以前的战争经验，分析、论述了作战原理，提出了军事上许多杰出的命题，揭示了认识和指导战争的普遍性规律。内容丰富，见解精辟，不仅对当时的战争有十分深刻的指导意义，还深远影响了后世乃至当今的军事思想。

战争离不开外交。战国时期，以从事政治外交活动为主的一派人物被称为“纵横家”。他们朝秦暮楚，事无定主却往往能取得奇效。“纵横家”多出身贫贱，苦难的生活磨练了他们的意志品质，比如苏秦“悬梁刺股”。他们可以用三寸不烂之舌退却百万之师，也可以用纵横之术解不测之危。苏秦佩六国相印，统帅六国雄师逼秦废帝号；张仪雄才大略，以片言得楚地600里；蔺相如虽非武将，但浩然正气直逼秦王，直至完璧归赵。纵横之士智勇双全，且不乏仁义之辈，他们的机智和勇敢，一直被后人敬仰。

检索式阅读提速方法如图1-19所示。

| |
|---|
| 阅读提速方法：<br>（1）对题干和文本进行依次检索。<br>（2）屏蔽积累法进行检索。 |

图1-19 检索式阅读提速方法

现在再增加一个难度，材料7在篇幅上从一个自然段的单文本变成多个自然段的单文本，在题型上是选择题，干扰项比较多。下面学以致用，举一反三地阅读材料7，首先审题，然后依次检索。

这个材料稍微难一点，有四个选项对你构成了干扰。我们在材料7的学习中，要加入一个新的方法——屏蔽你的知识积累。无论是历史课上学习的还是平时阅读中积累的与此相关的知识，一律屏蔽。从而保证自己的信息来源完全出自材料7，只在文本中检索需要的信息。简洁干净，不节外生枝。

以高考考场的阅读时间计算，我们的阅读速度要达到每分钟700字左右，那是一种什么样的速度呢？就是我们在指读的时候，手里的笔是始终保持移动的速度才能完成。现在经过这样的阅读训练，我们可以体会到，在处理每一段的阅读内容时我们的速度是不一样的。

刚才计时读时，开始第一段是快的，因为这一段的内容针对这道题要检索的信息是无效区域，然后就很快地浏览。接下来的两段也用快的节奏。到第四自然段时，开始检索到可疑信息进行详细比对，进入精读模式，速度减慢。这个过程中不是匀速的，就是你手中的这支笔在指读的时候，仿佛有了生命，像跳舞唱歌一样，有了节奏和韵律。

现在看第四自然段，也就是文本的最后一段时，才出现“纵横家”。前面三个自然段与“纵横家”没有特别直接的关联，所以针对C选项我们的有效阅读区域就从4个自然段聚焦到最后一个自然段，这道题的阅读速度上来了，难度系数反而降了下来。

在刚才的几段实践运用中，我们对检索的理解越来越深，运用也越来越熟练。如果只靠老师讲讲知识，同学们可能很难掌握检索的技能与方法。但通过这样一读一练一归纳，自己就有了切身体会。

现在回顾一下在刚才的教学环节限时完成过程中，你是靠哪些学习方法实现了阅读提速的。每一个人总结归纳的方法也许会有一点区别，有一些个性化差异，但只要对你有用就是好的方法。以下方法可供大家参考。

(1) 运用指读法做检索式阅读，是实现提速目标的方法之一。指读便于集中注意力。

(2) 带着一次检索到的题干关键词和修饰语，在文本中进行二次检索，快速筛选出文本中的有效阅读区域，是实现提速目标的方法之二。要具体到某一个词或者短语，这样带着任务阅读可以避免一个误区：只图快，没记住内容，这样就本末倒置了。我们要一步一步稳扎稳打，稳中求快，行稳方能致远。

(3) 采用排除干扰屏蔽积累法。为了快速准确地筛选出文本的信息，需要我们屏蔽与此相关的阅读积累和生活积累。排除干扰项信息，确保信息纯净地来自文本内容。这与文学类文本的阅读原则恰好相反。

多文本阅读的提速方法归纳起来如表1-4所示。

**表1-4 多文本阅读提速方法**

| 步骤 | 目标 | 方法 |
|---|---|---|
| (1) | 集中注意力，持续专注地连贯阅读 | 限时指读法 |
| (2) | 缩小有效阅读区域 | 检索阅读法 |
| (3) | 排除干扰项，提升答题正确率 | 屏蔽积累法 |

### （二）检索式阅读训练——多文本

现在再增加一点难度，下面的材料8和材料9由单文本阅读升级到多文本阅读。我们来看这道题目，如图1-20所示。

> **题目：**材料8和材料9均谈到城市发展规律。请结合两则材料，说说要认识我国城市发展规律，需要具体关注哪些要素。

图1-20 例题

我们一起来审题干，完成第一次关于题目的检索。首先找到关键词“要素”，然后找修饰语中与“城市发展规律”相关的要素。现在就带着这个短语进入文本阅读中，开始二次检索。练习时可以计时，三读法中的标段、画词等任务在检索中顺便就完成了。

【材料 8】

**尊重规律，才能走向“现代城市”**

千百年来，城市一直承载着人类对美好生活的期盼和梦想。我们的城市，怎样才能实现健康发展，真正成为经济增长的中心、生态涵养的容器、文明传承的薪火、百姓安居的乐园？

梁思成先生的话或许能带给我们更多启示：“城市是一门科学，它像人体一样有经络、脉搏、肌理。如果你不科学地对待它，它会生病的。”城市不是钢筋水泥的简单堆砌，更不是社会资源的机械组合，而是一个有机复杂的“生命系统”，它有吐纳呼吸的韵律、脉搏起伏的节奏和机体运行的规律。如果能科学地认识、尊重并顺应规律，就能促进城市健康运行；反之，城市发展就会出现严重的失调、失衡和失序等问题。

比如，在一些地方，新区不断扩建，城市不断扩大，一圈地就是上千平方公里甚至几千平方公里，表面上热火朝天，但由于某些建设项目脱离实际，最后要么沦为野草丛生的烂尾工程，要么变为毫无人气的闲置建筑。这说明，城市发展脱离实际，人为大搞“造城运动”，只能是“摊大饼”式的盲目扩张。

不尊重城市发展规律，缺乏按规律办事的完善的保障制度，必然会造成严重的后果。在城市发展过程中，我们难免会有水平不够、认识不清的问题，加之一些城市建设的决策者被一时的政绩或利益冲昏头脑，让“发展”为他们的任性埋单，使“大手笔”变成了“大败笔”。城市作为人类文明的结晶，是人类进行经济、政治、文化等活动的中心。因此，城市建设，既要考虑到经济、政治等因素，也要考虑人口、资源、生态、文化等因素。城市发展规律是一个相互关联而又彼此耦合的复杂系统。

对城市的治理者而言，既要认识到城市发展的一般规律，又要在中国超大型人口、超大型规模的现实情况下，去探索中国城市发展的特殊逻辑；既要看到城市面临问题的普遍性，又要在中国发展转型的历史阶段中，去认识城镇化进入后期的显著特点。

“城市是一种特殊的构造，这种构造致密而紧凑，专门用来传承人类文明的成果。”中华文明延绵千载，积累了丰富的城市管理经验。早在南朝时期，“京师翼翼，四方是凑”，就引发了“不尔何以为京师”的感慨。一个农耕古国曾经拥有璀璨的城市文明，现在同样能把握城市“致密而紧凑”的构造，构建富有活力、独具特色的现代城市。

（资料来源：取材于李拯的文章）

【材料 9】

**规划科学，才能打造“诗意城市”**

交通拥堵如肠梗阻，空气污染是哮喘，水污染是血液中毒，垃圾围城好比恶性肿瘤，文脉隐没好似失魂落魄……“城市病疾”在腠理肌肤，根在经脉脏腑。大城市“得病”，暴露出的正是短视规划带来的长久危害。诚如中共中央总书记习近平所说，考察一个城市首先看规划，“规划科学是最大的效益，规划失误是最大的浪费，规划折腾是最大的忌讳”。

当城镇化率过半、“乡土中国”开始转向“城市中国”时，我们也迎来了城市大发展大建设阶段。如何规划、建设、管理好城市家园，这一课题摆在各级管理者面前；怎样避免规划失误、规划折腾，更显紧迫。这方面，教训不少，代价很大。百米高楼建成仅16年就被爆拆，亚洲最大室内足球场使用不到10年便被扫入历史，类似的“短命建筑”，很多地方都出现过。据研究估测，“十二五”时期，每年“短命建筑”导致的浪费高达4600亿元。而道路的“开膛破肚”，在许多城市也频频上演，浪费资金不说，还造成了交通拥堵，百姓叫苦不迭。

这背后，既有我们对城市发展规律的认识不足，也有规划设计与执行的不到位。一方面，“规划跟着项目走”，我国城市规划重经济发展，轻人文精神，缺少大众关怀；重建设规模，轻整体协调，缺少地方特色。另一方面，“一任书记一座城，一个市长一新区”的“规划换届”现象时有发生，长官意志代替严肃规划，导致蓝图落地变形走样。

对我们这样一个人口规模大、城市密度高、正在大建设大发展的国家来说，这些“风险”难以避免。大城市功能该怎样定位？空间布局如何才合理？文化特色该怎样体现？产业园区与居民区如何和谐相处？城市的包容性与有限的承载量怎样匹配……如此种种，对城市的建设与管理都是巨大挑战。

城市规划犹如演奏交响乐，倘若指挥不当，“独奏”互相掣肘，就会引发混乱。一旦缺乏空间、规模、产业的统筹，失去了空间立体性、平面协调性、风貌整体性、文脉延续性的整合，城市就会失去秩序。不同城市之间的规划，如果跳不出一亩三分地，区域就难以优势互补，也会造成资源浪费、生态破坏。因此，一个城市的规划，要承上启下，兼顾左右，把个性表达与整体和谐统一起来。好的规划必然是和谐处理历史、当代与未来的关系，把握自然生态之美与创造人工设施之善，最终实现人在尘嚣、心守宁静的美好愿景。

规划要做到科学，从来不是“我说了算”，而是政府、专家、百姓“共同说了算”。多考虑百姓需求，才可能杜绝浪费，拒绝折腾，少走弯路，才能确保“一张蓝图绘到底”，留下穿越历史的经典城市。小桥流水、杏花春雨、秋月霞天、渡头落日……多少城里人拿这些诗词意象来点缀自己的梦里桃源，以期“我的城市”日行无碍，夜眠无噪，看得到四季，留得住历史。也许有一天，用“诗意城市”包裹科学规划，回应百姓企盼，才能弹奏出城市发展的美妙序曲。

（资料来源：取材于姜赟的文章）

重新审这个题，看一下我们刚才是带哪个词进入二次检索的呢？那就是“发展的因素”。但是如果要认识我国城市发展规律，需要具体关注哪些因素？我们现在发现，“因素”这个词要格外关注一下。为什么呢？这个因素是“做得好”，还是有可能“做得不太完美”，这个检索范围是有区别的，现在需要你来确认。回顾一下会发现我们的二次检索出问题了，本来第四段第一句就有提示，结果因为一次检索的关键词提取错误，我们把全文都搜索了一遍。

在阅读中我们逐渐调整思路，从找“不好的”调整到“还不太完美”的，这是两种程度和范围。同学们根据题意与文本内容逐渐地调整思维，这个过程就是一个进步的过程。

材料 9 中的关键词开始可能会找得不准，经历了这个思维调整的过程，我们发现，需要关注的另一个因素指的是原来做得不太好的方面，虽然有规划，有设计，也有执行，但是执行得不到位。如果执行不到位、不落地，即使是一个好的政策，也会大打折扣。这种程度问题也是需要关注的因素。

通过刚才的阅读，大家发现每一段落虽然和这道题不一定有直接的关联，但它一定是有一些关联的。所以有些同学在确定有效阅读区域时就产生了疑惑：刚开始练习时，因为检索不准，会感觉有点乱。这很正常。想一想刚才乱在哪里了？是在第一次检索还是第二次检索时出现了问题？

我们需要确定的有效阅读区域是与检索词直接相关的内容吗？那么这道题大家开始找的关键词是“城市发展规律的因素”，在讨论中大家都说没有异议，老师也并没有进行纠正。但是在进入文本时，大家是不是发现自己容易目光散乱并产生疑惑了？这时提醒大家要重新审题，看一看关键词是否有误。当我们修正了题干关键词的错误之后，对文本的检测很快就清晰正确了。

通过这个例子提醒大家：检索式阅读并不是一味求快，一定要稳扎稳打，从审题开始就要特别仔细，要找准关键词。如果一次检索时题干关键词错了，那么后面所有的努力都会在错误的方向上继续。这一次的错误对你的学习有没有帮助呢？我们就是在疑惑中逐渐地梳理清楚自己的思路。所以不要怕出问题，有了问题才能找到原因并修正错误，提高认识。刚才把题做错的同学也不要紧张，在学习过程中发现问题或发现自己思维乱了很正常，乱了之后再找到问题的根源并设法把它理顺，这是一个很可贵的提高的过程。

### 二）理性表达的训练

怎么样才能够让阅卷老师知道你很好地理解了这个文本呢？这就需要借助好的表达做好回答，所以下一个教学段落就开始讨论如何正确表达。

**【练习 3】表达训练——师生研讨**

**题目：**材料 8 中梁思成的话给城市建设决策者带来了哪些启示？

现在我们的阅读速度提上来了，下一步就要学习如何能够把我们读到的信息准确、恰当地表达出来和别人共享，这需要借助理性思维。也就是说，在答题中应避免随意化，而要强调表达的理性。

理性是什么意思？我们在做文学类文本阅读题的时候，对开启自己的生活积累和阅读积累感同身受。比如读一部小说，为什么那么多女孩喜欢读霸道总裁，因为她开启了自己的生活积累，有主角代入感。产生这种代入感就是因为在阅读中调动了生活积累。

但是在做社科类文本阅读题的时候，理性表现恰恰要求相反。要关闭你固有的阅读积累及生活经验，避免信息干扰。比如，刚才我们做的材料 7，关于“纵横家”那段材料，就曾提醒大家不要用历史课的积累来做这道题，要单纯地依据文本，以便能够专注于文本所提供的内容，避免自己积累的信息对筛选和推理构成干扰。这是理性的第一层含义。

另外，理性除了体现在阅读的时候要关闭积累，专注读文外，还体现在表达的时候要克服随意性。大家在答题时经常会出现想到哪一步写哪一步的情况，这是非常不规范的。

针对这种现状，在实现理性表达上也给大家提供一个方法，就是对应式思维。对应式思维是指谁跟谁对应呢？回顾大家平时解题作答的时候，首先就要审题，审题是为了实现题目问什么，我们就答什么的切题目标。这就是一个对应式思维的运用。

现在我们要比平时练习再提高一点，就是要梳理各个信息点之间对应的逻辑关系。我们拿到一个文本，先读题目，接着要带题入文。这一节针对多文本的检索式阅读要求大家先读题再读文，与文学类文本要求完成三读之后再看题的方法是相反的。

### （一）题干、文本、答案各信息点之间的对应

先读题干，再读文本，然后第三步要表达，即要给出答案。这三步之间要有对应的关系。也就是题干问什么问题，对应到文本中找什么内容；在文本中找到什么内容，对应到答题中做出相对应的表达。这就在题干、文本、答案各个信息点之间建立起了逻辑对应关系。有了这样环环相扣的对应式思维，就不会目光散乱地泛读了。

### （二）文本信息由隐到显的一个对应

比如，刚才在材料 8 中有“摊大饼”这个说法，这种修辞手法的运用，在作答的时候是不能提取到答案中的。修辞手法中是一个隐形信息，具体到这个例子，对于“摊大饼”与城市规划的相似点，每个人的理解有可能是不一样的，要直接把“摊大饼”的语境义、本质特征明确地表达出来。这里所说的隐性信息包括大家阅读中含蓄的“潜台词”，包括使用修饰词的句子，还包括否定句。否定的显性表达，要找到文本中隐含的肯定内容或观点。其实这个转化难点在于理解，表达上很简单。就是借助没有疑义的陈述句式答题，可以轻而易举把隐性信息明确外显。这种转换就是从特殊到一般，从现象到本质的对应提升。

阅读中比较容易看到显性信息。另外，要注意把隐性信息对应提升到明确表达。在答题的时候就要注意运用对应式思维，信息点之间的逻辑要对应。

下面来看练习四的题目：“材料 8 中梁思成的话，给城市建设决策者带来了哪些启示？”

审题中快速完成一次检索，关键词为“梁思成的话”“启示”，修饰语为“城市建设决策者”。然后进行二次检索的时候，关注的问题核心是“启示”。完成了阅读检索，重点要看在表达的时候怎么样进行对应。首先对于文本中梁思成的话，是不是可以圈出来？“城市是一门科学，它像人体一样有经络、脉搏、肌理。如果你不科学地对待它，它会生病的。”这是答题的有效阅读区域。

因为这段文字有比喻的修辞手法，有否定句的使用，所以要有一个答题的对应式的提升，完成刚才说的潜台词的隐性信息到显性信息的转换对应。梁思成说“城市是一门科学，它像人体一样有经络、脉搏、肌理”，所以说城市的发展因为有体系，它的发展是有规律的。然后再看“如果你不科学地对待它，它会生病的”，这是一个否定句式，可对应转换成肯定的陈述句：我们要科学地对待它。“它会生病”又用了一个隐性的比喻，要把它变成显性明确的表述，城市如果“生病”是什么现象？如果不科学对待会出现

什么后果？现在这个转换大家是否有一点感性认识了呢？最后你运用对应式思维整理出的答案就能精准地表达出你的理解了。

下面请同学们以练习四为例，回顾梳理表达出的文字是经过几个步骤得来的，并做出对应式思维解题模板，如图 1-21 所示。

> (1) 在检索阅读中提取有效信息。比如：找到梁思成先生的话，之后提取关键词。
>
> (2) 在提取的信息中找到概括的生长点。使用对应式思维把提取的信息进行有效概括。比如："规律""科学"。
>
> (3) 利用点到点的勾连，实现题干、文本、答案各信息点之间的对应。
>
> (4) 利用恰当的词语标志和句式，实现文本信息由隐性到显性的对应。比如：比喻的修辞、否定句的使用等。

图 1-21　对应式思维解题模板

**【练习 4】学以致用及举一反三的练习**

根据图 1-21 中的步骤，运用对应式逻辑思维完成题目的准确表达。

**题目：**请根据材料 9，回答如何铲除"城市病"之"根"。

根据大家归纳总结的对应式思维解题模板的 4 个步骤，我们带入这道题，做学以致用及举一反三的练习。

(1) 在进行检索阅读时，一次检索题干中找的是什么？那就是"如何铲除"这个病根。之后进入文本进行二次检索，快速地找到大城市"得病"暴露出的原因是什么，是不是暴露出的正是"短视规划带来的长久危害"这一句？

(2) 检索出来原因，那么我们"如何铲除'城市病'之'根'"呢？在提取的信息中找到概括的生长点。既然"短视"是有危害的，有同学说变成"长"视，要目光长远，进行"长远规划"，这个表达很好。此外，"未来规划""科学规划"等都是可以的。

(3) 进行隐性信息的显性对应。我们归纳出的隐形信息有一类是以否定句为标志的。例如，城市生病的原因为"既有我们对城市发展规律的认识不足，也有规划设计与执行的不到位"这句。采用对应式思维，把否定句的内容变为明确的陈述表达，变否定为肯定。

如果按照这样的逻辑思维一点点对应转换，答题的表述就会变得难度不高、逻辑清晰、词语准确。

### 三）拓展练习

**【练习 5】学以致用——逆向思维训练**

大家学习的检索式阅读，通过对关键词的检索，缩小了答题有效阅读区域，提高了阅读效率。现在进入第三个练习阶段，做逆向思维扩展。逆向思维例题如图 1-22 所示。

> **题目：**
> (1) 阅读材料 10，根据第三段或第五段的内容，设计一道检索式阅读的命题。
> (2) 根据新拟的题目，用对应式思维准确答题。

图 1-22 逆向思维例题

【材料 10】

(1) 北京四合院的绿化，是千百年来人们根据北京的自然地理气候和文化背景逐渐形成的，颇具特色。北京四合院的绿化树木大多数属于“春华秋实”型。这些树木春天开花，人们足不出户就可享受浓浓的春意；秋天结果，身在院内便可得到桃李之利。夏日炎炎时还可以乘凉。

(2) 北京四合院院外的大门和倒座房处，常常种植高大的落叶乔木，旧时以槐树、榆树为主。

(3) 槐树木质坚硬而有弹性，能够做船舶、车辆和器具，槐花、槐实和槐树的根皮都是药物，花还可以做黄色染料。槐树的种植还承载着深厚的文化渊源。周代朝廷在外朝种三槐、九棘，公卿大夫分坐其下，以定三公九卿之位，后来便以“槐棘”喻指三公九卿之位。北京四合院继承了这种传统，明、清时期民宅中广泛种植槐树，以表达对后代的希冀和对富贵生活的向往。

(4) 榆树树龄长，木材纹理直，有多种用途。它翅果的形状很像古代的铜钱，故称榆钱，与“余钱”谐音，寓意富足。旧时北京人经常将其做成“榆钱糊饼”等食物，在青黄不接的时候，这些食物尤其受到人们的喜爱。

(5) 海棠多栽种在正房前，或在正堂的东、西次间前对称种植。《诗经 · 小雅》中的《常棣》篇是歌咏兄弟亲情的，“常棣”也作“棠棣”，四合院种植海棠，便有了兄弟和睦的寓意。海棠花花姿潇洒，艳而不俗；海棠果粉粉红红，酸甜可口。至今，北京的很多四合院内还种有海棠。西城区李大钊的旧居内种植有海棠，后海北沿宋庆龄故居内的西府海棠树龄已有一百多年了。周恩来总理生前也非常喜爱海棠。

(6) 紫藤是北京四合院的又一种特色绿化植物。李白曾在《紫藤树》中赞美道：“紫藤挂云木，花蔓宜阳春。密叶隐歌鸟，香风留美人。”历史上生活在北京的文人也爱紫藤。紫藤大多种植在里院书房前。春季，紫花似蝶，赏花闻香；夏日，棚下乘凉，心旷神怡。海柏胡同的朱彝尊故居内原有两株紫藤垂窗，故书房名为“紫藤书屋”。鲁迅先生在北京的居所，因院内有一棵古藤，所以小院名为“藤花馆”。

(7) 在过去的几十年中，由于对传统四合院的绿化认识不够，人们在新建和翻修四合院时抛弃了传统，甚至将旧有的绿化植物拔除而别栽新种。这种文化的断链令人惋惜和遗憾。

（资料来源：取材于李卫伟的《北京四合院的庭院绿化和私家园林》）

现在请你当一次命题人。以材料 10 中第五自然段为例，快速地用检索式思维拟出一个命题。可能有同学选的是“种植海棠的原因”，这可以作为一个关键词。如果把这个短语作为检索题干的关键词，那么把话说得更丰满点、准确点，就可以补充完整一个题目。

如果我们要在这里做出一份题目的参考答案，即种植海棠的原因是什么？我们的思路由实到虚对应作答：“《诗经 · 小雅》中的《常棣》篇是歌咏兄弟亲情的，‘常棣’也作‘棠棣’，四合院种植海棠，便有了兄弟和睦的寓意。海棠花花姿潇洒，艳而不俗；海棠果粉粉红红，酸甜可口”。

从“实”化的物质角度看，花好看，果也好吃；然后从“虚”化的精神角度看，上升到文化含义。在我国传统文化中，庭院居所中种植海棠有什么寓意呢？那就是表示兄弟情深，家庭和睦。所谓“家和万事兴”的寓意就寄寓在庭院中风姿绰约的海棠树的枝叶间。

具体到表达的梳理，就是把这段文字的三层内容重新排序，与答题的思路建立逻辑对应。北京四合院普遍种植海棠的原因有花姿好看、味道好吃、寓意美好。同时，艳而不俗的潇洒花姿、酸甜可口的味道与和睦亲情一样带给人以精神愉悦的审美体验。因此，大家喜欢在院子里种植海棠。

现在看看，你不仅做题水平提高了，甚至能够反向给别人出题了。正如阅读和表达是一个逆向思维活动，解题与命题也具有逆向思维。通过这样的双向思维训练，可以极大地提高大家的思维品质。

“工欲善其事，必先利其器。”好的思维方法就是利器。今天我们又增添了两把“利器”，一个是检索式阅读中灌输大家的“速度”，另一个是对应式逻辑思维赋予大家的“理性”。

本练习对应的作业是利用这里学习的检索式阅读方法和对应式逻辑思维模板完成限时训练。

**【练习 6】作业练习**

用检索式阅读法限时阅读下面的材料（阅读时长 4 ～ 5 分钟），并运用对应式逻辑思维完成下列题目。

下面的文字选自中国国家主席习近平《在中法建交 50 周年纪念大会上的讲话》一文，该演讲获得国际社会广泛赞誉。请根据材料 11 ～材料 13，并结合下面的文字，分析该演讲为什么能取得成功。

独立自主，是中华民族和法兰西民族的共有禀赋。中国和法国都是有着独特文明的古老国度，以黄河—长江和卢瓦尔—罗讷水系为母亲河的两个伟大民族，都曾经长期引领各自所在地区的文明发展进程。老子、孔子、墨子、孟子、庄子等中国诸子百家学说至今仍然具有世界性的文化意义，声名远扬的法国思想家们为全人类提供了宝贵的精神财富。进入近现代，两国都经历了民族苦难、战火洗礼和对发展模式的艰辛探索，走出了符合本国国情的发展道路。中法都坚持独立自主的外交政策，不随波逐流，不随风起舞，积极倡导和致力于多边主义、世界多极化、国际关系民主化。

**【材料 11】**

当今中国正大踏步走近世界舞台的中央，上演着一个个精彩动人的故事，世界为之惊叹喝彩。讲故事是进行国际传播的最佳方式。讲好中国故事，关乎国家形象，关乎国际话语权，关乎国家文化软实力。要讲好中国故事，应该注意以下三个方面。

发掘中国之美。“欲扬其美，必知美之所在。”五千年薪火相传的中华文明孕育了取之不竭的故事宝藏，不忘初心、砥砺奋进的当代中国喷涌着数不尽的故事源泉。中华文化的博大精深、中国特色社会主义的勃勃生机、中国梦征途的路疾步稳、中国人民的勤劳智慧，凝结成中国故事的丰富内涵。向世界展示一个全面、真实、立体的中国，就要善用生动精彩的故事，讲清楚中国独特的文化传统、历史命运、基本国情，阐释好中国道路、中国理论、中国制度、中国文化，让世界更好地读懂中国。

创新表达方式。“工欲善其事，必先利其器。”讲好中国故事，传播好中国声音，创新表达方式至关重要。好的表达，是真实与艺术、内容与形式、“陈情”与“说理”的有机结合。创新我们的表达，赢得世界的倾听，就要认真研究国外不同受众的心理特点和接受习惯，着力打造融通中外的新概念、新范畴、新表述。当中国表达不断创新，坚持“国际范儿”与“中国味儿”相结合，中国故事就能跨越种族、文化和地域的藩篱，直抵人心，中国形象就能润物无声地融入国外受众的脑海。

唱响中国和声。“一手独拍，虽疾无声。”合唱比独唱更震撼、更有气势，和声比单音更动听、更有韵味。中国故事的“大合唱”，需要政府部门打好“拍子”，做好引领，统筹协调。媒体是讲好中国故事的主体，新闻发言人、专家学者、文化交流使者和出境人员等是讲好中国故事的骨干。“领唱”不力则“合唱”不响，“各声部”无声则“和声”难鸣。唯有人人都是故事员，个个都做传播者，中国故事才能讲得气势磅礴，赢得世界更广泛的欢迎和赞誉。

（资料来源：取材于《向世界讲好中国故事》）

**【材料 12】**

从传播学角度看，讲故事也属于一种传播行为，因此，它需要符合传播心理学规律。

研究证明，在一个富余的信息场域中，受众的选择性很强。选择的范式既有选择性重视，也有选择性忽视，还有选择性遗忘。故事如果讲得不好，故事中包含的很多信息，在产生传播效果前就已经被忽视、被遗忘了。

在故事传播中，“人”应该始终占据中心位置。讲好中国故事，实际上，是讲好中国人的故事。在这片土地上生活的人民群众，是各种故事的主人。故事当然要有情节，但更要聚焦人的心灵，人的甘苦冷暖。好的故事不是硬编出来的，而是真实的人生写照。在一个巨变的时代，最不缺乏的就是人的奋斗、人的成功与失败交织的实践，这些实践都贯穿着人的情感。情感是流动的血脉，有情感有温度的故事更容易让读者受到感染，产生共鸣。

在对外传播的大量实践中，我们能够感受到，政治体制不同、宗教信仰和文化习惯迥异的受众，在接受心理上却有着共同特征：听故事的人最在意，异国的故事与我的生存状态有什么关联？你讲的故事与我的关系体现在什么地方？你讲的故事对我的成长发展有精神上的帮助吗？生存、关系、成长三个英文单词的首字母分别为 E、R、G，把 ERG 组合起来并当作提示语，提醒自己在讲中国故事时要重视受众的心理特征和心理需求。

新世界出版社印行了一本中英文对照的小册子，书名叫《中国关键词》。这本小书帮助外国人从关键词的角度，理解中国故事中一些必不可少的概念。小时候听广播中的孙敬修讲故事，发现他很注意在讲的过程中，时时解释一些字词句的含义，照顾到小听众跟不上情节的情况。现在我们给外国人讲中国故事，是不是也要学学孙敬修，从听众的认知基础入手，在细微处多下功夫，进而成就讲故事的大家风范？

（资料来源：取材于江作苏的《探索表达规律，讲中国故事如何不事倍功半》）

**【材料 13】**

对外表达是国家软实力的重要组成部分，关乎国家形象和声誉。如果我们不能很好地表达自己，就将会“被别人表达”。

20 世纪 90 年代，中国文化作为一股风潮席卷世界，“中国符号”成为世界的“商业利器”。比如迪士尼电影《花木兰》，全球总票房高达 3.043 亿美元，《功夫熊猫》更以 5.71 亿美元的票房创造了好莱坞动画电影史上的票房奇迹。

为什么同样的故事我们很难讲到国外去，别人来讲却可以风靡全球？区别在于我们讲花木兰的故事只突出了忠孝，而迪士尼塑造的花木兰，则是一个追求实现自我和男女平等，具有丰富情感的女人。

要想向世界讲好中国故事，我们先要清楚应向世界传递怎样的价值观，悉心研究和调整讲故事的策略，提高再创作故事的能力，采用能引起世界共鸣的方式讲述。2016 年 G20 峰会上，《最忆是杭州》就是对中国故事的一次成功讲述。《最忆是杭州》共有 9 个节目，其中《采茶舞曲》是由 300 名身着中国传统服饰的舞蹈演员集体演绎的，“采茶姑娘们”用优美的身姿尽情展现了我国劳动人民的勤劳、朴实和美丽。在《美好爱情故事》中，导演择取“伟大的爱情”这一视角来赞颂梁山伯与祝英台的坚贞爱情，透过戏、曲、舞、歌等多种艺术形式，形象表达了东方“罗密欧与朱丽叶”的爱情悲剧。《茉莉花》作为最负盛名的中国民歌，其经典旋律已在世界范围内广泛流传，是极具代表性和辨识度的东方音乐符号。此次晚会上的《难忘茉莉花》是基于《茉莉花》的一次再创作。这些表演，都恰当地使用了中华传统文化符号，并提取能与世界人民互通、互感的部分，用情感引起国外观众的共振，这就是“情感共振的故事讲述”。

《最忆是杭州》中来自外国艺术原型的节目也巧妙融入了中国符号。在世界知名的芭蕾舞《天鹅湖》中，导演将西湖的断桥融入其中；《月光》是法国钢琴家德彪西的传世之作，当承载着钢琴和演奏家的平台缓慢地在水面上移动时，背景仍然是断桥。整台晚会采用中西合璧的叙事视角将中国文化进行讲述传播，向世界传递着人类共通的情感力量，传达着融合共处的美好愿景和中国文化的自信。

（资料来源：取材于郑英明等的相关文章）

# 第二章　文言文简答题的模板式思维

## 第一节　文言文学习要点

从文言知识到文化传承，文言文学习与拓展是一个有思维规律及有方法策略的学习过程。学会文言文阅读的思维模板，按照规律和方法熟悉文言文考试文本的读法和做法，在试题练习的过程中体会和把握重点。高考文言文的考查方向如图 2-1 所示，高考典型文言文阅读试题解析如图 2-2 所示。

**核心能力之一：**

根据知识基础和上下文关系，推断文言词汇和语句的含义。

**核心能力之二：**

通过阅读文段，把握人物形象特征，理解作者的思想观点。

图 2-1　高考文言文的考查方向

**写人叙事文：**

(1) 关注文本中人物的描写细节。

(2) 注重文本中人物形象的特征。

(3) 关注文本在选材中所蕴含的作者立场。

**议论说理文：**

(1) 关注文本中中心论点和分论点。

(2) 注重文本中句与句之间、段落与段落之间的逻辑关联。

(3) 关注文本中中心论点与链接材料或生活现实的关联。

图 2-2　高考典型文言文阅读试题解析

目前，全国各卷在文言文板块的考查题目相对稳定保守，但是作为专业备考的我们一定要具有战略前瞻性，思维要科学化。关注独立命题地区率先做出的有益尝试。

## 第二节　文言文简答题的模板式思维的建立

这一节我们要探究一下文言文阅读中简答题的思维规律。拿到这样的简述题之后，我们要分析这种题型背后所对应的知识点、考点是什么，然后去选择对应的思维模板。

文言文阅读的题里一般有两种类型：一种是说观点，谈理解。在模板教学中我们把观点称为“言”，题型为“说说对上述文本的理解”。另一种是找依据。在模板教学中我们把依据称为“据”，题型为“为文本中的人物观点或作者观点找依据”等。这两种题型都需要我们进行论证，简称为“证”。

首先要快速地找出题干的核心词，并对题型进行分类。确认题目是谈观点的还是找依据的；然后思考要做的题应该用哪种思维模板；最后再想一想要做的题型，在试卷答题的表达上又应该注意什么，应选用哪一种表达模板。

如果题目给出观点，那么我们的任务就是找依据，即“给言找据”加以论证的思维模板；如果题目给出依据，那么我们的任务就是找文本中所佐证的观点，即“给据找言”加以论证的思维模板。

表达模板选择“言”“据”“证”对应式思维的表达。

## 第三节　文言文简答题的模板式思维的运用

### 一、思维模板解题练习

**附：2020 年高三海淀模拟题**

阅读下面的文言文，完成 6 ~ 10 题。（共 19 分）

吾尝谓医之在天下，其资生民之用，盖与谷帛等，窃怪世之工其道者何少也。自三代以来，以医名世者多矣，其为论说方术大备矣。又尝怪夫世之医者，皆忽而不学。使孝子慈孙不能无恨于疾苦之际者以此也，可不悲哉！予少多病，世之医往往与之游，率按前人成说而用之，未有心得而能原其所以说者也。而世医不以术易衣食者鲜矣，何暇及此哉！宜工之者寡，而古学之废也。意必有聪明微妙之君子，悯兹学之不振，悼生人之疾疠，独治其道，修其术，而莫或知之者焉。

绍圣丁丑，予得罪谪官齐安，而得蕲水庞君焉。其于医，殆所谓聪明微妙者也。君讳安时，字安常，蕲州蕲水人。儿时读书，尝问医于父，父授以《脉诀》，君曰：“是不足为也。”独取黄帝、扁鹊之脉书治之。未久，已能通其说，时出新意，辨诘不可屈，父大惊，君时未冠也。已而病聋，君曰：“天使我隐于医欤！”乃益读《灵枢》《太素》诸秘书，凡经传百家之涉其道者，靡不贯通。时时为人治病，率十愈八九。有舆疾自千里踵门求治者，君为辟第舍居之，亲视膳粥、药物，既愈而后遣之，如是常数十百人不绝也。其不可为者，必实告之，亦不复为治。活人无数，病家持金帛来谢，不尽取也。

戊寅之春，予见君于蕲水山中。视其貌伟然，听其议博而不繁，妙而易晓。告予曰：“世所谓医书，予皆见之，惟扁鹊之言深矣，盖所谓《难经》者也。予欲以其术告后世，故著《难经解》数万言。观草木之性与五脏之宜，秩其职任，官其寒热，班其奇偶，以疗百疾，著《主对集》一卷。古今异宜，方术脱遗，备伤寒之变，补仲景《伤寒论》。药有后出，古所未知，今不能辨，尝试有功，不可遗也，作《本草补遗》一卷。”吁！其备矣。予问以华佗之事，君曰：“术若是，非人所能为也，其史之妄乎！”

是冬而君瘬疾作。明年春而剧。门人请自视脉，君笑曰：“予察之审矣，胃气已绝，死矣。”因尽屏药饵，忽焉韵语数句，授其婿，盖超然达者语也。后数日，与客坐语而卒，年五十八，时二月初六也。

（资料来源：取材于张耒《庞安常墓志铭》）

下面我们一起运用第一节学习的模板思维，审一审这道 2020 年北京市的高考题，如图 2-3 所示。

> 第五段中，韩、魏二子对张孟谈说“我心知其然也”。请从文中找出可以佐证此话的动作描写语句。(4 分)

图 2-3　2020 年北京市高考题

首先明确题型，根据“找出可以佐证此话的动作描写语句”中“找出佐证”一词，我们可以完成第一节讲到的题目分类，确定这是一道“找依据”类型的题目。其次明确作答任务，就是找依据，那么我们马上就可以确认并选择“给言找据”且加以论证的思维模板。

因此下一步要在题干中确认哪一句内容是题目给出的“言”，需要我们加以佐证的，即我们所说的“言”在这道题中具体是什么内容，是“我心知其然也”。然后进入文本中，围绕这句话去找相关佐证。所以，我们思路很清晰地呈现了出来，运用“言、据、证”模板，依“言”找“据”来论证。

回顾答题的思路过程，先要审清题意；再给自己解说题目要考查的知识点，找到要作答的任务；最后选择对应的思维模板和表达模板。

下面再来练习一道题。以 2020 年北京市海淀区一模试卷文言文部分张耒的《庞安常墓志铭》为例，如图 2-4 所示。

> 本文第三段中的“吁！其备矣”，是作者对庞安时著述完备的感叹。请结合本段内容简述作者这样感叹的理由。(3 分)

图 2-4　2020 年北京海淀区一模试卷题目

具体到这一道题，是找“理由”。关于什么内容的理由？修饰语是“作者感叹”的理由，也就是说在审题的时候，我们就关注到这既是作者的感叹，其实也可以理解为是作者的观点。我们的任务就是结合作者观点去找“理由”。

所以这是一个题干给观点，让我们去找论据的任务。完成题型分类后，我们的思路很清晰地呈现了出来，依然是在“言、据、证”的思维中，运用依“言”找“据”来论证的思维模板。

题干已知“言”，我们的作答任务是在文本中“找据”作证。所以要在题干的观点中把“言”清晰地剥离出来。要围绕哪个词去文本里找依据呢？——“著述完备”。

作者对庞安时著述完备的感叹，其实已经给出“言”的关键词是“完备”，现在这道题审题任务基本上就完成了。这时我们已经把思维梳理清楚，并从思维上确立了题干给了“完备”的观点。我们要根据作者的这个观点，到原文本中来找“著述完备”的论据。也就说，这也是一个运用“言、据、证”模板，依“著述完备”找“为什么完备”“怎样完备”并加以论证的题目。

那么在什么范围内找“据”呢？题干中有个词不能忽略，在“本段”中，也就是说我们的有效阅读区域是一段而不是一篇文章。

## 二、表达模板解题练习

我们梳理清楚思维之后，现在就要开始进行表达练习。理解了之后，如何才能够准确并有条理地表达出来，恰当地呈现到卷面上去呢？

### （一）学生错误分析

虽然题干给了观点，我们在答题中来给论据，但是在答题中表达的时候能不能上来就写“据”呢？

有些同学在作业中的表达就是码了一摞文字，没有题干的“言”；没有自己的“论证”，只是提取了一些疑似论据的原文。注意此处说的“疑似”这个词。

为什么这样说呢？可以对此进行“言、据、证”的分析：其一，仅仅没头没尾地罗列出一些语句，那么这样的文字表达既不完整，也毫无逻辑，让人看不出这一段文字写在这里究竟是何用意，估计是在找论据答题，因此只能说是“疑似论据”。其二，“疑似”的另一个原因，就是答题语言没有语文的专业痕迹，根本看不到与题目的任何关联，没有任何切题的语言标志。如果仅仅凭借直接提取原文进行答题，是无法准确回答问题的。

学生常见错误类型分析如表 2-1 所示。

**表 2-1　学生常见错误类型分析**

| 常见错误类型 | 错 误 表 现 | 提 高 策 略 |
|---|---|---|
| 理解错误 | 题干理解的方向性错误 | 熟悉题型与知识点的对应；题型与思维模板的对应 |
| | 文本内容的文言没看懂 | 文言常用词语、句式要积累到位 |
| 表达错误 | 逻辑条理混乱，语言没头没尾 | 运用表达模板逐条对应作答，并与题干关键词一一对应 |
| | 完全摘抄及提取原文内容 | 对原文论据进行切题概括、整合 |
| | 只堆砌论据而没有论证 | 在论据后加上对应题干的论证和解说 |

### （二）建立表达模板

这就需要规范的逻辑思维，要借助对应式思维的表达模板来实现清晰准确的表达。

必须要组织经过信息筛选、梳理、整合的学科语言；必须要明确切题回答的语言标志；必须要呈现题目与答案之间点与点对应的逻辑思维。要具有上述经过语文学科的专业加工再答题的学科意识与专业备考意识。

思维上的条理性体现在表达上，首先就是在形式上具有完整与合理的结构；其次是语言表达的规范与准确。我们需要在“言、据、证”之间建立起点到点的联系，思维的表达才会更加明确、更加清晰。

以这道题目为例，遵循上述原则答题呈现出来模板表达示例如图 2-5 所示。

**言**：庞安时的著述完备。

**据**：可以在文中看到如下论著。

《难经辨》——在……方面体现了完备。（分析论证“言”“据”之间的关系）

《……》——在……方面体现了完备。

图 2-5　模板表达示例

现在同学们可以根据这个表达模板，补充修改自己的答案。看一看自己答题的不足之处是在哪一方面，应有方向及有重点地补充、改进。

同时同学们要格外关注，语言表达是思维的外化，根据表达模板在答案中作补充修改还远远不够，我们要借此找到自己逻辑思维的欠缺与漏洞，从根源上分析问题，解决思维的无序、混乱问题，真正获得思维品质上的提高。

实际上大家从上一环节的学习和答题的示例可以发现，我们做简答题时，思维模板本身就是一个“言、据、证”的逻辑条理。我们根据例题总结提升出简答题的思维模板与表达模板，文言文简答题思维模板如图 2-6 所示，简答题表达模板如图 2-7 所示。

**言**：概括观点。

**据与证**：照应题干关键词。

| **据** | **证** |
|---|---|
| 概括论据 1 | 解说论据 1 与观点的关系。 |
| 概括论据 2 | 解说论据 2 与观点的关系。 |
| 概括论据 3 | 解说论据 3 与观点的关系。 |

**总结论证**：综上所述，得出观点。

图 2-6　文言文简答题思维模板

**言**：准确提取题干观点。
**据**：准确概括文中论据并逐条加以对应论证。
（1）论据 a：（证 a：在……方面体现了“言”）
（2）论据 b：（证 b：在……方面体现了“言”）

图 2-7　简答题表达模板

从这道题型就可以看出来，题干给了观点。给了“言”，然后我们的任务是找“据”来支撑论证；也有的题型是题干给了“据”，让我们归纳观点“言”，这两种题型都经常出现。但是实际上，我们看思维的规律与本质是相同的，不管哪种题型，都是围绕论点来展开严谨的逻辑论证，都是可以运用“言、据、证”模板来解决的。

特别要注意的是：拿到这种题型，在答题的时候语言表达模式要完整，要把“言”“据”“证”三条都明确地写出来，要体现出思维与表达的完整性与严谨性。

### （三）解析论证难点

搭好表达模板的框架之后，现在进入题目的难点解析，学一学如何围绕“言”和“据”展开论证，也就是如何搭建“言”和“据”之间的逻辑关联。

现在请大家根据题目要求阅读文本中的第三段并加以批注。作者对庞安时的著述特别完备，因此可能有同学从第三段的医书开始全文摘抄，比如一直抄到“作《本草补遗》一卷”。这种答题方法显然不恰当，原文摘抄式答案既无答题逻辑，又没有体现出自己对论据的论证与分析。

答这类简述题的时候，要在答案中体现自己的理解，要有信息筛选之后对文本的梳理与分类。针对这个题，我们的主要任务首先是根据题干要求对原文本信息及作者立场进行筛选、梳理、整合，之后根据题干要求建立作者立场与文本论据之间的逻辑对应以及分析论证。

这类答题如果直接照搬原文，是会被扣分的，扣分原因是不仅本题考查的信息概括、整合等语文能力没有体现，还欠缺逻辑思维。作为一个高中生，课程标准要求建立合理、有序、严谨、缜密的逻辑思维。思维能力的外化就是在简答题的逻辑表述中加以考查。

简单来讲，就是我们首先筛选了有效阅读区域，然后根据有效阅读区域要进一步地筛选、提取、整合信息。对应题型考点作答，这一步是不能省略的。

那么应该如何组织语言呢？“言”可以切题提取，但是“据”一定要对原文论据做概括与整合，“证”要加入自己的解说阐释。也就是说，“据”和“证”都不是简单提取内容所能完成的，而需要在“证”这一部分解说一下，概括、整合出论据与题目或观点的逻辑关联。

我们可以用语段中第一个例子来举例说明如何建立论据与观点的逻辑关联，如何在“据”与“言”之间进行“证”。

“证”的难点有时不在题目本身，而在于每个人对文本的理解程度。比如，此处的《难经解》和《难经》的关系是什么？

我们以前上语文课的时候，比如学习《论语》时读的就是批注版的，通常读的是杨伯峻先生做注的《论语》。为什么老师推荐时要注明是杨伯峻先生的版本，因为在学术界针对一部典籍，有时会有不同的学者根据自己的研究与理解作不同的注、疏等。除了大家课本中有注释这种极其浅显的解词以外，深入一些的会有注、疏作者对原典籍的个人理解、学术探讨以及一些观点。

借鉴这样的课堂积累，现在就容易理解《难经辨》和《难经》的关系。读原句来看一下，在《难经辨》中庞安时做的是什么样的工作。“世所谓医书，予皆见之，惟扁鹊之言深矣，盖所谓《难经》者也。予欲以其术告后世，故著《难经辨》数万言。”《难经辨》是对《难经》的一个注本，你从哪句话看出了他在作注呢？为什么要做这部《难经辨》才能来“告后世”？

要回到上文找原因，因为“扁鹊之言深”，“深”在这儿是什么意思？深奥晦涩。又因为“扁鹊寓术于其书，而言之不详”，因为“言之不详”，一般医生如果医术没有达到一定境界，有可能领会不了，读不懂，所以庞安时才写出了《难经辨》，目的是“予以术告后世”。捕捉到这些信息，经过了这些分析，才能理解庞安时在这一方面的才华。作为一代名医，他的古文字注疏的水平很高，可以为《难经》做解，即可见其“予欲以其术告后世”，说明他有帮助同行及方便后世的高尚人品，也可见其学术才华是多方面的，所以值得赞叹！

通过这个例子，就不难理解如果答题时单纯照抄某一句话，却不加上自己的解释阐述，不能论证“为什么”，那就无法建立“言”与“据”之间的逻辑关联，就不能够准确地应答题目之问。

所以我们需要解释一下《难经辨》的意义是什么，为什么能够在这道题中作为论据来证明值得作者感叹“吁！其备矣”。要把这几层解读有条理且与题干一一对应地写在答案中。

### （四）学以致用练习

现在同学们可以根据课堂所学，尝试做出这个题型的表达模板。根据模板，我们在答题的第一句话是开始就写《难经辨》中的内容还是需要先明确写出观点呢？要先有“言”，即写出观点，然后再概括出有关《难经辨》的论据。注意此处是“概括”而不是提取，之后再进行分析论证。具体到这道题，我们在根据表达模板进行论证的时候，要围绕哪个词展开呢？“吁！其备矣”的核心词是“备”，所以重点是《难经辨》如何体现出与“备”字的关联，从而完成论证。

然后把自己的答案与思维模板作对比，首先看看是不是“言”“据”“证”结构完整；其次是不是写全了选段中三条“据”与“言”的对应；最后看一下有没有示例中破折号后边对论点与论据之间的因果关系进行逻辑分析论证的内容。比对之后，我们根据模板提升思维，修改手中的答案。

答题示例如图 2-8 所示。

**言**：庞安时的著述十分完备全面，其著述中有注、补、著等成书方式，对医学理论、临床医学和药学都有研究。

**据与证**：

（1）注《难经解辨》——将扁鹊《难经》中深奥的医学理论解说给后人。

（2）著《主对集》——研究记录药物性能与人体脏器匹配关系。

（3）补《伤寒论》——对张仲景遗漏药方和对伤寒症状的表现进行补充的著述。

（4）著《本草补遗》——对古书没有记载的新出现的有效药物进行研究记录。

**总结**：作者感叹庞安时著述完备，是因为庞安时医学著述多，且研究方向全面。

图 2-8 根据模板代入具体题目答题示例

在此提示大家，对于体现“言”和“据”之间逻辑关联的中心词语识别要准确。图 2-8 论据（2）里面哪一个词可以体现观点中“备”的意思呢？就是“著”字。《难经辨》是给别人做解释，《主对集》则是自己的著作著述。注意分析论证的时候要关注“著”在这个语境中蕴含的“备”，表明作者学术能力全面。

再看张仲景的《伤寒论》。针对《伤寒论》庞安时做了什么工作？“备伤寒之变，补仲景《伤寒论》”。在这里强调这个“补”的动词是什么用意呢？这个动词其实是在呼应强调论点中的“备”字。

“备”不仅是说他研究方向全面，还说明他的研究功底也很深厚，他可以为典籍做注，可以自己著述，还可以为他人做补充，这是不同的学术研究的方法，这也是“备”这个字的含义之一，所以我们在表达时不能都无差别地将“注”“著”“补”笼统概括为“写”。

那么，这里面补充的主要是什么呢？历史课上可能介绍过《伤寒论》主要是研究伤寒病治疗方案的，那么回到文本，看看庞安时补充的是什么内容。还是先从提取开始，原文本中“古今异宜，方术脱遗，备伤寒之变，补仲景《伤寒论》”这一句可以作为提取的基础。

对于他补充的内容，有同学可能说补的是“变”，因为“备伤寒之变”中有“变”字。还有的同学说补的是“方术”，“方”主要是指药方子，“术”侧重于治疗手法。这两种说法都不太恰当。因为时代在发展，环境、气候及人们的饮食习惯等都在变化，人的体质、病情症状也会随之变化，因而医学领域对人类疾病的科学研究也在发展。所以面对这样多的发展变化，如果依旧一成不变地拿张仲景的《伤寒论》中的药方应对已经发展的时代、已经变化的人类健康情况，以及已经变化的疾病变化情况，也许就有点儿落伍了，刻舟求剑式的治病是会出问题的。所以庞安时要补进去后代在医学研究中发展的新成果，就是说“古今异宜”中古代和当代有差别的情况，他补的是新研究、新发展的这些内容，所以这里不仅体现在对治疗方案之“备”，也体现了庞安时与时俱进的、科学的、积极的医学观之“备”。

前面通过对庞安时成书过程中的几个动词进行辨析，能看出来他学术研究的能力完备全面，这是比较外化的能力全面。实际上我们进一步思考，庞安时不仅能够关注到“古今异宜”，而且敢于对医学大家张仲景的《伤寒论》进行与时俱进的补充，是不是从另一个角度说明他的医学观和思想更深层次地体现了“备”的含义？所以这个“备”在文本里有丰富的含义，是一个好的命题点。

综上所述，体会一下自己的阅读与答题，关于这一个“备”字仅仅说明他的医术水平高明，我们的理解是不是还存在一些欠缺？

实际上，如果简单地理解他仅是医术高明，就太狭窄、太肤浅了。也就是说，这次的作业练习不仅表达不完整，逻辑不严谨，对文本内容的理解挖掘也不到位。

这里对“备”的感叹，包含“术”和“道”两个方面，所以除了医术高超之外，还要关注到庞安时的医学思想。

同时在阅读中要有意识并最大限度地挖掘文本价值，把关于这道题目的分析论证的内容作为一个新的论据，同时作为写作素材的积累，记录在笔记本上。

### （五）举一反三

庞安时，字安常，蕲州蕲水人。儿时能读书，过目辄记。父，世医也，授以《脉诀》。安时曰：“是不足为也。”独取黄帝、扁鹊之脉书治之，未久，已能通其说，时出新意，辨诘不可屈，父大惊，时年犹未冠。已而病聩，乃益读《灵枢》《太素》《甲乙》诸秘书，凡经传百家之涉其道者，靡不通贯。尝曰：“世所谓医书，予皆见之，惟扁鹊之言深矣。盖所谓《难经》者，扁鹊寓术于其书，而言之不祥，意者使后人自求之欤！予之术盖出于此，以之视浅深，决死生，若合符节。且察脉之要，莫急于人迎、寸口。是二脉阴阳相应，如两引绳，阴阳均，则绳之大小等。此皆扁鹊略开其端，而予参以《内经》诸书，考究而得其说。审而用之，顺而治之，病不得逃矣。”又欲以术告后世，故著《难经辨》数万言。药有后出，古所未知，今不能辨，尝试有功，不可遗也，作《本草补遗》。

为人治病，率十愈八九。踵门求诊者，为辟邸舍居之，亲视药物，必愈而后遣；其不可为者，必实告之，不复为治。活人无数。病家持金帛来谢，不尽取也。

尝诣舒之桐城，有民家妇孕将产，七日而子不下，百术无所效。安时之弟子李百全适在傍舍，邀安时往视之。才见，即连呼不死，令其家人以汤温其腰腹，自为上下拊摩。孕者觉肠胃微痛，呻吟间生一男子。其家惊喜，而不知所以然。安时曰：“儿已出胞，而一手误执母肠不复能脱，故非符药所能为。吾隔腹扪儿手所在，针其虎口，既痛即缩手，所以遽生，无他术也。”取儿视之，右手虎口针痕存焉。其妙如此。

有问以华佗之事者，曰：“术若是，非人所能为也。其史之妄乎！”年五十八而疾作，门人请自视脉，笑曰：“吾察之审矣。且出入息亦脉也，今胃气已绝，死矣。”遂屏却药饵。后数日，与客坐语而卒。

（资料来源：选自《宋史·庞安时传》）

“言、据、证”模板思维例题如图 2-9 所示。

**题目**：后世医家论庞安时“医能启扁鹊之所秘，元化（即华佗）之可法，使天假其年，其所就不在古人下”。请结合原文，说说你对医家评论的看法。

图 2-9 “言、据、证”模板思维例题

### （六）扩展积累——你不知道的朋友圈

庞安时与苏东坡交往密切。因为苏东坡擅长书法，经常有朋友馈赠他好墨。庞安时治愈了一个人的重病，没要患者一文钱，只要他把祖传的名墨（自称是制墨名家张廷珪所制）送给他。庞安时又把墨拿给苏东坡，跟他要了几幅字作为交换。苏东坡觉得自己捡了大便宜，还主动替他做广告，说他医术高明，善于治疗怪病，治疗伤寒，手到病除。

## 第四节　思维拓展升格

### 一、拓展思维的宽广度

由《本草纲目》想到的，我们看文本里的第四个例子：“药有后出，古所未知，今不能辨，尝试有功，不可遗也，作《本草补遗》一卷。”庞安时的另一学术成果补充的是《本草纲目》里面没有记载的药材。不知道大家有没有简略读过《本草纲目》，除了原版古籍，最近几年图书市场有新出版的附带白话文解释的《本草纲目》，建议大家读一读。

《本草纲目》里面不只记录有药材，因为我国传统文化中讲究食药同源，所以《本草纲目》里面有相当一部分内容记载的其实不仅是药材，还是今天我们经常吃的各种食材。所谓“药膳”，指食物既是药，也是膳食。

我们看一些小说，里面就经常“拽词儿”，买菜不说“买菜”，叫“准备食材”。其实我们日常生活中口语表达不这样说话。想想许多家长下班回家后是不是说“买了菜，准备做饭了”，而一般不会说“我去准备一些食材”。

新冠疫情之后，大家的生活方式有了很多改变，改变之一就是很多人的饮食方式不再是聚餐或点外卖，而是开始回归到家庭厨房，接触真实的烟火生活，让生活节奏慢了一些，这未尝不是一件好事。当大家重新审视生活的时候，不禁又回到我们课堂的标志语言：语文思维让我们的生活柔软而幸福。即便同样是做饭，因为我们能读文言文，假如我们手执《本草纲目》进厨房，我们就能体会到药食同源的文化给予烟火生活的点滴滋润。

从课堂学习指导生活实践，再从生活实践提升理论水平，我们就这样在语文思维的滋养中获得了认识与生活的螺旋式上升。

### 二、挖掘思维的纵深度

谁更洒脱？阅读下文，加深对《逍遥游》中无己、无功、无名的理解。

故夫知效一官，行比一乡，德合一君，而征一国者，其自视也，亦若此矣。而宋荣子犹然笑之。且举世誉之而不加劝，举世非之而不加沮，定乎内外之分，辩乎荣辱之境，斯已矣。彼其于世，未数数然也。虽然，犹有未树也。夫列子御风而行，泠然善也，旬有五日而后反。彼于致福者，未数数然也。此虽免乎行，犹有所待者也。若夫乘天地之正，而御六气之辩，以游无穷者，彼且恶乎待哉？故曰：至人无己，神人无功，圣人无名。

古代典籍是伟大中华文明的文字载体。我们肯定不能止步于疏通词语和句式，更要汲取古代典籍中的思想智慧，结合今天的时代要求提高我们的思想认识、思维品质和做人的修养，以便更好地指导实践，服务国家和社会。

结合这一段的学习，同样会激发我们一些更深层的思考。在成长过程中，如果特别在意别人的评价，生活的自由度是不是就会有所降低呢？当然我们讨论的是在合法合理范畴内的自由。例如，有时候我们想做一件事，我们的教育背景可能会让我们首先想到的是别人会怎么看、怎么说，即我们做事、生活的时候总要顾及别人的想法。那么有时可能就会因为过分顾及别人的想法，我们甚至会按照别人的想法去辨别取舍了，自己思想的自由度就降低了；又因为思想上的种种顾虑，自己的行为也会受到束缚。比如，郭硕同学现在特别想大声朗诵，觉得老师讲到这里时，特别有感触，想朗诵两句。但是郭硕平时又是一个内向腼腆的女生，她可能转念一想，我这样做同学们会怎么看我呀？有可能就开始犹豫而不敢表达了。如果长此以往，过多的顾虑就会限制我们才华的培养与发挥。这仅仅是个人问题吗？这在主观上是限制了个人才华的发挥，那么客观上对国家、对社会有没有影响呢？

所以结合生活实际就不难理解，战国时期著名哲学家宋荣子（宋钘）确实比一般人的境界高出许多。但是大家有没有深入思考，宋荣子能够做到“举世誉之而不加劝，举世非之而不加沮”，他已经“定乎内外之分了”，仅仅是性格豁达吗？这种坚定里有没有对人生的积极认识？有没有坚定地服务国家的信仰？有没有深刻的哲学智慧？那些能够做到“知效一官，行比一乡”的人，在儒家思想体系里确实是好的官员，他们有所作为、以身作则、不贪不腐，但是还没有做到“无私”的境界。他们在意的是好的名声；在意世人对他的评价是不是一个清官、廉官，以及有作为的造福一方的官员，就是说其实他还是在意外界的评价，在意外界的“誉”与“非”的。而这种对外界的“誉”与“非”的在意，有时也会干扰人的判断与选择。所以宋荣子比他们更洒脱，也更自由，已经不把举世之誉和举世之非放在心上，不会因此导致行为的“劝”和“沮”。

为什么宋荣子能够做到不在乎外界怎样评价，这是因为宋荣子之类的人物已经达到了《论语》中所讲求的“慎独”向内修心的境界，正所谓人在做天在看，追求自己内心的良知与坦荡从容，不再是向外求索客观的褒奖。在这世上没有可拼命追求的东西，正所谓“无所求就无所惧”。我们也可以联想到写陶渊明的《五柳先生传》当中“不戚戚于贫贱，不汲汲于富贵”这两句，这就是宋荣子的境界。

比宋荣子更洒脱更自由的应该是列子。列子逍遥于天地之间，已经“御风而行，泠然善也”，因为列子“彼于致福者，未数数然也”。仙人一般是以这个招福纳仙为追求的，但即使对于招福这件事他也不拼命追求，大家可以思考一下原因。

宋荣子是红尘俗世间的世俗之人，但是他对世俗功名没有追求；列子是个仙人，但是他对仙界的一切没有要求，所以他才能这么自由。但是庄子认为达到列子这个境界依然不够高，为什么呢？“此虽免乎行，犹有所待者也”，因为列子还得凭借着外界的风，就是“犹有所待”，他虽然是“免乎行”，不用在地上行走，身体不受束缚了，但是他在精神上对外物其实还是有所依赖及有所期待的，他必须得依赖“御风而行”的“风”。所以庄子觉得他境界还不够高，这样也还不算逍遥的境界，还是在“有所待”的境界，所以到这里其实一直在说有所待的境界是远远不够的，真正的逍遥游应该是什么样的？逍遥即无所待。

那么无所待究竟是一种什么境界呢？我们读一读下文，可以了解什么是无所待。“乘天地之正，而御六气之辩，以游无穷者，彼且恶乎待哉？”其中，“彼且恶乎待哉”的意思是“凭借什么”，也就是说，到了逍遥的境界，还需要凭借什么吗？根本就不需要求助外物外力，完全出自强大的本心。那怎么做才能达到“无所待”的境界呢？超越“御风”之境，乘什么而行呢？上文读到“乘天地之正，而御六气之辩”，注意“辩”是个通假字。所谓天地之正，就是顺应天地万物之性，也就是说列子要“御风”是他要凭借有形的风，但是作为真正得道者及逍遥之人，他已经不需要有形的东西来依托了，他只需凭借着天地间顺应天地万物的正气，“御六气之辩”指驾驭六气的变化。也就是说，他能够跟自然界化二为一了。物我两忘，天人合一，他成为自然界的一部分，彼此不需要我凭借你，你凭借我。达到这个境界，他就可以游无穷。这个“无穷”的概念包含时空，既可以在时间中穿梭，可以在过去、现在和未来驰游，也可以在浩渺的宇宙天地间的广大空间中去“游”。也就是说思想到哪里，心灵就到了哪里，人也就到哪里了。所谓神游，就是可以到达浩瀚的无穷，这个未来的时空都可以“彼且恶乎待哉”，他还需要凭借什么呢？倘若做到“乘天地之正，御六气之辩”的境界，根本就不需要载体，这样才真正达到了庄子提倡的“逍遥”状态。现在我们才真正体会到了庄子所说的“逍遥”和我们今天社会流行的“逍遥”完全不是一个概念。庄子追求的“逍遥”究竟是一种什么样的理想状态呢？其本质就是“无已、无功、无名”。

理解到这里，我们再参照注释分别看一下“至人”“神人”“圣人”这几个近义词的语境义有何区别，进而思考一下它们与上文内容的对应关系。

“无已”，就是心里面没有自已，属于物我不分的状态。类似庄生梦蝶、物我两忘的境界；而文中的“至人无已”强调的更是“无已”中含有无私之意。当一个人心里没有自已，很少考虑一已之私时，就可以更多地为国家社会、为天下大众服务。只不过圣人“无已”已经是一种常态；而普通人可能做不到持之以恒的“无已”，境界还不够，但是社会风尚中提倡的助人为乐，大部分人是可以做到的。尤其是在 2021 年夏季河南的暴雨水涝之中，很多平民百姓冲上街头，置个人安危于不顾，拼死互相救助，在危急关头先人后已的选择，就是“无已”的道德选择，就是我们优秀的传统文化对中华儿女和社会风尚在潜移默化中的积极影响。

然后再看“无功”，是指没有功利心。现在经常把“功”和“名”放在一起说，实际上功和名是两回事。“无功”我们能理解，就是没有功名利禄之心。小到身边的生活实例，比如我们的语文课堂，教师也许不追求功名，我们更需要的是真心实意地利用人生理解和专业知识给大家引好路，托举起大家的青春和未来。师生随时可以讨论问题，教师随时可以根据大家的需要说说课，用切实的点滴而持久的行动提升大家的思维品质及学业水平。这个时候已经不是靠“义务加班”“认真负责”“热爱学生”之类的“举世誉之”的好名声和外界赞美来调动教师的工作积极性了，而是教师可能已经在向宋荣子的境界努力了。这种“无功”是我们在工作生活中可以追求到的一种境界。

最后思考一下这里的“无名”又具有哪些深层含义。我们可以联想《红楼梦》里边贾雨村发达后拜见贾政时要见贾宝玉那一段，就有一段借贾宝玉人物立场发表的作者见解。大家还记得人民文学出版社的那版《红楼梦》，在第三十六回“绣鸳鸯梦兆绛云轩”中贾宝玉对袭人和林黛玉发表了一大段议论。有些廉官，在别人看来是贤臣，贾宝玉却认为他们不要物质的这个功利，但是他们要的是青史留名，“文死谏、武死战，死的都是沽名，并不知道大义”本质上也是一种沽名钓誉，并不是遵从本心。我们读《史记》《汉书》《左传》时会发现在儒家思想体系里很多的贤臣都是这样不贪不腐，留得清白在人间。其实他们也是有追求的，他们寄希望于人生短短百年能在这世间留一个清正廉洁的好名声。但是庄子认为真正的逍遥状态是既无功，即不追求那个有形的功名利禄，也不追求美名荣誉，即不为这个名声所累，如此才算达到了真正的逍遥。

庄子的境界很高，但是我们能不能把古代的思想、智慧完全照搬到今天的生活中？当然不能。从封建时代的家天下，到今天中国共产党领导下的社会主义国家的人民已经成为国家的主人，正在书写历史并创造历史。在今天两个一百年的历史关头，在实现中华民族伟大复兴的征程中，我们发现适当地求“名”，是一种人生的自律和正能量。

如果我们做经典与生活的链接题，就会发现从现代心理学上讲，追求好的名声，在外界的评判中找到存在感和价值感，以及追求荣誉感，是人生的正能量。比如，教师可以义务加班，随时和大家讨论问题，同时当大家说教师人品特别好，无私地为同学们服务，教师也会很开心。尽管这个境界还没到庄子说的那个“无名”，但是良好的口碑其实也是一种求“名”，同时这种口碑又反过来鞭策、激励教师去珍惜大家的评价，追求更高的境界，就像奥运会一样，永无止境地去追求更快、更高、更强、更团结。

在这一环节的讨论中，我们会发现，按照文中观点大多数平凡的人没有修炼到“无名”境界，还是愿意有一个好的口碑、名声。虽然如此，我们却发现有时候对名誉的珍惜，是促进人生自我完善、不断努力进取的积极动力。所以对于“名”，我们要学会辩证地思考和看待。

然而庄子说，真正的圣人连这个“名声”都不追求，所以不立名。不立名，就是不在这世间留下自己的好名声；不立名，才能实现庄子心中的公平境界。名声对他来说已经不再需要，我们现在能够体会到这已经是个非常高的境界了，常人难以理解，也难以企及。做到这些，你在这个世界上才能够在“无己”“无功”“无名”后，体会到真正的逍遥，因为你对这个世界的功、名、利、禄已经不再需要，进而追求的是内心的广阔与平静，所以你才能进入不受外界、外物、外人束缚的境地！即无所求就无所畏惧。

现在我们一起再次阅读原文，就能理解“无功”“无名”两个词的语境区别。“功”有些偏重于有形的、物化的概念，像功名等级、俸禄多少之类的；而“名”则更多的是指精神上的、虚化的概念，比如社会评价、江湖口碑或者青史留名的好名声。

有了这节语文课的升格思考，我们再读《红楼梦》等经典作品，就可以更加准确地理解作者的立场，更加客观地理解人物形象。带着这样的积累，我们重读前面举例的贾宝玉那一段语言描写，就可以理解贾宝玉的思想中受了庄子思想的影响，在儒家思想体系之外兼收并包，形成了自己的有进步的思考，他认为这些官员其实还是为了一个名声在做政绩，他们的境界还远远不够，并不值得如此推崇。但是在当时的社会语境中，在独尊儒术的选拔体系中，比较单一地劝勉年轻人要积极入世、建功立业、青史留名，这是人生前进的动力。所以贾宝玉在这个社会语境和话语体系中就成为一个另类，也因此可以理解贾宝玉的人物形象既不是不学无术的绣花枕头、草包一个，也不是挨打时被骂成大逆不道，他更像是一个阅读丰富、不囿于儒家体系单一训练的思想叛逆者，寄托着作者的希望。

通过运用庄子《逍遥游》中的思想来重新解读《红楼梦》中的例子，我们会发现阅读不是孤立的，融会贯通、触类旁通是一种很愉悦的阅读体验。在比较中我们可以切身体会到儒、道两个学派的思想观点是有区别的。

如果对此设置实际的题目，问"你怎么看"或者"谈谈你的理解"，我们首先就需要对这两种学派的文选都有所涉猎，在了解其哲学思想的基础上才能有自我判断。如果对哪个学派都不了解，仅仅生硬地说就是觉得庄子的主张好，或者就是认为孔子的思想深，那么我们的观点就显得苍白无力，缺乏言之有据的"据"来支撑。实际上儒家思想在封建社会成为大统，原因之一就是儒家思想在发展过程中融合了很多思想。比如，汉代董仲舒提出"罢黜百家，独尊儒术"时期的儒教思想，已经不完全是春秋战国时期的孔孟思想了。至于后世我们看到的儒家思想，实际是集大成了，包含了很多学派的观点。所以这道题还有一个更好、更客观的答题角度，就是答出儒、道学说都有道理的观点，论证我们怎么样结合时代特点积极地融合。

道家思想很重要的观点在这一篇《逍遥游》中有所体现，对我们来说，理解的难点在第三段。依据作者观点，真正到达逍遥的这个境界，实现逍遥的理想状态，对这个世界要采取怎样的态度呢？要无所待，就要按次第做到无己、无功、无名，这时候你才能真正地无所待，才有"彼且恶乎待哉"，因为你对这个世界无所待、无所求，所以能够无所惧，能够依次进阶，最终达到最高的境界——逍遥。

带着这样的思想积累来观察生活中的实际案例，就可以更准确、更客观地分析现象后面的本质，建立自己独立的审慎的思辨习惯。既可以避免人云亦云盲从于网络节奏带给自己生活的困扰，还可以用思辨的深度提高议论文写作的思维品质和论证高度。比如，为什么有人会唯唯诺诺地看领导或者他人脸色行事？因为他"有所待"，他需要在社交中获得交换。同理，在阅读文学作品中那些热衷功名的人物角色时，他们面对掌管仕途升迁等具有重大利益分配权的领导，表现出的阿谀逢迎、唯唯诺诺等系列表现是不是就很容易理解？因为有所待，有所求，所以就有所惧。这里的"惧"指的不是正常的敬畏之心，而是对一己私利的患得患失。又因为有所畏惧，这些人的内心就不自由，他可能就陷入"心为形役、尘世马牛"的境地，做了好多违心的事、不情愿的事，甚至是违法乱纪的贪腐之事。但是如果我们学习了古代典籍，能够把《逍遥游》中的思考合理有度地运用到生活实践中，不汲汲于功名，适度地"无所待"，我们就可能做到像宋荣子这样的境界，面对举世之誉、举世之非，内心平静坚韧，做到既不加劝，也不加沮；既不会因为谁夸奖一句就反常地努力，加班加点表现给人看，也不会因为外界的不理解、不表扬就放弃积极的追求与努力。我们会保持一个比较稳定的心态，从容理性地对待自己的生活、工作。评价向内，源于自我内心，不再依赖外界的肯定和认同来找到自我的存在感和价值感，这就达到了《逍遥游》中“不加劝不加沮”的境界，也就是宋荣子的境界。虽然比起列子的境界，比起真正逍遥“无所待”的境界，宋荣子还差得很远，但是对于普通人的人生修养来说，已经做到了类似现代心理学中的“悦己”“自洽”，这已经非常难能可贵了。

模板思维升格例题如图 2-10 和图 2-11 所示。

> 有人认为道家的逍遥境界对社会有促进作用，有人认为儒家的“先天下之忧而忧，后天下之乐而乐”才是真的服务社会。
>
> 对此请用言、据、证模板谈谈你的观点。

图 2-10　模板思维升格例题拓展题目

> 张文宏医生在经历疫情期间的网络追捧和质疑后说，只要我认为对的，对国家和民众有用的，我就会去做。请结合文本与课堂讨论，说说你对此是怎样理解的。

图 2-11　模板思维升格例题

## 第五节　模板教学课堂实录

### 一、导入

文言文阅读的能力不仅是我们在中华文明中学习、工作的必备能力，也是高考中的重要板块。下面从专业备考的角度对文言文复习进行能力提升。

能力提升主要包括以下方面。

（1）知识与能力：①学会用潜台词、学以致用、任务群的思维方式贯通文言文复习，提高简答题的思维水平。②学以致用地提高文言文阅读水平以及写作水平。

（2）过程与方法：①问题引导，任务群驱动。②思考、讨论。

（3）情感态度：①进一步激发深入阅读典籍的兴趣，热爱母语与传统文化。②有意识地汲取典籍智慧来指导自己的学习与生活，让古典智慧在现实中焕发生命力。

**教学重点**：文言文阅读发展等级的三条路径的提升归纳——潜台词、学以致用、任务群建设。

**教学难点**：任务群的逻辑思维在解决实际问题中的应用。

任务群的建设步骤如下：

（1）检索文献。

（2）比较阅读。

（3）确立模板。

（4）提出见解。

## 二、复习回顾

文言文阅读的复习，我们可以分为基础等级和发展等级两部分。之前的教学中我们完成了文言文阅读基础等级的知识积累和能力培养。

文言文阅读基础等级知识点如图 2-12 所示。

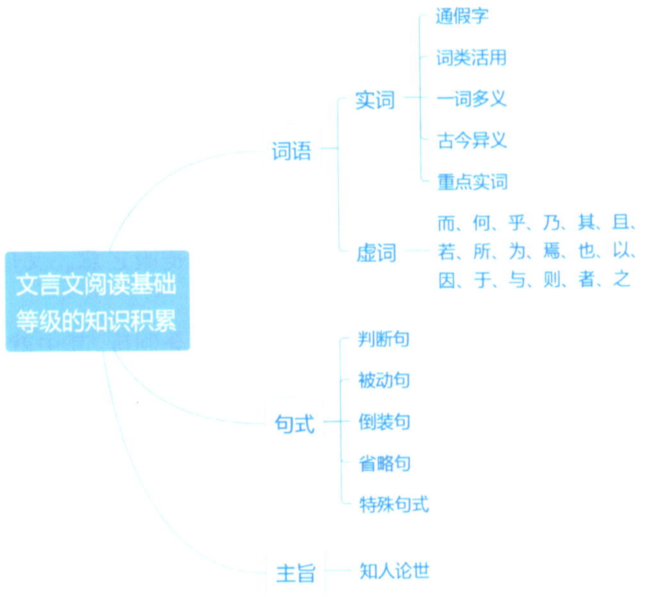


图 2-12　文言文阅读基础等级知识点

## 三、思维的归纳与提升

在掌握文言文阅读基础等级的水平上，我们要重点学习文言文阅读发展等级的要求，做到思维水平的提升。

### （一）挖掘潜台词的文化含义

在《礼记 · 曲礼上》中有这样一句话：“为人子者，居不主奥，坐不中席，行不中道，立不中门。”如果单纯地看“奥”的释义，是指室内的西南方。如果照搬直译，表示为人子者，不能占据室内的西南角。这样相信大家无法真正地了解这句话的含义。因此为了正确理解古代典籍的原文，在学习过程中有必要挖掘潜台词的文化含义。

在《礼记》成书的年代，古人一般认为居处室内的西南角在方位上是尊位，也就是神主或尊者所居之位。“为人子者”意味着父亲尚在，所以要懂得尊卑有序；“居不主奥”，表示将尊位留给父亲以示尊崇恭敬。

凡事懂得谦让。贯穿在居、坐、行、立等各方面的生活细节中，理解了原句中的“奥”，就可以举一反三地了解“中”也是尊位，这个文化含义延续到了今天的现实生活中，大家很容易理解。因此在解释句子时，要格外注意补充解释原文中的文化潜台词：“做儿子的，居处不要占据室内西南角的尊位，坐时不要坐席子的正中间，行走时不要走在道路的正中间，站立时不要站在门的正中间的尊位”。在解释中都要体现出来对长辈或尊者的恭敬有礼，才能正确理解文本的主旨含义。

阅读古代典籍时，在对原文做现代文解释的过程中，我们正确理解的重点是一定要透过字面意义挖掘其具有文化含义的潜台词。例如，《礼记 · 曲礼上》这句话的重点不仅仅是教会大家居、坐、行、立时所处的位置和表面礼仪，而是意在引导大家在思想意识中懂得尊卑有序，从而培养谦逊有礼、低调内敛的人品。

《礼记 · 曲礼上》中纲领性的文字是："夫礼者，所以定亲疏，决嫌疑，别同异，明是非也。"

下边再看一个例子，依然出自《礼记》："为人子者，父母存，冠衣不纯素"。在此同样提示大家关注我们母语背景下的文化潜台词。许多词仅局限于解释表面意义是无法正确理解文本的，它包含着更深层的文化含义。比如这个"素"字，单看解词字面意思，素一般指不加染色的白色。但是什么时候穿"素"是有讲究的，父母逝去居丧之时，因为无尽哀思，孝子形容枯槁、衣着粗陋。所以"素"有丧服之意。父母健在，儿子的冠饰衣缘不应用白色，这是做儿子应守的礼制。

《礼记》作为儒家重要经典，主要记述的是古代社会制度，其中就包括服饰要遵从身份、场合、程序的规定，书中用相当多的篇幅提到如何通过服饰来孝敬父母尊长，包括每日的穿着规定和父母去世时孝子的丧服制度，这是儒家礼制在服饰上的反映。可以说礼与服饰的关系对中国文化有深刻影响。

通过《礼记》中的例子挖掘深层文化含义，有助于提升我们对文本的正确认识，下面以《论语》中的内容为例做思维提升的梯度练习。

### 1．词在句中解

"君子不器"——器的比喻义与文化含义在此是正确理解的关键。要想搞明白《论语》中这句"君子不器"究竟是说君子哪一点不能像"器"，其相似点取何意，我们必须了解在先秦时期"器"在礼制中的特点，就是每一样器物在礼仪中都有专门的用途，甚至一器一用。类似今天的宴饮中，会布置各种酒具，大小、形制不等的高脚杯分别用来品鉴白酒、红酒、香槟；而大小不同的柱形杯用来对应威士忌等洋酒果汁。要分门别类，各有单一用途的。那么大家基本领悟到了，君子不器是提倡大家不要像礼器一样只有单一用途，要一专多能，多才多艺。这样就不会孤立地研究词语，而是"词在句中解"，即放到语境中去推演。

### 2．句在书中求

"学而时习之"——开宗明义。

《论语》为什么要选择"学而时习之不亦说乎，有朋自远方来不亦乐乎，人不知而不愠，不亦君子乎"开篇呢？一般情况下，书籍的开篇往往担负着开宗明义的作用，是具有纲领性的文字，最能体现出作者的立场观点。把这几句放在全书中整体探求其意义，就会发现，全书的内容重点阐释儒家的思想，其中讲求的人要向内自省、修身是有一定的顺序的，正所谓"修身有次第"。因此第一条重点讲的就是修身的次第顺序。其一就是不亦说乎的"说"，这个字面的愉悦究竟是一种怎样的愉悦呢？经常有人解释为：学习并且经常复习，不是很愉快吗？那么问题来了，这种解释的逻辑关联、因果关系是如何建立的呢？另一种解法似乎才更能体现编纂者的立场，就是这个“习”解释为实践，逻辑一下子就通了。学习并且不断地去实践，在实践中去验证理论学习的内容，在“习”的实践中发现问题之后重新回到“学”的轨道，带着问题进行下一步学习，然后再一次返回到“习”的实践中去解决问题。如此往复，时“学”时“习”，使认识和领悟实现了螺旋式上升，“不亦说乎”这种在学习和实践中循环往复获得新知与提升的过程当然愉悦，而且是使人发自内心的深层的高级的愉悦。这才是真正的编纂者观点。所以结合全书求得“习”的文化含义十分重要。对“习”理解对了，“说”才能合乎逻辑。

达到了第一层次之后，修身次第进一步提升。我们在“学”“习”，再“学”、再“习”的循环往复过程中有了新的体悟与提高，是不是很想分享给志同道合的朋友呢？当然是的。这时“有朋自远方来”，心有灵犀，当我想你的时候，你突然出现在我的眼前；当我急于分享人生体悟的时候，你就在我身边，把酒言欢之外还可以切磋琢磨，互相启迪，这种惺惺相惜的懂得，怎一个“乐”字了得！须知古人对朋友是区分得很细也很挑剔的，比如“同窗为朋、同志为友”，比如“割席之交”“刎颈之交”等。在这个语境中出现的一定不是酒肉朋友，必得是伯牙子期一样的知音。你懂我的“巍巍乎志在高山”，也懂我的“洋洋兮志在流水”。所以修身的第二个境界与第一境界是连接的。

紧接着看最后一层意思的“愠”这个词，“愠”含有“怨恨、不满”之意。在什么情况下依然可以做到不愠恨呢？甚至到了“人不”的状态，别人不了解我们的内心，可能包括我们良好的初衷、隐忍的付出、横溢的才华等，一概不了解、不理解，统统“不知”，甚至冤枉、委屈、离间、错判等，面对这些依然不“愠”，这才是君子的道德修养。大家要关注这个“不愠”是如何体现出道德高标准的。“愠”单看字面意思是指怨恨、不满，在《论语》中强调的是不仅外表没有怨恨的表情、不满的语言，更是在心里都不曾产生丝毫怨恨的想法，这才合乎君子风范。君子之所以坦荡荡，就是因为他更能遵守内心的选择，向内自省。慎独既有自我省察之意，又有不做给外人看及不为世俗评价所累的高傲。不盲从、不苟且、不谄媚，才能做到“人不知而不愠”的君子风范。至此把句子放到全书中看，才能真正理解开篇三层意思所包含的是编纂者的纲领性的总起论述。三层意思次第排列，修身的层次也越来越高，使人最终成为一个道德修养很高的“君子”。《论语》主张的就是人要向内自我省察才能达到“君子”的境界。

**3. 人在史中看**

“吾与点也”——小康与大同的中华民族的政治理想。

《侍坐》是《论语》中的名片，在“各言尔志”的师生民主讨论的美好氛围中，尽管有些学界观点认为《侍坐》所记载的内容发生在孔子晚年归鲁之后，应该有避世思想。但是纵观孔子的一生，应该说积极救世是其思想的主导方面。教材主张也倾向于从积极方面理解，认为曾皙是主张以礼治国，他描绘的“春风舞雩”的太平盛世图景，与孔子的“仁政”“礼治”“教化”的政治主张相符，因此孔子说“吾与点也”。“与”的是礼制之下大同社会的理想图景，“喟然”曾皙高雅宁静的“圣贤气象”。运用人在史中看的方法，我们可以论世而知人，更加准确地理解原典作品。

## （二）学以致用地借力思维与作文——多维度多角度利用文本

### 1．在文言读本中借鉴写作立意

在文言文复习阶段，还可以更高层次地开发教材文本的价值，贯通阅读与写作。比如《游褒禅山记》《种树郭橐驼传》《愚公移山》等都是很好的立意范本，每一篇都具有多重立意生长点。以《游褒禅山记》为例，可以从中找到多重立意，拆分成几篇不同角度与维度的命题。

（1）生活感悟类

入之愈深，其进愈难，而其见愈奇——而世之奇伟、瑰怪，非常之观，常在于险远。

（2）人生哲理类

而余亦悔其随之而不得极夫游之乐也——尽吾志也而不能至者，可以无悔矣。

盖其又深，则其至又加少矣——故非有志者不能至也。

（3）学术精神类

今言“华”如“华实”之“华”者，盖音谬也——此所以学者不可以不深思而慎取之也。

### 2．从文言读本中积累论据素材

以多学科交叉的思维触类旁通，拓宽阅读视野；以读文献资料的方法激活思维，敏锐积累论据。

比如在《九歌 · 国殇》中，“操吴戈兮被犀甲，车错毂兮短兵接”“凌余阵兮躐余行，左骖殪兮右刃伤。霾两轮兮絷四马，援玉枹兮击鸣鼓”的战争场面描写。除了语文目标之外，还可以作为文献积累，了解到至少在战国时期，我国已经具备陆军兵种的大集团作战方式，以及先进的战车装备……

在《墨子 · 非攻》中记载的“入人园圃，窃其桃李”“攘人犬豖鸡豚者”“入人栏厩，取人马牛者”“杀不辜人也，拖其衣裘，取戈剑者”“众闻则非之，上为政者得则罚之。此何也？以亏人自利也”等内容，又使我们了解到至少在春秋战国时期，我国就已经具有比较完备的法律与道德规范。

按照“至少在……时期或情况下，我国已经具备……”这个句式进行模板思维，就可以简单地从文本中提炼出很多素材。

### 3．从文言读本中学习逻辑结构

成书于战国末期的《吕氏春秋》中《察传》一篇在教材中作为论说文的典范，论点明确、论据有力且有趣，论证过程清晰简明。我们可以将其运用到写作练习中，作为议论文规范结构的训练素材，重新排列组合成为“言、据、证”的结构模板，就是一篇很受同学欢迎的修改底本。

## （三）建设任务群的思维模式贯通复习，提升思维品质及复习质量

在总复习的发展提升阶段，源于我们已经积累了扎实的文言文基础知识和丰富的文本素材，所以我们具备俯瞰式纵横联结，以建立任务群的方式提升思维品质的能力。

## 四、任务群的模板与练习

关于文言文复习的任务群建设，从以下几方面进行讲解。

### （一）任务群的种类

#### 1．旁通式——空间范围辨明立场

旁通式例题如图 2-13 和图 2-14 所示。

练习：结合下列材料，说说你对“孝”的看法，并说说理由。

**材料 1：**

**《论语》中的“孝”**

子游问孝。子曰：“今之孝者，是谓能养。至于犬马，皆能有养；不敬，何以别乎？”

子夏问孝。子曰：“色难。有事，弟子服其劳；有酒食，先生馔。曾是以为孝乎？”

图 2-13　旁通式例题 1

**材料 2：**

**《王阳明全集·竹轩先生传》**

“居贫，躬授徒以养母。母性素严重，而于外家诸孤弟妹，怜爱甚切至。先生每先意承志，解衣推食，惟恐弗及；而于妻孥之寒馁，弗遑恤焉。弟粲幼孤，为母所钟爱。先生少则教之于家塾，长则挈之游江湖，有无欣戚，罔不与居。逮子华官翰林，请于朝，分禄以为先生养。先生复推其半以赡弟。乡人有萁豆相煎者，闻先生风，多愧悔，更为敦睦之行。”

**材料 3：**

**网络上“百名小学生为母洗脚”的校园新闻**

2011 年 5 月 6 日，江西省德兴市新岗山明德小学 100 名学生在校园里给自己的母亲洗脚，迎接“母亲节”的到来。

图 2-14　旁通式例题 2

**题目分析：**这道题目中的三则材料着重从不同角度阐述着命题者的立意。无论是《论语》中几则观点的相互补充，还是竹轩先生身体力行的至孝之举，抑或是网络新闻的炒作之嫌，都是在力图通过材料中人物的观点、立场、做法来引导同学们站在不同的角度进行理性思考并深度辨析。这种重点在空间范围（不同身份、阶层）辨析不同角度立场的一组任务，可以称之为旁通式。任务群的建设主要在这一组材料的比较阅读过程中发现不同点及各自的独到之处。

材料 1 的《论语》中关于“孝”的几种观点互为补充，但是都在强调“孝”的核心是发自内心而不仅仅流于表面“能养”。内心真诚，就不会“色难”；内心至孝，才会产生敬意，区别于对犬马宠物之爱。

材料 2 的《王阳明全集 · 竹轩先生传》强调的恰恰是“能养”的行为与真诚尽孝内心的完美结合。尤其是“先意承志，解衣推食。惟恐弗及”的“先意”和“唯恐”两个词，诠释了竹轩先生对儒家思想中的“孝”文化体会之深刻，身体力行之完美，堪称一代楷模。

材料 3 摘录的学校操场上组织 100 个小学生为母洗脚的网络新闻，显然有流于表面甚至作秀之嫌。

把三则材料作为一组任务完成，可以迅速地用任务群的思维作答，理解命题意图旨在让同学们从不同角度兼容并包，肯定《论语》的观点和竹轩先生的做法，反对作秀的表面文章，提升自己对“孝”文化的认识，在生活中真诚尽孝，做一个高修养的人。

### 2. 贯通式——时间范围理清体系

贯通式例题如图 2-15 所示。

> **练习：**
>
> 试举例论证儒家思想的体系化在教学文本中的体现。

图 2-15 贯通式例题

**题目分析**：这道题目是对思想体系化的论证与说明，强调的是在时间轴中组织任务。根据自己阅读积累和题目要求建立教学文本群，并在时间角度纵向梳理儒家思想在不同时代的传承和发展，最后论证发展脉络中的体系化标记。所以在第一步选文建群的时候就要格外注意时间轴的延伸，要照应体系化的概念。

## （二）任务群中的逻辑思维

在建设任务群的过程中，经常运用到以下几种逻辑思维。

（1）由已知推未知。根据文本中所提供的人物性格、故事情节等已知信息，挖掘其中的潜台词与伏笔，做出对未知信息的把握。例如在《王阳明全集 · 竹轩先生传》中，可以由竹轩先生的“孝”的言行，推导出竹轩先生的品格特点和在类似事件上的处理态度，甚至推导出竹轩先生母亲的心理等没有明确写入文本的未知因素。

（2）对应思维。除了题目与文本对应，以及答题与题干对应之外，任务群之间的信息对应也是需要格外关注的。

（3）逻辑的合理延续。我们在复习备考中要具有前瞻性，北京高考题在文言文阅读板块的最后一道大题，通常会在主考文本之后附加一些链接阅读材料，让同学们对此发表自己的推理、延伸见解等。这种体现新课标的考查方式将会出现在全国卷中。这个时候特别要关注的是，一定要在合乎逻辑的前提下展开推理与想象的延伸。

2021 年高考文言文逻辑推理例题（全国二卷）如图 2-16 所示，2021 年高考文言文逻辑推理例题（北京卷）如图 2-17 所示。

12. 以下对原文有关内容的总结和分析，不正确的一项为哪一项？（　　）（3 分）

图 2-16　2021 年高考文言文逻辑推理例题（全国二卷）

根据文意，下列理解和推断不正确的一项是（　　）。（3 分）

A. 韩非认为儒生没有用处而只有害处，本文认为儒生很有用处，不应抛弃

B. 本文赞赏魏文侯向段干木扶轼致敬的做法，认为他功劳很大，无法超越

C. 韩非认为留着狂谲、华士没有好处而只有坏处，因而赞赏太公杀了他们

D. 本文认为狂谲、华士与段干木是同一类人，对保全国家没有什么用处

图 2-17　2021 年高考文言文逻辑推理例题（北京卷）

### （三）任务群思维的建设步骤

任务群思维的建设步骤如图 2-18 所示。

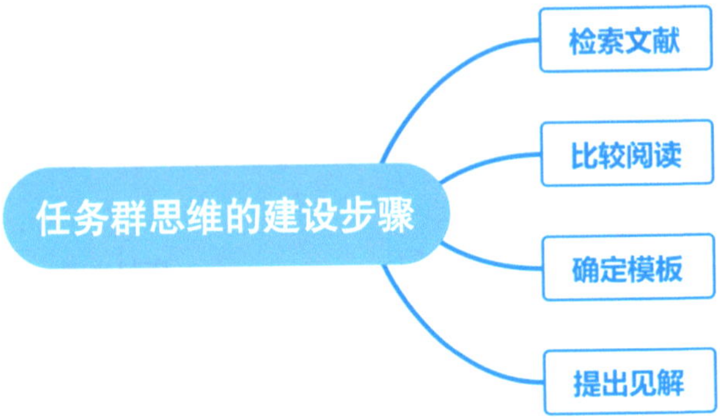


图 2-18　任务群思维的建设步骤

## 五、学以致用——思维模板的运用练习

### （一）阅读下面文言文，完成题目

2021 年北京市西城区一模试题如图 2-19 所示。

下面三则材料中，哪一则最适合作为论据放在文中的【甲】处？请根据文章及所选材料的大意简述你的理由。（5 分）

图 2-19　2021 年北京市西城区一模试题

天下之患，不患材之不众，患上之人不欲其众；不患士之不欲为，患上之人不使其为也。

夫材之用，国之栋梁也，得之则安以荣，失之则亡以辱。然上之人不欲其众，不使其为者，何也？是有三蔽焉。其尤蔽者，以为吾之位可以去辱绝危，终身无天下之患，材之得失无补于治乱之数；又或以谓吾之爵禄贵富足以诱天下之士，荣辱忧戚在我，吾可以坐骄天下之士，而其将无不趋我者；又或不求所以养育取用之道，而以为天下实无材。此三蔽者，可以论其失者，独以天下为无材者耳。盖其心非不欲用天下之材，特未知其故也。

且人之有材能者，其形何以异于人哉？惟其遇事而事治，治国而国安焉。上之人苟不能精察之，审用之，则虽抱皋、夔稷、契之智，且不能自异于众，况其下者乎？世之蔽者方曰："人之有异能于其身，犹锥之在囊，其末立见。故未有有其实而不可见者也。"此徒有见于锥之在囊，而固未睹夫马之在厩也。驽骥杂处，饮水食刍，嘶鸣蹄啮，求其所异者，蔑矣。及其引重车，取夷路，不屡策，不烦御，一顿其辔而千里已至矣。然后骐骥与驽骀别矣。古之人君，知其如此，故不以天下为无材，尽其道以求而试之。试之之道，在当其所能而已。

【甲】是知虽得天下之瑰材桀智，而用之不得其方，亦若此矣。古之人君，知其如此，于是铢量其能而审处之，使大者小者、长者短者无不适其任者焉。其如是，则士之愚蒙鄙陋者，皆能奋其所知以效小事，况其贤能、智力卓荦者乎？呜呼！后之在位者，盖未尝求其说而试之以实也，而坐曰天下果无材，亦未之思而已矣。

或曰："古之人于材有以教育成就之，而子独言其求而用之者，何也？"曰：天下法度未立之先，必先索天下之材而用之。如能用天下之材，则能复先王之法度。能复先生之法度，则天下之小事无不如先王时矣，况教育成就人材之大者乎？此吾所以独言求而用之之道也。

（资料来源：取材于王安石《材论》）

**【链接材料】**

（1）弓所以为正者，材也。相材之法视其理，其理不因矫揉而直，此弓人之所当知也。

（2）六国合从，而辩说之材出；刘、项并世，而筹划战斗之徒起；唐太宗欲治，而谟谋谏诤之佐来。

（3）南越之修簳①，加强弩之上，而彍之千步之外，此天下之利器，决胜之所宝也。用以敲扑，则无以异于朽槁之梃②。

**【注释】**①簳：小竹，可做箭。②梃：棍棒。

该题的解答方法如下。

（1）检索文献：审题之后，找到文本中对应的观点。

（2）比较阅读：依次在链接材料（1）、（2）、（3）中寻找隐含的观点。

（3）确立模板：旁通式任务群思维模板；依"言"找"据"的思维模板。

（4）提出见解："言、据、证"对应的表达模板。

表达思维模板如图 2-20 所示。

**言**：我认为原文“甲”处应选择链接材料（3）。

**据**：① 原文语段的观点是要恰当地使用人才，不能“用之不得其方”，而要“适其任”。

② 链接材料（3）的内容是南越的竹子适合做箭而不适合做敲扑。

**证**：链接材料（3）与文本甲处这一段的观点一致，都是强调要发挥事物真正的功用，因此选择链接材料（3）更加符合题意。

**评分参考**：本题5分。能指出本段的观点2分，能解释链接材料（3）的大意并指出与本段观点一致3分。意思对即可。

图 2-20　表达思维模板

## （二）阅读下面文言文，完成题目

2020年北京市高考题如图2-21所示。

阅读下面《论语》中的文字，回答问题。

（1）子曰：“我非生而知之者，好古，敏以求之者也。”（引自《述而》）

（2）子曰：“盖有不知而作之者，我无是也。多闻，择其善者而从之，多见而识之，知之次也。”（引自《述而》）

（3）太宰问于子贡曰：“夫子圣者与？何其多能也？”子贡曰：“固天纵之将圣，又多能也。”子闻之，曰：“太宰知我乎！吾少也贱，故多能鄙事。君子多乎哉？不多也。”（《子罕》）

图 2-21　2020年北京市高考题

该题的解答方法如下。

（1）检索文献：审题之后，找到文本中对应的观点“途径与启示”。

（2）比较阅读：依次在链接材料（1）、（2）、（3）中寻找具体“途径”。

（3）确立模板：旁通式任务群思维模板；点到点对应式的思维模板，完成“途径与启示”的对应

（4）提出见解：“言、据、证”对应的表达模板，阐释“途径与启示”的对应关系。

表达思维模板如图2-22所示。

**言**：孔子获取知识的多种途径，对我有很多启示。

**据**：好古，敏以求之——学习研究古代文化。

多闻，多见，择其善者而从之——增广见闻，择善而从。

吾少也贱，多能鄙事——在艰苦生活中注重在实践中学习，掌握多种技艺。

图 2-22　表达思维模板

**总结**：掌握深入理解文言文的能力，在任务群逻辑思维的帮助下学习文言典籍带给我们的智慧，感受母语文化的博大精深。体会典籍带给我们理性平和地看待世界的柔软；体会“人不知而不愠”带来的“以中有足乐者，不知口体之奉不若人”的幸福。

## （三）升格练习作业

阅读明代马中锡的《中山狼传》，利用思维模板回答问题。

赵简子大猎于中山，有狼当道，人立而啼。简子一发饮羽，狼失声而逋，简子驱车逐之。时墨者东郭先生将北适中山以干仕，策蹇驴，囊图书，夙行失道，望尘惊悸。狼奄至，曰：“先生岂有志于济物哉？今日之事，何不使我得早处囊中，以苟延残喘乎？异时倘得脱颖而出，先生之恩，生死而肉骨也！敢不努力输诚哉！”

先生曰：“墨之道，‘兼爱’为本，吾终当有以活汝，脱有祸，固所不辞也。”乃出图书，空囊橐，徐徐焉实狼其中，三纳之而未克。狼请曰：“事急矣，惟先生速图！”乃跼蹐四足，引绳而束缚之，蛇盘龟息，以听命先生。先生内狼于囊，引避道左以待赵人之过。

已而简子至，求狼弗得，盛怒。拔剑斩辕端示先生，骂曰：“敢讳狼方向者，有如此辕！”先生匍匐以进，跽而言曰：“行道之人何罪哉？且鄙人虽愚，独不知夫狼乎，性贪而狠；君能除之，固当效微劳，又肯讳之而不言哉？”简子默然，回车就道。

狼度简子之去远，而作声囊中曰：“出我囊，解我缚，我将逝矣。”先生举手出狼，狼咆哮谓先生曰：“我馁甚，馁不得食，亦终必亡而已。先生既墨者，思一利天下，又何吝一躯啖我而全微命乎？”遂鼓吻奋爪，以向先生。

先生仓卒以手搏之，且搏且却，引蔽驴后，曰：“狼负我！”狼曰：“吾非固欲负汝，天生汝辈，固需吾辈食也。”相持既久，遥望老子杖藜而来，须眉皓然。先生舍狼而前，拜跪啼泣曰：“乞丈人一言而生。”丈人问故，先生因述始末，顿首杖下。丈人闻之，以杖叩狼曰：“夫人有恩而背之，不祥莫大焉。儒谓受人恩而不忍背者，其为子必孝；又谓虎狼知父子。今汝背恩如是，则并父子亦无矣。”狼曰：“初，先生救我时，束缚我足，闭我囊中，压以诗书，我鞠躬不敢息。是安可不咥？”丈人曰：“是不足以执信也。试再囊之，吾观其状果困苦否。”狼欣然从之。先生复缚置囊中，丈人目先生使引匕刺狼。先生曰：“不害狼乎？”丈人笑曰：“禽兽负恩如是，而犹不忍杀，子固仁者，然愚亦甚矣。解衣以活友，于彼计则得，其如就死地何？先生其此类乎！仁陷于愚，固君子之所不与也。”言已大笑，先生亦笑，遂举手助先生操刃共殪狼，弃道上而去。

链接材料如图 2-23 所示，例题如图 2-24 所示。

> 左伯桃与羊角哀为友，闻楚王善待士，同赴楚。困于途中，值雨雪粮少；伯桃遂绝食，且解己衣与羊角哀，入树洞中冻饿而死。羊角哀独行仕楚，显名当世；后启树发伯桃尸葬之。

图 2-23　链接材料

> 丈人说："解衣以活友……先生其此类乎！"他认为东郭先生和左伯桃都是"仁陷于愚"；但有论者对此并不赞同，并评论道："东郭非仁实愚，左伯桃非愚实仁。"请结合文中及链接材料的具体内容谈谈该论者如此评论的理由。(6 分)

图 2-24　例题

该题的解答方法如下。

(1) 检索文献：审题之后，找到题目中对应的观点"东郭非仁实愚，左伯桃非愚实仁。"

(2) 比较阅读：依次在《中山狼传》和链接材料中寻找对应的东郭"愚"，左伯桃"仁"的论据。

(3) 确立模板：旁通式任务群思维模板；依"言"找"据"的思维模板。

(4) 提出见解："言、据、证"对应的表达模板。

表达模板示例如图 2-25 所示。

> **言**：东郭非仁实愚，左伯桃非愚实仁。
>
> **据 1**：东郭先生明知狼"性贪而狠"还去救它，此谓善恶不分；在丈人将狼骗入囊中并示意他杀狼时，东郭先生还心怀"仁慈"，此谓"好了疮疤忘了痛"，因此"实愚"。
>
> **证 1**：东郭先生的行为不是因为"仁"或"兼爱"，而是因为没有原则的"滥善"，因为他不能明辨是非的愚蠢，因此"非仁"。
>
> **据 2**：左伯桃"绝食""解衣"是为了成全朋友而主动选择牺牲自己，他对处境及自身行为的后果有清醒的判断，因此"非愚"。
>
> **证 2**：面对困境，左伯桃没有自私自利，而是舍己为人，这种行为源自友情，也源自"仁爱"这种高尚的道德，因此"实仁"。
>
> **评分标准**：东郭"非仁实愚"2 分；善恶不分、好了疮疤忘了痛、无原则的滥善，答出这三点中的任两点即可得此 2 分。左伯桃"非愚实仁"2 分；对自己的行为有清醒的认识，源自友情，源自舍己为人的高尚道德，答出这三点中的任两点即可得此 2 分。联系具体内容 2 分。意思对即可。

图 2-25　表达模板示例

**附：文化潜台词学案**

### 《论　语》

(1)"学而时习之，不亦说乎。"　　____________________

——《论语・学而》　　____________________

(2)"点，尔何如？"　　____________________

鼓瑟希，铿尔，舍瑟而作，对曰："异乎三子　　____________________

者之撰。”

子曰：“何伤乎？亦各言其志也！”

曰：“莫春者，春服既成，冠者五六人，童子六七人，浴乎沂，风乎舞雩，咏而归。”

夫子喟然叹曰：“吾与点也！”

——《论语·先进》

(3)“巧言令色，鲜矣仁。”

——《论语·学而》

(4)“子曰：父在，观其志；父没，见其行；三年无改于父之道，可谓孝矣。”

——《论语·学而》

(5)子夏问孝。子曰：“色难。有事弟子服其劳；有酒食，先生馔，曾是以为孝乎？”

——《论语·为政》

(6)子游问孝。子曰：“今之孝者，是为能养。至于犬马，皆能有养；不敬，何以别乎？”

——《论语·为政》

(7)子曰：“君子不器。”

——《论语·为政》

(8)子曰：“君子周而不比，小人比而不周。”

——《论语·为政》

## 《礼　记》

(9)为人子者，居不主奥，坐不中席，行不中道，立不中门。食飨不为概，祭祀不为尸。听于无声，视于无形。不登高，不临深。不苟訾，不苟笑。孝子不服暗，不登危，惧辱亲也。父母存，不许友以死，不有私财。

——《礼记·曲礼》

(10)为人子者，父母存，冠衣不纯素。孤子当室，冠衣不纯采。

——《礼记·曲礼》

# 第三章　诗歌鉴赏题的模板式思维

## 第一节　我们需要提升哪些能力

所谓“知己知彼百战不殆”，因此我们要学习课程标准等与课堂教学、统一命题、考试评价等学习全过程相关的文件；所谓“工欲善其事，必先利其器”，因此我们要使用针对不同板块任务的独特的思维模板与解题表达模板。

### （一）课标相关内容摘要

语言文字既是文化的载体，又是文化的重要组成部分。学习语言文字的过程也是文化获得的过程。语言文字作品是人类重要的审美对象，语文学习也是学生审美能力和审美品质发展的重要途径。

（1）增强形象思维能力。获得对语言和文学形象的直觉体验；在阅读与鉴赏、表达与交流、梳理与探究活动中运用联想和想象，丰富自己对现实生活和文学形象的感受与理解，丰富自己的经验与语言表达。

（2）发展逻辑思维。能够辨识、分析、比较、归纳和概括基本的语言现象和文学现象，并能有理有据地表达自己的观点和阐述自己的发现；运用基本的语言规律和逻辑规则，判别语言运用的正误，准确、生动、有逻辑地表达自己的认识；运用批判性思维审视语言文字作品，探究和发现语言现象和文学现象，形成自己对语言和文学的认识。

（3）提升思维品质。自觉分析和反思自己的语文实践活动经验，提高语言运用的能力，增强思维的深刻性、敏捷性、灵活性、批判性和独创性。

（4）增进对祖国语言文字的美感体验。感受祖国语言文字独特的美，增强热爱祖国语言文字的感情。

（5）鉴赏文学作品。感受和体验文学作品的语言、形象和情感之美，能欣赏、鉴别和评价不同时代、不同风格的作品，具有正确的价值观、高尚的审美情趣和审美品位。

（6）美的表达与创造。能运用祖国语言文字表达自己的审美体验，传承中华文化。通过学习运用祖国语言文字，体会中华文化的博大精深、源远流长，体会中华文化的核心思想理念和人文精神，增强文化自信，理解、认同、热爱中华文化，继承、弘扬中华优秀传统文化和革命文化。

### （二）任务群要求

命题指向：“阅读与鉴赏”侧重考查整体感知、信息提取、理解阐释、推断探究、赏析评价等内容；“表达与交流”侧重考查叙述表现、陈述阐释、解释分析、介绍说明、应对交流等内容；“梳理与探究”侧重考查积累整合、筛选提炼、归整分类、解决问题、发现创新等内容。

## 第二节　诗歌鉴赏的思维模板

语文阅读学习是借助不同的文体来培养同学们阅读各种文体的技能，进而全面提升阅读、鉴赏、写作能力。每一个阅读板块，因为文本的特点不同，课标要求和命题要求也有所不同，因此阅读时的思维模板也有所区别。学习诗歌鉴赏是学生审美能力和审美品质发展的重要途径。

我们要在诗歌鉴赏的过程中展示出运用祖国语言文字感受和体验文学作品的语言、形象和情感之美的能力；展示出能够欣赏、鉴别和评价不同时代、不同风格的作品的能力；展示出正确的价值观、高尚的审美情趣和审美品位。因此，我们要建立与诗歌鉴赏相对应的思维模板及解题模板。

### 一、知人论世方能正确感知内容

在诗歌鉴赏的过程中，“知人论世”的功课一定不能省略，如果题目中给的是同一作者的两首诗作，我们就要关注到同一作者的作品在命题中一般不会选取相同人生阶段的作品。

选材的这个特点比较容易理解。如果是同一作者的同一人生阶段，那么他的思想感情、人生感悟基本趋同，作品的主旨、感情没有什么变化，不利于做比较阅读。所以，如果题目选用相同作者的诗作，一般会选择不同时期的作品，来体现作者对社会、对人生的体悟有了新的提升，或者是在作者的情感转变中可以看到社会与时代的变迁，知人论世。

举个简单的例子体会一下。在小升初的时候你怎样看待升学？中考的时候你怎样看待升学？高考的时候又是怎样看待这看似相同的升学问题？经历了多年的学习生活和三次升学选拔，大家也算是较有“考试经验”了，你在高考时对升学选拔的认识肯定与小学升初中时的想法有很大不同。随着学识和人生阅历的增加，大家不会再孤立地看待一次考试，会有更开阔的视野，能看到更多的专业发展机会，或许有的同学眼光更长远，能从社会需求看待选拔对未来人生的深远影响。我们看问题的深度与广度有了很多不同，认识水平大幅提高后，即使面对同一类问题，认识程度也会变得更加理性深刻。

同样道理，我们迁移到阅读实践中会发现，随着人生阅历的增加，时代和命运的烙印都会镌刻在人的生命中，逼迫着个体生命被时代裹挟着向前，不得不走向成熟。而这一切思想认识的变化，在作品中都会有所体现，影响到我们阅读鉴赏的重要方面——作品的情感主旨。所谓时代造英雄，“世”与“人”密不可分，所以在进行鉴赏时，从“论世”的角度“知人”、知作品，是一个很好的与作家作品对话的方式。

#### （一）知人论世读辛弃疾的词

现在我们用这种思维重新审视阅读中经常涉及的辛弃疾的词，尝试从“知人论世”的角度进入辛弃疾的词（以下简称辛词）。有同学说辛弃疾处在宋朝，这种理解与表述就不够准确。因为北宋和南宋两个时期所处的大时代是不一样的，北宋在历史上是上升时期，南宋时以中原文化为主的政权开始走下坡路，甚至到最后被打到海南岛的崖山了，所以南宋与北宋的政治、经济、文化、哲学、科技、军事等方面都有很大区别。大的时代在社会与个人的成长中都会产生深刻的影响，所以要“知人”必先“论世”。再者就是面对当时北方游牧民族南下入侵及朝廷声音纷杂的形势，辛弃疾又有什么主张呢？他是坚定的主战派。当时整个大的历史潮流，从皇帝到大臣主和派是占上风的。在文学中看历史要客观、理性地分析问题，不能简单地理解为主和派就是有投降主义，就因为他们在朝廷占了上风，所以南宋就走向了衰败。置身当时，主和派有没有他们的言、据、证呢？还是有的。综合研判当时的社会形势，南宋朝廷内忧外患，内部重文抑武，派系争斗；外部连年军事失利，政治、经济、军事上都没有必胜的把握一击而中，与北方日益强盛的辽金一决高下，所以主和派一味退缩苟且。主战派坚决维护国家的统一，有着强烈的爱国主义思想和战斗精神，对国家前途和民族命运有着深深的关切，但是在朝廷的内斗中始终不能稳定占据上风。

了解了南宋这样大的时代背景，在看问题的时候就可以更加理性地“论世”，然后理性地“知人”。清楚地了解辛弃疾的一生是在时代洪流中几度浮沉中度过，被主战派启用、被主和派罢免交织在其生命的历程中。所以我们可以感受到他丰富的情感体验和生命体验在不同时期的作品中有着不同的体现。辛弃疾一生命运多舛，壮志难酬，但他始终没有动摇恢复中原的信念，而是把满腔激情和对国家兴亡、民族命运的关切、忧虑，全部寄寓于词作之中。

辛词的情感首先有踌躇满志而不得的壮志未酬的沉郁之情。嘉泰三年（1203 年），主张北伐的韩侂胄起用主战派人士，已 64 岁的辛弃疾被任为绍兴知府兼浙东安抚使，年迈的辛弃疾精神为之一振。他后来又被起用为镇江知府等职。辛弃疾任镇江知府时，曾登临北固亭，感叹对自己报国无门的失望，凭高望远，抚今追昔，《永遇乐 · 京口北固亭怀古》这篇传唱千古之作就是这一时期的作品。不久后，辛弃疾再次被贬。后来朝廷再次起用辛弃疾为枢密都承旨，令他速到临安（今浙江杭州）府赴任。但诏令到铅山时，辛弃疾已病重卧床不起，只得上奏请辞。同年九月初十，辛弃疾病逝，享年 68 岁。据说他临终时还大呼“杀贼！杀贼！”，愤懑、不甘与无奈遗憾之情跃然纸上。

我们可以假想一下，辛弃疾年轻时组建两千人抗金队伍的时候，是否知道他一生为之奋斗收复中原的理想最后的结局？肯定不知道，因为命运是没有剧透的。我们还可以联想到陆游的“死去元知万事空，但悲不见九州同”的诗句。这一代有风骨、有家国理想、有担当的志士仁人至死不渝、心心念念的是“王师北定中原日”。但是时代的洪流最终把历史的遗憾重重地锤在了他们的生命尽头。

也许我们在语文学科中更多关注到的是文人形象，如果用多学科全方位的贯通式思维视角去看待，就不难了解到他们的身份除了文学家以外，更多的是政治家、军事家甚至是思想家。不管什么历史身份，正处于青春年华中的同学们，很多人都觉得我们可以投身社会去创造历史及创造奇迹，人生具有无限的可能。记得那首《清白之年》歌词中有句“等待着那将要盛装出场的未来”，现在我们穿越千年回到辛弃疾少年时候，他是否也像大家一样踌躇满志？觉得有无数建功立业及报效国家的机会。

辛弃疾的勇武，可以从几件事中反映出来。他在 21 岁时就已经在北方组织两千多人抗金，并深入敌中捉拿叛徒带回朝廷，以坚定执着的爱国热情和果敢的军事才干闻名；25岁开始走上仕途生涯，所以他创作早期作品时是何等踌躇满志。结果后来他到了中年发现人生大半已过，时代没有赋予自己太多机会，开始有壮志未酬的不甘和英雄无用武之地的感慨，理想与现实的激烈冲突，为他的词作涂上了悲壮的基调。

所以他有不甘、有遗憾，更有无奈。在几次被贬时期，他对家人说：“人生在勤，当以力田为先。”因此，他把带湖庄园起名为“稼轩”，并以此自号“稼轩居士”。在无奈与不甘中等待着时机，而绝不沉沦，同时他以生动细腻的笔触写下了大量描绘江南农村四时的田园风光、世情民俗的诗词。

无论何时，贯穿一生抗金复国的崇高理想及执着信念始终是辛词的主旋律，诗人始终把收复失地、洗雪国耻作为自己的毕生追求，所以辛弃疾在文学创作中写出的不仅是个人命运，更有时代的期望和失望、家国民族的热情与愤慨，风格沉雄豪迈又不乏细腻柔媚之处，具有鲜明的时代节奏感。

有了这样的“知人论世”的储备，我们就比较容易把辛词分为两大类：既有无奈蛰伏时的田园民俗生活的朴素清丽、生机盎然，又有被贬时壮志难酬的悲愤，以及被启用时力图恢复国家统一的热情豪放的爱国热情。细腻清丽与慷慨悲壮共同构成了辛弃疾词的雄厚笔力。

我们曾经读过的《西江月 · 夜行黄沙道中》，描写的就是辛弃疾中年被贬归居园田时期的夏夜山村风光：“明月惊鹊，清风鸣蝉，稻花丰年听蛙声。疏星天外，微雨山前，茅店社林溪桥见。”全词从视觉、听觉和嗅觉三方面抒写了一幅宁静优美的画面，情景交融，生动细腻，是宋词中以农村生活为题材的佳作。“稻花香里说丰年”的喜悦更多来自对百姓能够在动荡大时代中享有一点切近的幸福的欣慰。正因为河山锦绣，才更加激发了收复失地的同仇敌忾之心。所以辛弃疾词中的细腻柔婉之音与其豪放高亢之声非但不矛盾，反而构成了动人心弦之美。

我们再读辛弃疾晚期的作品，如《破阵子 · 为陈同甫赋壮词以寄之》，从开头“醉里挑灯看剑，梦回吹角连营。八百里分麾下炙，五十弦翻塞外声，沙场秋点兵”。一路书写在“醉”与“梦”的交界处，想象当中练兵、杀敌的场景与气氛，痛快淋漓，雄壮无比。但在“了却君王天下事，赢得生前身后名”之后，突然接上末句“可怜白发生”，点出事实是白发无情，壮志成空，看似旷达又似颓废的句子，却更使人感受到他心中极高期望破灭成为绝望时无法销蚀的痛苦。英雄的豪壮与绝望交织扭结，大起大落，反差强烈，形成动人心魄的豪放，产生了荡气回肠的力量之美。

从辛弃疾的例子可以体会到，“知人论世”是我们能够比一般阅读者速度快、体会深的好方法。

常规课堂往往碎片式理解词义或拼凑句义，强行硬贴思想情感、写作手法，我们把低效课堂中忽略诗歌背景进行解词拆招的教学误区，转变为直接从“知人论世”下手，让同学们拓宽视野，从宏观上去阅读，直接抵达作品思想主旨。依靠源于背景时代的整体认识，对时势造就出的作者、作品有更深厚的积累与体会。我们“知其然”就是读懂诗歌，“知其所以然”就是知人物、知时代、知作品如此呈现的原因。

### （二）举一反三找规律

青年时代鲜衣怒马、意气风发；中年蹉跎千帆过尽、欲说还休、顾左右而言他。由踌躇满志到不甘与悲凉、无奈与沉郁，这样的情感规律在个体命运与时代洪流的交响中具有普遍性。

这样的例子信手拈来，比如同样身处宋朝的蒋捷从“少年听雨上”到“而今听雨僧庐下”时，对“悲欢离合总无情”的听任；再如杜甫青年时的“会当凌绝顶，一览众山小”和晚年时的“艰难苦恨繁霜鬓，潦倒新停浊酒杯”，同样镌刻着大唐帝国由盛而衰的倾颓。

### （三）学以致用读宋词

正如时代的创伤与特点在文学这另一类历史载体中是无法回避的，大宋的疼痛也深深地镌刻在宋人的诗词作品中。

辛弃疾在《丑奴儿》中从“少年不识愁滋味”到“而今识尽愁滋味”的“欲说还休”，其中压抑着诸多不甘与无奈。结尾“却道天凉好个秋”的顾左右而言他，表面形似轻脱，实则十分沉郁，充分表达了作者之“愁”博大深沉。正是通过“少年”“而今”的无愁、有愁相对比，表现了辛弃疾受尽排挤及报国无门的压抑痛苦。

再看同时代的文天祥，在文学创作上也有两个显著分期。前期宋廷虽处多难之秋，但文天祥自己积聚了一支“乃裹饿粮”而来，爱憎分明，具有战斗力的兵丁，因此在他心目中，复兴南宋和收复失地是大有希望的。这一时期他写的诗歌的特点是清新、明快、豪放。后期随着他到了福安，情况发生根本性的变化。宋廷颓败，文天祥虽居要职，但备受排挤，特别是在崖山海战中见证宋军覆没的惨景。所以体现在诗词写作上，开始显露出后期阶段的特色，既悲壮、沉痛，又有“人生自古谁无死，留取丹心照汗青”的铁骨铮铮的豪迈。可以说，是动荡的大时代给予了个体人物生命中的波澜，成就了作者难以企及的胸怀与深厚。

再如，陆游早期主张北伐的《送范舍人还朝》：“公归上前勉书策，先取关中次河北。因公并寄千万意，早为神州清虏尘。”充分体现了陆游乐观豪迈、渴望统一的爱国情怀。他中期宦海沉浮，被贬闲居中，开始描写田园风光、日常生活。无论是农村的平凡生活还是书斋的闲情逸趣，“凡一草、一木、一鱼、一鸟，无不裁剪入诗”。无论是《游山西村》中“莫笑农家腊酒浑，丰年留客足鸡豚”，色彩明丽的景物描写中寓含“山重水复疑无路，柳暗花明又一村”的哲理，还是《临安春雨初霁》中“小楼一夜听春雨，深巷明朝卖杏花。矮纸斜行闲作草，晴窗细乳戏分茶”闲情逸致中的明志之句“素衣莫起风尘叹，犹及清明可到家”，都有着蛰伏中对百姓生活的关注和人生的思考。很难说这些田园生活、百姓日常的选材中是纯粹的快乐，而没有锦绣江山变色及秀美翠湖含恨的隐痛。后期贯穿他一生的千古家国情“僵卧孤村不自哀，尚思为国戍轮台”“王师北定中原日，家祭无忘告乃翁”更是饱含诗人贯穿一生的忧国爱民的思想，感情沉痛，悲愤至极。

对比常规课堂容易出现的支离破碎解读词语意象，生硬地粘贴情感主旨的标签，机械套用写作手法的诗歌教学，我们通过一组宋代的诗词作品，运用知人论世的方法进行赏析，直奔主题，不仅快速准确，而且真正理解了作家作品。举一反三、学以致用的高效，主要是源于我们找到了诗歌鉴赏中思维的逻辑线，运用了与之对应匹配的“知人论世”阅读法。

现在学习了先深度“论世”,再“世中知人”这样的思维方法,了解了历史的规律及人物命运的规律,我们就具备了举一反三、融会贯通的能力,可以极大地提高理解正确率和解题的速度。

根据以上对三位诗词的分析,可以归纳出类似人物的知人论世方法,如表3-1所示。

表3-1 知人论世方法

| 人物情况 | 前　期 | 中　期 | 晚　期 |
|---|---|---|---|
| 人生境况 | 初入仕途；满怀希望 | 宦海浮沉；贬谪田园 | 时代人生；壮志未酬 |
| 主要情感 | 踌躇满志；慷慨豪放 | 忧喜参半；关注民生 | 无奈不甘；沉郁悲壮 |

知人论世特点可以帮助我们理解时代如何造就了作者和作品,理解作品蕴含的典故,从而正确理解诗歌的内容与主旨。

## 二、诗歌鉴赏的解题模板

下面通过解题模板找到试题命意与题型、知识点的关联。

在诗歌鉴赏板块中,我们要善于识别命题指向与题型、知识点的关联；或者说要善于归纳新课标中要求学生具备的能力点与知识点、考点在对应题型上呈现的方式。

通常在这一板块中会考查三道题目：涉及内容理解、文学鉴赏、比较阅读三大能力点。

### (一)从知人论世切入理解内容的思维方法

知人论世除了平时的积累,我们还可以借助捷径,就是关注文末注释,在文末注释的帮助下迅速找到相关信息,理解时代如何造就了作者和作品；理解作品中蕴含的典故,从而正确理解诗歌的内容与主旨。

下面以杜甫的《秋兴八首》之一为例,一起学习如何有效利用注释①的信息帮助我们知人论世,破解内容。

我们先来回顾一下自己的思维定式。以前是不是一提到杜甫,我们就习惯机械地给他贴上“忧国忧民”的标签呢?但是经过本部分的学习,我们可能就变得比较审慎,会具体分析一下“世”与“人”的关系。比如,大家初中时学过的《望岳》,运用刚才我们整理的思维规律,根据诗句反向思考,从哪些信息能看出来是杜甫早期的作品?那个时候他还是踌躇满志、充满希望的,那个时候杜甫人生的画卷刚刚铺开,充满了“会当凌绝顶,一览众山小”的意气风发。有点像李白《行路难》诗中的“长风破浪会有时,直挂云帆济沧海”的豪情壮志。杜甫写《望岳》时还是青年才俊,心中还没有太多的忧患思想,大唐也还没有动荡离乱。国家安定,个人才有希望,有前途,才有一展宏图的豪情。如果我们机械地给这首诗贴上“忧国忧民”的标签,显然是不恰当的。

但是到了写《秋兴八首》这一首诗的时候,情况似乎已经有了很大变化,颇有物是人非之感。我们一起来读一读这首诗：

**秋兴八首（其六）**[1]

杜　甫

瞿塘峡口曲江[2]头，万里风烟接素秋[3]。
花萼[4]夹城[5]通御气，芙蓉小苑入边愁。
珠帘绣柱围黄鹄，锦缆牙樯[6]起白鸥。
回首可怜歌舞地，秦中[7]自古帝王州。

**【注释】**①这首诗是唐代大历元年（766年）作者流寓夔州（今重庆奉节）时所作。②曲江：地名，在长安城南。③素秋：秋季。④花萼：即花萼相辉楼，在长安兴庆宫西南隅。⑤夹城：两边筑有高墙的通道。⑥牙樯：用象牙装饰的桅杆。⑦秦中：此处指长安。

我们现在一起看注释①中需要解读出来的几个要素：第一点是“公元766年”这个时间点。根据我们的知识储备，这个时间马上就可以对应出大致的历史阶段。如果记不清楚大唐帝国的转折点安史之乱的具体年代也无妨，你至少知道这个年代唐朝肯定已经不是初唐和盛唐。结合这个背景，又结合766年是唐代大历元年，“元年”这个词提示我们换皇上了，由已知推未知，有可能社会有了一些变化，“世”变“人”变，“人”“世”相依。

然后看第二点：作者“流寓夔州”，这里有没有要关注的信息呢？有的，就是“流寓”这个词。“寓所”跟家的区别在哪里？寓居某处，这个“寓”是客居寓所，一般情况下不是安定的家，不是祖宅，也不在故乡本地。就是你在外边租了个房子，有客居的意思。

那么现在看不光“寓”有客居的意思，而且是“流寓”。所以从这个词就能有所体会，如果主观地要换个地方生活，一般不用“流”字。“流”本身就有流动之意，含有人生漂泊无奈之意。

这首诗写在安史之乱之后，写在杜甫难得轻松喜悦的《闻官军收河南河北》之后，尽管规划了“白日放歌须纵酒，青春作伴好还乡。即从巴峡穿巫峡，便下襄阳向洛阳”的回乡路线，但是种种羁绊终于没有成行，人生继续在颠沛中流离。我们用逻辑上的从已知推未知，基本看懂了潜台词。而我们捕捉的已知条件恰恰是不起眼的注释①中的时间、地点隐含的背景潜台词。这条仅仅31个字的注释其实包含了丰富的信息，因此在阅读和解题中不要忽视注释对知人论世解读文本的重要作用。

我们一定要静下心来挖掘潜台词，要谨记试卷上面没废字。

### （二）从题型切入与知识点、能力点对应的解题思维

以《满庭芳》为例，学习归纳出题型与知识点、能力点相对应的解题技巧。

**满庭芳・夏日溧水无想山作**[1]

周邦彦

风老莺雏，雨肥梅子，午阴嘉树清圆。地卑山近，衣润费炉烟。人静乌鸢自乐，小桥外、新渌溅溅[2]。凭阑久，黄芦苦竹，拟泛九江船。

年年，如社燕[3]，飘流瀚海，来寄修椽。且莫思身外，长近尊[4]前。憔悴江南倦客，不

堪听、急管繁弦。歌筵畔,先安簟枕,容我醉时眠。

**【注释】** ①此词乃作者被放任溧水县令期间在无想山消夏时所作。②溅溅:流水声。③社燕:即燕子,春社时飞来,秋社时飞走。④尊:通"樽",酒杯。

(1) 下列对这首词的理解,不正确的一项是( )。(3 分)

A. "风老莺雏"三句,写夏初风物,取景典型,饶有特点,给人成熟饱满之感

B. 乌鸢乐、溪水喧,作者笔下的景物蕴含活力,呈现出清新、自然、美好之态

C. "且莫思身外,长近尊前"句有暂时抛开个人荣辱,向酒杯中寻找寄托的意味

D. "歌筵畔"三句,写在弦歌与美酒中意欲醉眠,表现出渴望归隐的决绝态度

(2) 第二段引入"社燕",用了什么手法?这样写有何妙处?(6 分)

(3) 有人说,周邦彦的《满庭芳》与唐代诗人白居易在《琵琶行》中所述境况,有同声相应及同气相求之感。对此请说说你的看法。

诗歌鉴赏考查方向如图 3-1 所示。

| |
|---|
| (1) 内容理解(内容、主旨、情感) |
| (2) 文学鉴赏(写作手法及作用) |
| (3) 比较阅读(不同作者而有相同选材或立意) |

图 3-1 诗歌鉴赏考查方向

根据上述题目考查范围进行内容理解。做好题型与知识点、能力点相对应之后,就可以轻松选择正确的思维模板和表达模板解题了。关于对内容、主旨、情感的理解能力的考查,主要从"知人论世"的方法入手;对于遣词造句、写作手法及作用之类的文学鉴赏题,主要从知识体系入手;对于不同作者而有相同选材或立意方面的比较或者同一作者不同时期作品的比较阅读,我们选择知人论世和任务群比较的方法解答。

## 第三节 运用对应式思维模板解题的步骤

### 一、选择题的思维模板

拿到一道题之后,首先要找到题型和考点、知识点的对应。选择题一般会考查对文本内容、主旨作家的情感与思想的理解。

现在看《满庭芳》第一题:"下列对这首词的理解,不正确的一项"是从对内容的理解和对作者情感的理解角度来考查的。这类题型的选择题给出的选择是我们所说的"言、据、证"模板的依言找据类型。题干选项中给出"言",我们在到文本中去找依据。

明确了思维模板之后,只需逐项来看这道题给的选项,把选项的观点与原文的内容依据作对比就可以正确解题了。比如我们分析到 D 选项时有这样的表述:"表现出渴望归隐的决绝态度",这是对作者情感的理解,我们要看文本中究竟有没有归隐之意呢?原诗内容中并没有体现,所以可以判定 D 选项是错误的。之后提升思维把题型错误归类,这是于文无据的逻辑错误,是考题经常出现的错误类型。

也就是说选择题现在分两步思考：一是运用“言、据、证”模板，把选项看成“言”，到原诗歌文本中去找“据”进行比对；二是在比对中寻找常见逻辑错误类型。这样的思维模式可以帮助我们看透题目，降低作答难度。

通过不同文体和题型的学习与练习，我们发现“言、据、证”的思维模板在多种题型、多种文体里都有体现和运用。因此，我们现在学的思维方法就是“点金术”，掌握的是阅读的核心能力。首先通过正确的思维方法把思维水平提高了，然后学会具体应用到不同知识板块。具备了这样的核心能力，不管什么文体、什么题型，我们都能够轻松驾驭。

选择题的本质其实就是把 A、B、C、D 四个选项分别看成四个“言”，我们的解题思路只不过就是在原文本里面一一对应，看看有没有什么论据证明这个“言”，如果于文无据，就可以判断它是错的。

除此之外，设置题目时还会涉及一些常见的逻辑错误。比如文本表达里有选项中包含的意思，但是程度、范围不一样，也是不对的。比如“我们班大部分同学都很爱学语文”和“我们班同学全都热爱学语文”表意一样吗？“大部分”与“全都”的范围是不同的，有些同学最喜欢的学科专业不是语文，如果我们说“全都”既不符合生活的真实，也违背了大家的人生选择，因此与原意程度、范围不符的表述也是错误的表述。

另外，还有一些在选择题中常见的逻辑错误需要关注，比如偷换概念、过度演绎、强加因果、以偏概全等。

上面通过一道题，提炼的是一类题型与知识点的考查，学会的是可以解决这类问题的思维方式，以不变应万变。

诗歌鉴赏选择题解题模板如图 3-2 所示，诗歌鉴赏选择题常见的逻辑错误类型如图 3-3 所示。

选择题分两步：

（1）运用“言、据、证”模板，对选项与原文本进行比对。

（2）在比对中寻找常见的逻辑错误类型。

图 3-2　诗歌鉴赏选择题解题模板

（1）偷换概念　（2）以偏概全　（3）强加因果

（4）过度演绎　（5）于文无据　（6）程度加深或降低

（7）范围扩大或缩小　（8）概念不当并列

图 3-3　诗歌鉴赏选择题常见的逻辑错误类型

## 二、文学鉴赏题的思维模板

诗歌鉴赏题考查的主要有两点：炼字、意象和表现手法等创作技巧的鉴赏，以及对主考篇目的相关文学评论提出自己的见解，并进行思辨性鉴赏。

### （一）创作技巧的鉴赏

首先是对作者“炼字”之妙的鉴赏。这是很关键的基本功。首先要善于发现诗歌中的“诗眼”，找到准确描摹景物的字、体现作者情感的关键字、统领下文的字等。正所谓“一切景语皆情语”，这样的情景寓于一身的字词往往是鉴赏的重点。比如“僧敲月下门”的“敲”及“春风又绿江南岸”的“绿”这类用得好的动词（使动词），“才下眉头、却上心头”中的“才”“却”等恰当的副词、形容词。

其次对意象选取之准的鉴赏。正确理解意象在具体语境中的语境义，反对盲目机械背诵“见花定落泪，对月会伤心”式的贴标签。例如，“花月正春风”是一种意境，“花好月圆”又是一种意境，在这两种意境中，“花”与“月”都与伤心无关。

新课标所强调的语文学科的实践性，在诗歌鉴赏中的体现就包括在不同的语境中去赏析词语的语境义，赏析不同语境中词语灵动的、具体的妙处，以此考查方式纠正机械性死板学习方式的弊端。只有语言是鲜活的、生动的，具有不同的内涵与作用，它才是有着丰富样貌的富有生命力的语言。而我们在学习与考试中对意象的把握就是在这样的动态语境中做具体的赏析。

下面以《满庭芳》这篇练习为例，体会在这样的动态语境中如何对意象做具体的赏析。第二题题目“第二段引入‘社燕’，用了什么手法？这样写有何妙处？”从诗歌选取的意象能看到作家的情感，这个意象究竟有什么样的表意特征呢？我们说过不能死记硬背意象的标签意义，但是大多数情况下还是有规律可循的。“社燕”每年飞来飞去，第一个特点就出来了：候鸟的漂泊无依。那么每年是固定地回到咱们的社区门口筑巢呢？还是不确定地飞到哪儿算哪儿呢？知道不知道明年它又将在哪一家门上筑巢呢？想到这里，第二个特点就出来了，社燕不能主宰自己的命运，也许习惯在这儿做窝，但是来年归来时，沧海桑田，这座房子也许拆迁了，得找另一个地方，这也是它不能够主宰的，所以有命运无力之感。与这个思路相似可以进行比较阅读的就是我们在其他诗词中见过的意象，比如“杨花”“浮萍”，现在又加了一个“社燕”，这一组意象都具有什么样的特点呢？漂泊无定、命运无力之感。漂泊无定本身就含有失落、压抑的情感，更何况这个漂泊又不是自己能主宰的。如果大家主观能选择，你愿意选择那种漂泊的人生吗？虽然一定会有一部分人喜欢漂泊的人生，喜欢漂泊在路上的不确定感和这种漂泊带来的未知与挑战的诱惑，但是在我们的传统文化背景下，大部分人可能更愿意“安土重迁”，更遵循“父母在不远游”的儒家文化与孝道。如果说主观上不喜欢漂泊，那可能这种漂泊就会给一个人带来人生无奈、命运无力主宰的这种失落、消沉、悲凉的情绪。

同样道理，一个官吏为官一任，造福一方，他要有一个为期若干年的政治规划，尤其是施政理念要能见到社会效益，也需要相对稳定的人员和政策，需要时间的保障。如果总是让他漂泊，缺乏政策落地实施的时间保障，是不是在哪里也无法施展才华，干出业绩？对他的官宦生涯是损失，其实对民生、对社会的进步也是损失。当然如果长治久安，官员这一辈子在一个地方过于稳定也有弊端，就有可能出现藩镇割据了。所以既要保证相对时期内的稳定，又要有适当与适度的轮换。但是无论怎样，都不能使漂泊成为一种常态，而且漂泊本身其实也有一些朝廷对官员的不信任。

根据上述理解，再次分析《满庭芳》这首词里的意象，不仅仅是给“社燕”这个意象贴了个“漂泊、无奈”的情感标签，而且知其所以然，理解到大部分进入仕途并期望建功立业的人，是不愿意宦海浮沉、四处漂泊的。而且像苏轼、欧阳修、范仲淹、白居易等我们在语文课上认识到的很多有家国情怀的官员，为官一任，造福一方，他们的政治理想、人生抱负跟老百姓是联系在一起的，“为报倾城随太守，亲射虎”的苏轼，“颓然乎其间”与“众宾欢”的欧阳修，愿意不愿意离开为官之地？不愿意。壮志未酬的情感中含有对百姓的爱、对事业的希望。然而却无奈离开，漂泊沉浮于宦海，无力主宰。梳理至此，作者的情感已经呼之欲出了。

《满庭芳》这首词可以帮助我们很好地理解相同的意象在不同的具体语境中的差异性与丰富内涵。燕子春社时来，秋社时去，故有“社燕”之称。它可以是旧时相识，或引发亲切回忆，或引发物是人非之感，如同依旧笑春风的“桃花”；“社燕”也可以是寄托相思的见证者，比如苏轼的诗句“有如社燕与秋鸿，相逢未稳还相送”；而周邦彦的“社燕”在《满庭芳》中又代表了“年年，飘流瀚海”的“憔悴江南倦客”，寄寓了命运的无奈与人生无力之感。类似的用意还有清代方文的诗句“官轻如社燕，南北任孤飞”。

因此，在意象的分析中要格外注意语境中的词义及情感，切忌死记硬背所谓意象与词义间的对应标签。汉语之所以美丽动人，原因之一就是在不同的语境中呈现出不同的动人鲜活之处，而这正是我们进行诗歌鉴赏的重点。

最后，关于表现手法、写作手法的鉴赏我们在常规课堂中接触较多，在此不做赘述。

### （二）就链接材料提出自己的见解，进行思辨性鉴赏

下面以王夫之的《水龙吟 · 莲子》为例进行思辨性鉴赏。

**水龙吟 · 莲子**

王夫之

平湖渺渺波无际，难认旧时青盖。荻絮横飞，蓼红斜炫，秋光无赖。拚不含愁，韫香密裹，泠泠珠佩。伴江妃、泪颗盈盈，怕谁厮恼，幽房里，深深缀。十斛明珠谁买。空望眼、悬愁碧海。露冷昆明，霜凋玉井，兰舟罢采。自抱冰魂，海枯石烂，千年不坏。莫抛掷、一点孤心，苦留得、秋容在。

思辨性赏析例题如图 3-4 所示。

> 屈原的《离骚》状写香草寄托忠贞，后人评价王夫之这首词“神契《离骚》”。请结合本词和下面《离骚》的相关诗句，谈谈你对这一评价的理解。(6 分)
>
> (1) 纷吾既有此内美兮，又重之以修能。扈江离与辟芷兮，纫秋兰以为佩。
>
> (2) 制芰荷以为衣兮，集芙蓉以为裳。不吾知其亦已兮，苟余情其信芳。

图 3-4　思辨性赏析例题

这类题型选取的链接材料一般是与主考篇目相关的文学评论，可以运用“言、据、证”模板切入，把文学评论中的观点当作“言”，在主考文本诗词中找“据”，以此“言”和“据”的匹配程度来进行论证，展开自己的思辨性鉴赏。解题的难度系数就降了下来。

思辨性赏析思维模板如图 3-5 所示，思辨性赏析表达模板如图 3-6 所示，思辨性赏析表达模板示例如图 3-7 所示。

**言**：文学评论中的观点。

**据**：主考文本诗词中的相关内容。

**证**：代入自己与之契合的观点，以此“言”和“据”的匹配程度来进行论证、赏析。

图 3-5 思辨性赏析思维模板

**言**：提取链接评论中的观点并用陈述句表达。

**据 1**：摘抄主考文本的诗句、词语。

**证 1**：做对应观点的解说。

**据 2**：摘抄链接材料中的词句。

**证 2**：做对应观点的解说。

图 3-6 思辨性赏析表达模板

**言**：提取链接评论中的观点用陈述句表达。

王夫之的词托物言志，在这一点上与《离骚》的创作手法与情感相同。

**据 1**：摘抄主考文本的诗句、词语。

《离骚》诗中，作者写用江离、辟芷、秋兰、芰荷、芙蓉打扮自己。

**证 1**：做对应观点的解说。

表现诗人的美好外形与内质，突出其高尚忠贞的爱国情怀。

**据 2**：摘抄链接材料中的词句。

王夫之的词描绘莲子质地晶莹、芬芳馥郁，赞美莲子“自抱冰魂，海枯石烂，千年不坏”的特质，并借鉴了莲子相关的典故。

**证 2**：做对应观点的解说。

表现作者亡国的悲苦、不改初衷的人生追求和对故国的一腔忠贞。

**证 3**：总结自己的看法与文本观点，与题目的契合之处表达完整。

通过上述分析，我认为两首作品都是托物言志，状写莲子寄托忠贞情感。所以后人评价王夫之这首词“神契《离骚》”的观点我很赞同。

图 3-7 思辨性赏析表达模板示例

## 三、比较阅读题的思维模板

比较阅读的篇目首先具有相似点，比如同一时期的作品、同一题材的作品、同一作者的作品等。在相同的基础上，我们的题目要求主要会涉及不同之处。比如上文在知人论世部分列举的同一作者不同时期的作品中情感的变化，还有不同作者的作品表达相同情感时选材内容上及写作手法上的区别等。这类题型要理清思路，建立好表达模板。"花开两朵，各表一枝"，分别答出"相同之处"和"不同之处"，并且做好主考篇目与比较阅读篇目的一一对应。

下面依然以周邦彦的《满庭芳·夏日溧水无想山作》这首词的练习题为例，学习表达模板点到点的一一对应表达。

《满庭芳》例题如图 3-8 所示，表达模板的对应示例如图 3-9 所示。

> 有人说，周邦彦的《满庭芳》与唐代诗人白居易在《琵琶行》中所述境况有同声相应同气相求之感，对此请说说你的看法。

图 3-8　《满庭芳》例题

> **言：**上片末尾，周邦彦从自身遭遇联想到唐代诗人白居易在《琵琶行》中所述境况，有同声相应、同气相求之感。
>
> **据：**
>
> （1）两人所处环境均为"低湿之地"：周邦彦是"地卑山近，衣润费炉烟"；白居易则是"住近湓江地低湿，黄芦苦竹绕宅生"。
>
> （2）两人仕途所遇在情感上均有困顿之感：周邦彦是"憔悴江南倦客"，被外放为官；白居易则是"我从去年辞帝京，谪居卧病浔阳城"，被贬为江州司马且困居九江。
>
> **证：**周邦彦大有两人同为苦命之人的感慨，这就应了白居易所说的"同是天涯沦落人，相逢何必曾相识"。
>
> 所以可以理解为两位诗人隔空交会，可谓宦海漂泊，古今同一。

图 3-9　表达模板的对应示例

## 四、唱和诗的阅读鉴赏思维模板

古人用诗歌相互酬唱、赠答称为唱和，梁萧统《昭明文选》中立赠答类。"赠"是先作诗送给别人，"答"是就来诗旨意进行回答。前者"唱"，后者"和"，如果只"赠"无"答"，就不能称为"唱和"。赠诗在诗题上一般标出"赠""呈""寄"等字样，而不是"唱"；答诗一般有"答""和""酬"等字样，为了表示尊重，也会写"奉达""奉酬"等。唱和诗一般有两类，一类针对来诗的内容主旨回应，在用韵方面没有限制；另一类限韵，按照严格程度有"次韵（步韵）""用韵""依韵"等。"和诗"的内容和情感既要与原诗有联系，又要有新的阐发。

在解题中可以把唱和诗看作比较阅读题的一个变形，用比较阅读的鉴赏模板作答。

例如下题即可运用“言、据、证”的思维模板，配合“点到点”对应思维的表达模板找到主旨、情感、内容、写作手法等方面的相关内容作答。

**【2020 年北京朝阳区二模】**

阅读这组唱和诗，并完成题目。

**种　菜**

苏　辙

久种春蔬旱不生，园中汲水乱瓶罂。
菘葵经火未出土，僮仆何朝饱食羹。
强有人功趋节令，怅无甘雨困耘耕。
家居闲暇厌长日，欲看年华上菜茎。

**次韵子由种菜久旱不生**

苏　轼

新春阶下笋芽生，厨里霜齑倒旧罂。
时绕麦田求野荠，强为僧舍煮山羹。
园无雨润何须叹，身与时违合退耕。
欲看年华自有处，鬓间秋色两三茎。

唱和诗的鉴赏题题目如图 3-10 所示，唱和诗答题模板示例如图 3-11 所示。

唱和诗中，“和诗”的内容和情感既要与原诗有联系，又要有新的阐发。这一特点在苏轼诗中是如何体现的？请结合两首诗进行分析。(6 分)

图 3-10　唱和诗的鉴赏题题目

**言：**苏轼诗中既有呼应苏辙诗中春旱饥困的内容与辛酸的情感，又有新的阐发。

**据：**

(1) 在内容上的联系。苏轼诗写春饥的艰辛，呼应苏辙诗中因春旱而饥困的内容。

(2) 在情感上的联系。两诗都是即事感怀，流露出辛酸与无奈。

(3) 新的阐发。苏轼诗针对苏辙诗中因春旱而惆怅，以及因赋闲而抑郁不得志的情绪，劝慰他面对窘境无须慨叹，既然不合时宜，不妨安心退耕。

苏轼诗针对苏辙诗中年华虚掷的感慨，以坦然的心态、幽默的自嘲来宽解，境界更加旷达。

**证：**在上述分析中不难发现，苏轼诗中既有呼应苏辙诗中春旱饥困的内容与辛酸无奈的情感，又有新的阐发，劝慰苏辙以坦然心态面对困难，自有人生的豁达情怀。

图 3-11　唱和诗答题模板示例

针对这道例题的解题思路，可以自己思考并提炼出唱和诗的简答题表达模板，唱和诗的表达模板如图 3-12 所示。

**言**：用陈述句表达，注意摘抄题干中的关键词。
**据**：针对题干中的关键词一一对应论据“唱”“和”两首诗。
**证**：完成与题干中每一个关键词的点到点的分析论证。

图 3-12 唱和诗的表达模板

# 第四节 诗歌鉴赏升格训练中的任务群建设步骤

## 一、课标导学

“学习任务群”理念是以任务为导向，以学习项目为载体，整合学习情境、学习内容、学习方法和学习资源的“学习任务群”。“学习任务群”的本质特征更加注重学习的过程性和自主性，更加重视学习内容的整合，更加强调“任务”意识与知识能力的融会贯通。

下面采用教学案例分析法，通过同学们的课堂实践，挖掘情境素材，建设任务群，切实提升思维品质。

把相同的意象放在一组，比较其在不同语境中的含义异同；或者针对同一意象做开放性默写、简答，考查大家对古诗词的积累与鉴赏水平。

例如：“欲看年华自有处，鬓间秋色两三茎”中用“秋色”喻指年华。下列诗句中的“秋色”有这种含义的一项是（　　）。

A．南山与秋色，气势两相高（杜牧《长安秋望》）

B．碧云天，黄叶地，秋色连波，波上寒烟翠（范仲淹《苏幕遮》）

C．满载一船秋色，平铺十里湖光（张孝祥《西江月》）

D．秋色频於客鬓加，归期犹自叹无涯（罗公升《发湖州》）

## 二、由注释内容引发一组相关背景题材的诗歌来建设任务群

例如：本章杜甫的《秋兴八首》注释中，流寓后边出现了地名——夔州。夔州是现在的哪个地方呢？重庆。曲江又在哪里呢？长安，就是现在的西安。这两个地方山水相隔，路途遥远。历史上一些重要地名我们要做知识储备，想想诗人流寓夔州，我们在第一句就看到了瞿塘峡和曲江，三峡中的瞿塘峡大家应该比较熟悉，但可能不知道曲江在哪里，注释②为我们做了注解。这样我们就可以把注释①、②联系起来了，瞿塘峡在夔州，曲江在长安。风烟万里“瞿塘峡口曲江头”，果真是一眼看得到吗？当然不是。诗人立足点在哪里？人都流寓到夔州了，他的立足点在瞿塘峡口，所以想到这个曲江头是诗人的遥想，“万里风烟接素秋”，万里烽烟也是极尽想象。写作手法在注释的引领下已经跃然纸上。

“素秋”马上又给了一个注释③——秋季。时间、地点马上充满了画面感，就是在秋天的时候，诗人站在瞿塘峡这个江边，遥想着当年长安的曲江江边。想象一下，如果你是个导演，你拍这个小片段是写实的还是虚实交映？曲江那个镜头是虚化的远方吧？这时男主角是在瞿塘峡边独立霜秋，目光穿越万里风烟，望向了曲江。望见了“花萼夹城”……花萼跟花有关系吗？花萼如果不是指花，指的又是什么呢？是建筑，是花萼相辉楼。那么这座楼又有什么潜台词呢？我们继续看注释④，又涉及一个典故，花萼相辉楼位于长安兴庆宫西南隅，你不用记得花萼楼在哪个方位，但是你需要知道它是宫殿的一部分，也就是说它是长安皇宫的一部分。

所以这里我们就明白了为什么要看注释，如果不知道关于花萼相辉楼的典故，我们很有可能望文生义，想的就是植物开花的花萼。而这一个词的理解错误，往往会导致我们对整首诗歌的理解方向发生偏差。这里花萼楼在写皇宫，然后是夹城，我们联想北京故宫的角楼就能理解，各个楼之间相连的城墙两边筑有高墙，通道就像一个夹道似的夹城。

我们还可以从阅读积累中建立任务群组，找到体验，帮助理解这幅画面。还记得《阿房宫赋》里的“廊腰缦回”这一句吗？是不是在生活积累和阅读积累中，我们得到了这个画面：繁华盛大，富丽堂皇。

但是下一句“芙蓉小苑入边愁”中“边愁”来了，为什么会有边地之愁？你要回到注释①了解，是安史之乱给社会带来了一系列创伤。

至此我们通过文末注释，解决了哪些问题呢？身份、时间、地点、背景及典故等，这些注释点都是帮助我们正确理解诗歌内容与作者感情的基础，所以一定要关注文末的注释。

除了《阿房宫赋》，我们的任务群组还可以选择其他相关背景题材的诗歌，比如杜牧的《过华清宫》：

新丰绿树起黄埃，数骑渔阳探使回。
霓裳一曲千峰上，舞破中原始下来。

这里“渔阳探使”的典故，也是一个重要的注释，探使的意思是负有侦察任务的使者，《全唐诗》此句下注“帝使中使辅璆琳探禄山反否，璆琳受禄山金，言禄山不反”。吴乔《围炉诗话》中说：“诗贵有含蓄不尽之意，尤以不着意见声色故事议论者为最上。”杜牧的这句诗的艺术魅力就在于含蓄、精深，诗不直白说出玄宗的轻信和安禄山狡诈，一句“新丰绿树起黄埃，数骑渔阳探使回”，就收到了比直抒己见更加强烈的艺术效果。从“安史之乱”纷繁复杂的史实中，只选取了“渔阳探使”飞马回长安谎报军情的画面，就刻画了人物形象，渲染了战争风云将至的时代背景。如今京津冀地区是核心地带，但是当时这个地区是渔阳边地，所以唐朝的皇帝经常要派特使到边疆去转一圈，看看谁有谋反之心，看看大唐帝国是不是安定，所以才有这个渔阳特使，遗憾的是特使“受禄山金，言禄山不反”，终酿唐朝由盛而衰的大祸。如果忽略这个重要的注释，既不能正确理解诗歌内容和作者的批判情感，也无法体会其含蓄的艺术特点。也就是说，我们通过注释能够获取大量的信息，而且根据注释所蕴含的信息，我们又可以引发一组相关背景题材的诗歌建立任务群。

相关的阅读群可以整合阅读资源，帮助我们融会贯通理解诗歌。有些同学在作诗歌鉴赏的时候，习惯跳过文末注释，答题时肯定会遗漏一些十分重要的能够帮助我们正确理解诗歌的信息点，失分也就在所难免了。

因此对于注释的运用，不仅要借助它正确理解诗歌本身，还要从注释中引发一组相关背景题材的诗歌建立任务群，以达到文本资源最大化，并要举一反三。比如前面从杜甫的《秋兴八首》所反应的背景安史之乱想到杜牧的《过华清宫》中的"渔阳特使"，进而可以串联起一组内容上以安史之乱为背景的诗歌，比如"三吏""三别"，了解长达八年的动荡历史与社会生活在诗歌、在文学中的体现，体会伟大作家的家国情怀；另外，又可以从杜牧的创作特点，串联出一组写作手法相近的作品进行文学创作上的鉴赏。

而内容主旨线和写作手法线两组任务群的建设，出发点都来源于文末注释的内容。通过本部分的学习，我们意识到认真读文末注释的重要性，并且可以以此为线索建立任务群，自主开发学习资源。这样的学习会打通单一作品研读做题的局限性，使我们进行诗歌鉴赏的视野更广阔，思维更严谨，具有纲举目张的体系化学习效率与优势。

## 三、由作者经历引发一组情感、主旨共鸣的诗歌来建设任务群

一般情况下，我们在做题的时候，在知人论世这一部分，命题中有给出不同作家的作品的，也有给出相同作家不同时期作品的，这两类选材都很常见。

下面用周邦彦的《满庭芳》与白居易的《琵琶行》来举例学习，用作者经历引发一组有情感主旨共鸣的诗歌来建设任务群。

白居易和周邦彦，作者不同，时代不同，是显而易见的，但是在知人论世这一部分恰恰需要找到不同之中的相同点，比如诗人写这两首作品时处境是相同的，境况相同，他们俩当时都处在仕途不顺的人生低谷。

第一，找相同点。从知人论世切入，找到不同诗人、不同作品中的相同境遇。

第二，找不同点。我们要在相同情感、主旨中找到诗歌在手法、技巧上的不同运用。

第三，我们要思考。手法技巧只是手段，什么才是写作的目的呢？是作家立场及作品主旨。即便都是被贬，情感主旨、人生感悟也是因人而异，是有区别的。

一般情况下，会在写作手法、技巧，情感主旨、人生感悟等方面的不同点设题做赏析。

我们在设计任务群的时候，要格外关注这些不同之处。同样都处在仕途不顺的境况下，周邦彦和白居易的情感相比较，周邦彦似乎更豁达一点；在思想境界上品评，周邦彦更从容洒脱。但是在艺术手法的运用上，显然白居易更胜一筹。可以说周邦彦的诗"景语皆情语"，白居易的诗"情语皆景语"。下面我们一起分析原作。

### （一）不同思想境界的鉴赏

白居易闻琵琶而叹息，想到自身境况，有些酸溜溜地说出"同是天涯沦落人"。我们从诗句中读到"住近湓江地低湿，黄芦苦竹绕宅生"是描写住的地方潮湿阴冷，环境不好，物质生活比较差；那么精神文明建设好吗？也不好，哪一句呢？山歌村笛是"呕哑嘲哳难为听"，旦暮听闻的是"杜鹃啼血猿哀鸣"，自己的心情是感慨"天涯沦落"。

接连几句的幽怨之情。

但是我们看周邦彦有这么多的酸溜溜的台词吗？没有，虽然也是“地卑山近”“黄芦苦竹”，反正已经是这样的境况了，那又怎么样呢？姑且赏那“乌鸢自乐”“新渌溅溅”，姑且“长近樽前”，先饮他一大杯！借酒消愁，长近尊前，且莫思身外，饮酒作乐，这一时一刻先图个今朝有酒今朝醉的洒脱，先交付眼前光阴，暂且不想年年都如“社燕”的宦海“漂流”转徙，暂且不理那内心的“憔悴”与疲倦，暂且不听那“急管繁弦”。因为如此般憔悴江南倦客不堪想、不堪理、不堪听，不如在“歌筵畔，先安簟枕，容我醉时眠”。很从容的文人，很风雅的“先安簟枕”，然后“容我醉时眠”。既然听急管繁弦很难过，他索性不听，睡觉去了，微醺或醉，都可以让他在梦里获得一丝喘息与安慰，既无力与命运抗衡，不如与之短暂和解，为未来找个平衡点。也就是佛教哲学中的暂且放下，不必执着。

所以在这些细节中可以看到画面，看到人物，看到性格。语文学科要培养的想象思维再次发挥了无可比拟的作用，画面一出，理解水到渠成。再回头看看江州司马的画面，听曲听到青衫已湿，可还是要听，难受也要听，越听越难受，越难受越听。在这样的往复中获得了精神的共鸣，越难过越震撼，在共鸣与震撼中，灵魂寻到了一次对话，一次畅快的释放与升华。所以这一情节的比较，我们就可以看到在相同之中的不同，同样的被贬阶段，同样的在音乐中浮想，不同的反应和艺术体验源于不同的性格、情感，不同的人生观和作品主旨。

我们可以在此理解基础上做一些开放性的思考，做一点思辨性思维的练习：如果仅就这两首作品中的内容来看，大家觉得境界高下有没有一些分别呢？

其实周邦彦的词“景语皆情语”，似乎哀怨与不平更少一些，旷达与洒脱更多一些。“风老莺雏，雨肥梅子，午阴嘉树清圆”“人静乌鸢自乐，小桥外、新渌溅溅”。选材独特，雨润梅子肥，嘉树清阴圆，形态、色彩温润静美；尤其是“新渌溅溅”声中“乌鸢自乐”，听觉与视觉中带着生动的、自由的生命律动。甚至连“地卑山近，衣润费炉烟”都在袅袅炉烟中有着江南夏日特有的宁静与潮湿的烟火气息。

白居易的这首诗，则更多的是“情语皆景语”。因情感伤，触目之景也就愈发凄凉。荻花秋瑟、月明江寒、取酒独倾，无不因为幽愁暗恨、天涯沦落、生不得志。

在同病相怜甚至惺惺相惜的精神交流中，白居易说他也曾经得意过，被贬九江之前，他也是皇帝身边的近臣，他曾经有过“兼济天下”的得意人生；琵琶女就说了，她也曾“名属教坊第一部”，也曾“五陵年少争缠头，一曲红绡不知数”。一个官员和一个艺人在人生低谷中跨越了人生与阶层，在音乐中回味过去，留恋伤怀，产生了同是天涯沦落人的同情之心。但是一个堂堂朝廷命官跟一个沦落江湖的歌女同感身世浮沉，境界似乎低了一些，缺乏宋人范仲淹“先天下之忧而忧”的责任与胸襟，更无法与苏轼融儒、释、道的大彻大悟、千古旷达比肩。

### （二）不同艺术特色的鉴赏

现在我们来关注手法与技巧的运用呈现出的不同艺术特色。

周邦彦的这首词胜在境界豁达洒脱。在写作技巧上只凭借简单地用典，就已经回味悠长。上阕的最后两句“黄芦苦竹，拟泛九江船”，化用了白居易的《琵琶行》。

刘勰在《文心雕龙》中写到用典在于“援古以证今”，借古抒怀。用典既要师其意，又能于故中求新，委婉地使诗句内容充实，思想丰富。周邦彦的词在此语境中就含蓄地表达了其不得志的失落苦闷。“凭阑久，黄芦苦竹，拟泛九江船”中这个“久”字与典故连用，真正达到了令如己出而不露痕迹，所谓“水中着盐，饮水乃知盐味”方为佳作。

两首作品相比较之下，白居易的这首诗更多的是以艺术特色取胜，尤其是以语言文字的功底令人读后叫绝。比如对歌女才艺超群的一系列侧面描写，歌女弹得如何好，唱得如何好，观众的反应如何热烈，所有的都在侧面描写中，比如打拍子的细节，听众和观众都把首饰拿在手中来应和击节。“钿头银篦击节碎”的“碎”字尤见热闹，而且唱完之后大家往台上扔红绡、绸缎、钱等都是“不知数”，其实就是粉丝给予歌女众多的物质奖赏，狂热的“血色罗裙翻酒污”，舞台、观众、歌舞盛况都在侧面描写的细节中达到极致。

另外，较有特色的一点则是描摹音乐的著名段落。《琵琶行》里大量运用比喻的修辞手法来将有声无形的音乐化为文字，从“大弦嘈嘈如急雨”到“曲终收拨当心画”几句，将抽象的、难以感知的乐曲用形象生动的比喻模拟出来，既有听觉形象，又有视觉形象，读过让人感到余音袅袅、余味无穷。“急雨”“私语”“莺语”“泉流”“珠落玉盘”“瓶破水迸”“骑出刀鸣”“裂帛”等一连串精妙的比喻匠心独运、无与伦比。这一段音乐描写与韩愈的《听颖师弹琴》、李贺的《李凭箜篌引》和李颀的《听董大弹胡笳弄寄语房给事》并列为古典音乐的四篇妙文。但由于该文的比喻平实、贴切，语言流畅，情感丰富，因此更为知名，成为写音乐之声的经典诗句。

他文中的音乐是“大珠小珠落玉盘”的清脆，是“间关莺语花底滑”的婉转，是“冰泉冷涩弦凝绝”的呜咽，更是人生艰涩低沉的回声。他把歌咏者与被歌咏者的思想感情融二为一，说你即说我，说我也是说你，如同一首英文歌曲 say you say me，命运相同，同气相求。而周邦彦在用典中又进一步与白居易的思想感情达成共鸣，同样具有说你即说我的宦海浮沉，有同命相惜之感。仿佛周邦彦与白居易隔时空交贵友，抒发了同声相应、同气相求，跨越时空的古今同一的感情。

实际上我们做其他的阅读题目，比如说表现爱情的一组诗歌，或者怀古的几首诗歌，借古讽今的讽谏诗等，都可以用这种建立任务群的方式找到作者古今同一的内容、情感、手法等，从文学创作的规律及人类逻辑思维的共性入手，用建任务群的思维方式俯瞰主考篇目，比较篇目及评价文论几则材料，实现高效贯通的理解。

## 四、由相同题型引发一组有不同层次的诗歌来建设任务群

例如，以词语鉴赏题为例，建设不同层次的鉴赏任务群。

**过华清宫绝句（其二）**

杜　牧

新丰绿树起黄埃，数骑渔阳探使回。
霓裳一曲千峰上，舞破中原始下来。

**秋兴八首**

**杜 甫**

瞿唐峡口曲江头，万里风烟接素秋。
花萼夹城通御气，芙蓉小苑入边愁。
朱帘绣柱围黄鹤，锦缆牙樯起白鸥。
回首可怜歌舞地，秦中自古帝王州。

题目如图 3-13 所示。

| |
|---|
| 请分别解释杜甫诗中的“锦缆牙樯起白鸥”和下面杜牧诗中的“新丰绿树起黄埃”两句中的“起”字，并简要赏析这两句诗。(6 分) |

图 3-13 题目

具体到审题，首先要确定题型、考点、知识点与思维模板的对应关系。

结合诗歌鉴赏思维模板中归纳的诗歌鉴赏三种主要题型来判断，这是一道词语鉴赏题。

词语鉴赏题的思维模板指导我们首先要找一找动词、形容词或副词，看看哪些词语具有潜台词，值得研究；哪些词用得技高一筹，值得鉴赏。之后在模板中用得好的词语就是我们的观点，即“言”；怎样好就是“据”和“证”。具体到这一道题，题目已经明确了用得好的词语，也就是题干给了“言”，我们要做的就是在诗词中去寻找“据”来证明题干。

确认题型与知识点的对应后，我们要选择思维模板，看来还是“言、据、证”的思维，题干给“言”，我们的任务是找“据”作“证”。有了思维模板，还要确认表达模板，注意比较阅读的题型中要对题干与答案、言与据、两首诗中每一项内容做对应性表达。

思维理清了，我们看“珠帘绣柱围黄鹄，锦缆牙樯起白鸥”这个“起”在文言词语中是什么用法，在具体语境中又是什么含义，白鸥怎么就飞起来了呢？想一想此处的“起”是不是有点文言词语现象中使动词的感觉。

如果“珠帘绣柱”是代指行宫别苑，那么什么人物出来使那个船有“锦缆牙樯”？声势如此浩大，锦绣织就的缆绳，象牙装饰的桅杆，如此繁华奢侈的是皇上出游。“珠帘绣柱围黄鹄，锦缆牙樯起白鸥”这两句互文的修辞在诗歌中起什么作用呢？它能够使“珠帘绣柱围黄鹄，锦缆牙樯起白鸥”中的“围”“起”表达怎样的潜台词呢？

大家展开联想，如果只有一艘船在江面缓行，会使黄鹄、白鸥飞翔聚集吗？《沈从文说文物》中写到隋炀帝出行时有“彩锦做帆，连樯十里”。大运河之上，看不到船队，看到的是绵延几十里的航船的织锦帷幔，如同彩练在运河水上飘逸徐行。唐诗中对此描写的诗句“锦帆百幅风力满，连天展尽金芙蓉”，与这首词中“珠帘绣柱，锦缆牙樯”之间黄鹄、白鸥翩翩飞舞的铺张绚烂、盛大奢华的场面有异曲同工之处。所以可见“一切景语皆情语”，前边 6 句写景，后边落到情感上。看完内容再看情感。“回首可怜歌舞地，秦中自古帝王州”。哪一个词是表示情感呢？——“可怜”。“可怜”在这有怜惜的意思，有抚今追昔、感时伤怀之意，所以现在这道题的答案基本上就出来了。

在解说这个“起”的时候，我们已经体会到作者在借现在的奢华来暗指后边的边愁。

就是因为皇帝太贪图这种奢靡享乐了，所以他的政治、军事出现了问题，政治、军事的问题肯定也会影响到文化与社会生活中，从而反映到文学作品的创作中。

现在我们对这个题完成了第一步对杜甫相关诗句的思维解读，第二步要做杜牧相关诗句的对应解读。思维模板是一致的。杜牧的题目《过华清宫》，我们马上想到诗歌中有借华清宫咏怀的，我们一般会联想到杨贵妃，想到马嵬之变、安史之乱。这首诗就是借古咏怀。我们甚至可以打通古今，想到余秋雨的写作风格，站在华清宫前泪眼婆娑，抚今追昔，浮想联翩，想了好多好多，之后组织语言，成就了一篇篇散文。这种结构方式就是从古代咏怀诗里汲取的思路，我们也可以在写作中运用。

现在进入作品看一看杜牧过华清宫的时候想到了什么。新丰这个地方离华清宫不远，“新丰绿树起黄埃，数骑渔阳探使回”，这个“起黄埃”中的“起”字还具有使动意味，使尘土飞扬连天。数骑绝尘，马跑得越快，讽刺意味越浓。是“一骑红尘妃子笑”的后续，又是探使谎报军情对玄宗的欺骗，是安禄山对玄宗的狡诈隐瞒，还是安史之乱前战争疑云的铺垫。

至此我们用模板思维完成了对两首诗的正确理解，下一步要做的就是在表达模板中一一对应，使答题要点不遗漏。答案要点如图 3-14 所示。

> 杜甫诗中的“起”字的意思为起舞。诗句描绘了皇帝乘坐的装饰华美的游船上黄鹄起舞的景象，表现游乐的声势之大，隐含了对统治者骄奢淫逸的不满。（3 分）
>
> 杜牧诗中的“起”字意思为腾起。诗句描绘了骑马疾驰的探使身后滚滚黄尘腾起的景象，暗示叛乱即将发生的危险。（3 分）

图 3-14　答案要点

## 五、任务群式思维的学习步骤

本书中所说的任务群建设更多的是指一种思维方式。新教材体系的任务群更多的是指学习方式的转变。我们首先要学会这样的思维方式，然后才能应对任务群形式下的学习方式与命题方式的转变。

学习建立群思维，不是孤立地去看各个篇章，而是要把几首诗歌作为一组有关联的文本放到一起来综合思考。要从作者、作品内容、情感主旨、表现手法等方面找出几首诗歌中的相同点，然后再找不同点，我们首先要找的是人，要知人论世及了解情感的生发。即使同一个人在不同的人生阶段，想法也是很有可能变化的。

比如，《论语》中记载到同样是孔夫子，经历了宰予昼寝这件事之后，夫子的观点是有变化的，他从听其言及信其行中发现这远远不够真实，因此有所转变，发展到听其言还要观其行，即不能盲目轻信。也就是说认识的主体人没有变，但是背景变了，或者时间变了，主体人对事物的认识也会发展变化，观点是与时俱进的。

同样也可以反过来看，不同的人，面对相同的事物所持的观念一样吗？也有可能是不一样的，大家看问题的角度不一样，自己的教育背景、成长背景不一样，价值观念不一样，都有可能导致面对同一事物所持观点的不同，所以我们在做任务群思维的时候，先要看人、看事、看大方面的异同。

另外，要看手法的不同。创作中手法、技巧是手段，目的是更好地表达情感主旨。一般在题目中，所选的不同诗篇的写作手法会有所区别。

理清思维后，还要注意语言表达。正如课标强调的“语言是重要的交际工具，也是重要的思维工具。语言的发展与思维的发展相互依存，相辅相成”。语言是思维的外化。语言表达要简明、连贯，得体，如果表达不连贯，说明思维是断裂的。比如，我们经常会在生活情境中说“小孩儿讲故事，前言不搭后语的，天上一脚，地上一脚”，指的就是没有从头到尾的逻辑顺序，从表达看，他的思维是混乱、不连贯的。前言不搭后语，是语言表达不连贯。所谓“天上一脚，地上一脚”，是指还没有建立起有序的思维。实际上语文学科经常用到的逻辑思维，主要包括从现象到本质的认识规律、从原因到结果的推理以及点到点的对应思维。

建立任务群的思维模板如图 3-15 所示，诗歌鉴赏题的表达模板如图 3-16 所示。

**一、理清材料**

(1) 主考篇目

(2) 比较篇目

(3) 题干中的文学评论

**二、建立各材料贯通的群思维**

(1) 在相同之中找不同点

(2) 在不同之中找相同点

**三、找到鉴赏的切入点**

(1) 知人论世

(2) 选材内容

(3) 情感主旨

(4) 写作手法

图 3-15　建立任务群的思维模板

**言**：提取观点——捕捉题干中隐含的或者在链接的文学评论中包含的信息，做提取概括。

**据**：精准对应——在主考篇目及比较阅读篇目中的诗句内容中做针对观点的有效筛选。

**证**：明确关联——简明连贯地分条对应说清所选诗句如何体现出题干或评论中的观点。

图 3-16　诗歌鉴赏题的表达模板

【知识卡片】

诗歌主要写作手法如图 3-17 所示。

> **抒情**：直接抒情（直抒胸臆），间接抒情（借景抒情、托物言志，情景交融）。
>
> **描写**：动静结合、虚实结合、点面结合、明暗结合、正侧结合、声色结合、粗笔勾勒、白描工笔。
>
> **表现手法**：赋、比、兴，抑扬变化、铺陈描写、象征联想等。
>
> **修辞手法**：比喻、拟人、设问、反问、借代、对偶、夸张、衬托、用典、化用、互文、反复等。
>
> 比如，《秋兴八首》中的"瞿塘峡口曲江头，万里风烟接素秋"表示虚实结合；"花萼夹城通御气，芙蓉小苑入边愁"表示借代；"君当作磐石，妾当作蒲苇"比喻爱情坚韧忠诚。
>
> 再比如，传说杜康是发明酒的人，所以后来用杜康这个人名借代酒。朱门是指古代皇帝为了奖励大臣，允许有功之臣把自己的家门涂成朱红色，后来官僚贵族府第的大门漆红以示尊贵，因此朱门借代显贵之家。

图 3-17　诗歌主要写作手法

## 第五节　诗歌中意象在不同语境中的丰富含义

诗歌中的意象选择虽有规律，但是在学习与鉴赏中也不能机械地贴标签式记忆。汉语的多义性体现在诗歌中，同一意象在不同的语境中会有多种灵活的表达。

比如诗词中常选的意象"芍药"，字里行间吟咏着芍药的万种风情，展示作者内心丰富的情感世界。

表达惜别之情：芍药与情的联系最早可追溯至《诗经·郑风》："维士与女，伊其将谑，赠之以芍药。"

表示美丽的事物：魏晋南北朝至唐代，文人侧重于在诗词中展现芍药的形、神、色，如"光譬朝日，色艳芙蕖"（辛篆《芍药花颂》）。

表示爱情的象征：芍药意象在宋代发展至巅峰，宋词中更注重其情感意蕴。称作"芍药""红药""将离"。在文学意象的使用上，杨泽民的《四园竹》较为突出："当时芍药同心，谁知又爽佳期。直待金风到后，红叶秋时。细写情辞。何用纸。又却恐、秋深叶渐稀。"词中脉脉含情的芍药是文人与心上人的爱情信物；周邦彦的《解连环》："燕子楼空，暗尘锁。一床弦索。想移根换叶，尽是旧时，手种红药。"语短情深，当年亲手所种芍药是爱情的见证，如今芍药不再，这一意象也蕴含着分离的凄楚，倾诉了恋人分离后的相思之苦。

表示漂泊分离之苦：芍药又称将离，作者常借芍药表达惜别之情。曾惇的《诉衷情·别意》："玉霄亭下，芍药荼，都望归来。"与古典诗词中常出现折柳赠别的意蕴同出一境，是寄寓离情的意象。"陵山载酒，泗河扬柁，尊前折尽将离"，描绘与亲人分离之际，正是芍药盛放，“将离”表达了离情悲苦。

表达孤寂哀愁的情感：宋陶穀《清异录·花》中记载：“婪尾酒乃最后之杯，芍药殿春，亦得是名。”芍药别称婪尾春。

姜夔《侧犯·咏芍药》诉孤苦之情：“红桥二十四，总是行云处。无语，渐半脱宫衣笑相顾。金壶细叶，千朵围歌舞。谁念我、鬓成丝，来此共尊俎。后日西园，绿阴无数。寂寞刘郎，自修花谱。”春光已去二十四桥间，芍药风韵依旧，文人却一生孤苦，漂泊于江湖，生性清高孤僻，词中“千朵围歌舞”以热闹之景反衬寂寞之心及沧桑凄苦之情。

清代陈廷焯在《白雨斋词话》中写道：“凡交情之冷淡，身世之飘零，皆可于一草一木发之。”

意象在诗歌中被赋予充沛的情感，承载含蓄婉转的意蕴，逐渐成为文人抒发情感的载体。因此，在诗歌学习和鉴赏中要格外关注语境中意象丰富的意蕴，这也正是汉语的动人魅力之一。

## 第六节　“炼字”升格思维训练

下面以《玉楼春·春景》为例进行说明。

**玉楼春·春景**

（宋）宋　祁

东城渐觉风光好。縠皱波纹迎客棹。
绿杨烟外晓寒轻，红杏枝头春意闹。
浮生长恨欢娱少。肯爱千金轻一笑。
为君持酒劝斜阳，且向花间留晚照。

请参考此题目，以宋祁《玉楼春·春景》为例，找出你最喜欢的字眼，并进行赏析。

### 一、炼字鉴赏的思维模板

这道题是一个开放性题目，旨在练习诗歌赏析中“炼字”的题型。你欣赏哪个词都是可以的，关键是要“言之有据”。

如果有同学问老师最喜欢哪句？老师可能会说最喜欢第三句“浮生长恨欢娱少”。如果现在逐句来进行练习，喜欢第一句的同学能找出依据吗？“东城渐觉风光好，縠皱波纹迎客棹”，其中哪一个词用得特别好呢？可能有同学会说“渐觉”的“渐”。“渐”有一个渐次、渐渐地推进的过程。如果这是一幅画卷，你看的时候画卷已经全然展开，还是渐次徐徐展开呢？应该像卷轴一样一点一点徐徐张开。这个“渐”用得好，还在于让人体验感觉好。春天是渐次看到的，不是突然一下出现在人们眼前。昨天还是萧瑟寒冬，今天一睁眼满树繁花似锦，不是这样的。春天的画卷渐次铺开，人物的心情也随之渐渐喜悦饱满起来。这个渐次的过程充满了人与自然、内心与外在之间的和谐之美，充满了对美好细节的回味。

再看第二句，具体延伸风光怎样好，选取的意象是“縠皱”。这是指什么呢？我们可以尝试由已知推未知。明媚春景渐次展开，先映入眼帘的是初春时节，河川微波，和风吹水，泛起“縠皱”。在这里“縠皱”是波纹的意思，即像绉纱似的又轻又美的细小的波纹，这属于早春的意象。

所以我们在写春天的时候，也应该学习一下诗词里的这种景物描写的顺序，为什么先写水，后写植物花草呢？因为生活与自然也是有逻辑的，阳关煦暖，春水初融，我们不禁想起朱自清先生的《春》，水面先融化了，有了水汽滋润，山会“朗润”起来，春水“涨”起来了，才会有植物萌发，才会有花朵盛开。积雪消融，春水凌波，才会带来早春的信息。先写水，后写绿杨和红杏，是符合我们的生活逻辑的。

理解深入了，我们再重新品味这个渐次是按照什么顺序写的。首先是空间顺序，先看看眼前的水，再看看远处的绿杨，实际上这空间顺序里暗含着时间顺序。先有了“水汽儿”及春水的滋润，才会有万物的萌发，而且满眼景物变得水汽氤氲。

另外进行诗歌鉴赏，要注意表达的语体应随着任务目标进行转换，并且文学审美尽量不用口语化语言。刚才“有水汽儿”一词变成书面语，可以说是“清新的、明媚的、润泽的”。所以，完全可以把口语转换为规范、典雅的书面语来表达丰富的情感。

现在就进入优美、典雅、高级的语境中。这个“縠皱”在说这个水的波纹像“縠”一样，是非常细小的波纹。我们说春水明波，让一切都滋润了，朗润了，明艳起来，像刚刚洗过一遍，清新、鲜妍、明媚，非常漂亮的色彩。注意此处用的词是“鲜妍”而不是“鲜艳”，妍是美丽的意思。现在看这样的波纹小，说明风也小，水中有小波纹儿，空中有小风儿，特别新鲜美好，因此不仅仅是色彩的鲜艳，所以用鲜妍。但是作为鉴赏的语言，在表达上还可以进一步提高。比如“小风儿”换一个书面语的词汇美化一下，可用微风、轻风。寻找优美语言和词汇的方法之一就是向古代诗人学习，比如，什么风细雨不须归？——斜风；什么风熏得游人醉——暖风。又比如朱自清先生描写的“春风图”：风的触觉软软的、暖暖的，嗅觉带着“新翻的泥土的气息还有各种花的香”。用软的、暖的、和煦的等形容风，是不是比小风、微风的画面具有更多的层次感和美感呢？一个好的词语，是可以给人带来审美享受的。

下面链接生活体验，想想北京的春天。每到春天刮大风，许多公园就禁止游船下水了，为什么呢？因为北京的春风可以用浩荡来形容，湖面激起的浪自然也不是“縠皱”那样的小波纹，是能够翻船出事的大浪。

所以结合生活经历，我们可以更真实地体会到诗句中的风是多么温和喜人，连波浪的律动都是微微的、暖暖的、恰到好处的，让人心里感受到一种别样的情感。这样的春天，你抬眼看到了刚展开带动画效果的这一幅春景，这时候是不是令人心情十分舒畅呢？

刚才鉴赏的“縠皱”一词包含了丰富的信息和清新的画面，那么作者心情又是从诗中哪一个词透露出来的？即“縠皱波纹迎客棹”的“迎”字！“迎”用了拟人的修辞手法，是谁在招摇着迎接客人的轻舟“小船呀，快来吧……”？是谁在呼唤我们迎接春光？是“縠皱波纹”，“迎”这个词中看到的是非常热情的、明媚的、和美的一幅画面。这种清新明媚靠水汽儿滋养出来，水的拟人形象是很可爱的，是恰到好处的迎客棹。棹就是船桨，她招引着小船下水及游人迎春，使世界生机勃勃，大自然和人是互相映衬的，很和谐地相伴。因此我们喜欢这一句，我们为喜欢的观点找依据的过程，就是对作者“炼字”的鉴赏。

现在可以尝试根据刚才第一句中探究、鉴赏“炼字”的思路来鉴赏第二句。首先还是要找到鉴赏的对象，诗人用得考究的字眼。

大家可以尝试找出一个表示美好意象的名词或者一个写得特别美的形容词。有同学找到“轻”这个形容词很美，哪个名词特别美呢？“绿杨烟外晓寒轻”的“烟”，因为绿杨色如烟，像青烟、像薄雾，是很轻的质感，因此这绿色是淡淡的、轻盈的、漂浮的，是属于早春独有的鲜嫩，才会给人带来那么丰富的情感体验，从喜悦、到震撼，再到沉思。

这么美的诗词，如果没有能力鉴赏，将来我们在琐碎的生活中就缺乏了一些亮色。早上一睁眼买个包子、油条急匆匆跑通勤，开始了一天的奔波，那叫活着，不叫生活。

我们在语文中学会生活，很重要的是学会欣赏，在平凡的生活中为自己带来一些精神的愉悦。而诗歌的美好总是能给人带来慰藉。比如“绿杨烟外晓寒轻”这句，就是我们春天常见的景象，这一抹绿“烟”是杨柳在晨昏午后怎样的光影中呈现出的绿影？当你放下手机抬起头凝望“绿杨烟”，相信你也会感受到“晓寒轻”，更会放眼远眺，因为心中流淌出了“草色——遥看，近却无”。这样饱含情感的一举手一投足一凝望才是生活，才是诗歌带给我们的柔软与幸福。

同样写早春颜色，如何描摹小草的色彩特别轻淡呢？伏在地上显然不像烟，神来之笔是写一种错觉，似有若无的视觉带来的欣喜情感。你远望的时候觉得那边一片绿色，小草冒出来了，走近了一看却没有；你再蹲那儿一看，地上似乎还是裸露的黄土，但是又稀稀拉拉地钻出点绿草。正是这些最先钻出地面稀疏的小草，用淡淡的草色向人们报告着春天。同时，也有“渐觉”之意。

遥看时草色是浓还是淡？“近却无”说明草色很淡，草木刚刚萌发；“绿杨烟外”也是如此情境，杨柳刚刚绽放生机，萌生嫩绿小芽儿，其实也是近看却无，但是你远看它有淡淡的一层如烟的淡绿。这都是写春天之初特有的景色。这个绿杨如烟是很短很短的日子，初春时候还有寒气，但只是早晚的那一点寒气，所以诗句用晓寒这个词也是在突出初春，可见这个“晓寒轻”抓特征抓得非常准。

春水流，树发芽，万物萌发，画卷渐渐往后展开，“红杏枝头春意闹”，这时候你看到的红杏是果实还是花朵？一个“闹”字让人似乎看到了满眼的杏花在春风中摇曳，此时我们马上联想到朱自清先生笔下描摹的那幅著名的春花图，“红的像火，粉的像霞，白的像雪。花里带着甜味，闭了眼，树上仿佛已经满是桃儿、杏儿、梨儿。花下成千成万的蜜蜂嗡嗡地闹着”。现在看这个“红杏枝头春意闹”，一下就懂了，春花图里面写的“桃树、杏树、梨树，你不让我，我不让你，都开满了花赶趟儿”，其中“赶趟儿”这个词用拟人的手法，就是化用了春意闹的意境。所以我们鉴赏“红杏枝头春意闹”这个“闹”字用得如何好，就可以把朱自清先生的春花图里的语句迁移过来，触类旁通、举一反三，互相贯通借力。

## 二、模板思维的扩展

### （一）寻找相似的意境

现在我们可以梳理一下，鉴赏中的优美词语就是在语文课文中积累的。借助朱自清先生的春花图的语言，完全能解释春意闹这个“闹”字，一幅生机勃勃的画面，大小的蝴蝶飞来飞去，蜜蜂也成天嗡嗡地闹着，有花吸引蜂飞蝶舞，有蜂有蝶了又招引了小鸟，春鸟和鸣，百鸟婉转，所以这个“闹”是一个想象出来的画面，表面上是写花，实际上是由花衍生出来的一个意境，是一个立体的情境，由花生香，由香引蝶，多么唯美。然后小鸟来了，“花间醉任黄莺语”“黄莺醉上杏花枝”的黄莺儿来了，画面中还飞来“百啭千声”的画眉鸟，“鸟儿将巢安在繁花嫩叶当中，高兴起来了，卖弄清脆的喉咙”婉转地歌唱。这么美的诗歌，如果我们没有诗歌鉴赏的能力，做诗歌鉴赏题会无从下手。放眼未来的生活，有可能视而不见有枝头红杏，有烟外绿杨，有繁花又有嫩叶的春天，精神生活就会比较乏味。

其实语文课一直在努力培养大家拥有能够真正体会生活中的柔软与幸福的能力。这不是别人给你一个柔软幸福的生活，而是我们自己既能体会到生活中有很多很粗糙磨砺人的地方，也能够体会到柔软地滋养我们的力量，从而培养自己在琐碎平庸中体会到幸福的能力。

如果说我们喜欢《玉春楼・春景》第一句的清新明媚，欣赏第二句的生机盎然，那么鉴赏第三句应该如何切入呢？“浮生长恨欢娱少，肯爱千金轻一笑”，这个“恨”是指遗憾。人生经常会有一些遗憾，佛教中说人生中生老病死都是痛苦的，欢娱的时间总是太少。中国哲学中也经常说人生苦短，这里的苦是一个意动用法的词类活用，人生为什么苦呢？其中一条就是以短为苦。我们太遗憾人生如此短暂了，美好的时光又显得格外短暂，既然欢娱很少，那么跟内心的欢娱相比，跟一去不返的好时光相比，金钱变得微不足惜。诗中有云“盛年不再来，一日难再晨”，所以有人宁愿一撒千金，也要换来片刻的精神欢愉。

“肯爱千金轻一笑”这句诗一直饱受争议，有些观点认为这是一种消极的人生态度，实际上并非如此。之所以要探讨这句，原因是这首诗是很多文学作品的母本，是思想的母本。我们读这句话的字面意好像很消极，实际上蕴含着很积极的人生态度。我们以前学习过“乐景写哀情”的手法，而这句诗恰恰反其意而作，这是在哀情中写珍惜，写振作。因为浮生很短，欢娱很少，所以更要加倍珍惜眼前的一切美好。千金散去还复来，只要能换得眼前的值得去做的事情，珍惜眼前的欢娱，与时间的光芒相比，金钱并不耀眼。还要认识到，这个语境中的“欢娱”不能简单理解成仅仅是宴饮歌舞的物质享乐。

大家也许会想到《将进酒》，五花马及千金裘虽然很名贵，但是一样可以“呼儿将出换美酒”。这里的欢娱不仅仅是豪饮之乐，更多的是“与尔同销万古愁”的精神相通的愉悦。也就是说，五花马及千金裘的千金价值并不重要，重要的是有意气相投、高山流水的知音。我们在古典文化中会看到描述“欢娱”的作品很多，有雕塑、绘画，尤其是诗歌。

我们需要思考在传统古典文化的背景中，欢娱是低级的感官之娱，食色之欲，还是源于精神上的丰富所带来的幸福感？更多的应是精神上的满足。比如，“看成败，人生豪迈”“把酒临风。其喜洋洋者矣”是人生的欢娱；在“晚来天欲雪”的冬夜，在“绿蚁新焙酒，红泥小火炉”的氛围中对朋友的期待是人生的欢娱；“开轩面场圃、把酒话桑麻”是欢娱，明月别枝惊鹊时“稻花香里说丰年”是欢娱，“为报倾城随太守，亲射虎”是欢娱，与民同乐“颓然乎期间”更是欢娱。张岱在湖心亭看雪与同是无奈的前朝相逢陌路，只需把酒不必言欢，一饮三大杯酒是历史沉郁伤痛中的一丝欢娱。苏轼月夜泛舟赤壁之下，望“月出东山”江山辽阔，日月郎朗，以一苇“凌万顷之茫然”感悟一瞬与无尽、有涯与无涯的人生哲学，旷达中不觉东方既白，也是更高层次的欢娱。这欢娱寄托在月夜泛舟的“饮酒乐甚，扣弦而歌”上，又超乎其上而进入了自由的精神世界。因此，欢娱不能简单理解为吃喝玩乐的食色之欲的沉溺，更多的是高层次的精神体验。与稍纵即逝的人生欢娱相比，以金钱为代表的世俗价值显然并不是第一位的，在诗人心里，“五花马、千金裘”根本就不放在眼里，同销万古愁的知己情谊更无价。

与这首词类似的作品，还可以读一读柳永的《少年游》：“长安古道马迟迟，高柳乱蝉嘶。夕阳岛外，秋风原上，目断四天垂。归云一去无踪迹，何处是前期？狎兴生疏，酒徒萧索，不似少年时。”词中“何处是前期”与之后的“狎性生疏，酒徒萧索”写出了“欢娱”，更写出了“长恨”。当年大家一起酒徒狎兴的时候，追求着人生易得的欢娱，那个时候年少轻狂是不计较钱的，因为浮生短暂，知音难求。早年失意之时的“幸有意中人，堪寻访”的狎玩之意兴已经冷落荒疏，当日与朋友一起歌酒流连的“狂朋怪侣”也年华已往，于是便只剩下了“不似少年时”的悲哀和叹息。这一句富于伤今感昔的慨叹，恰恰可以看到对当年欢娱不在、所追怀眷念的往事已无迹可寻深深遗憾的“长恨”。于极盛处略抒愁思，更感浮生欢娱之少及人生的珍贵。

### （二）寻找相似的情感

现在我们扩展思维，联想一下知名作家蒋勋老师讲唐诗中“贵游文学”的内容。现在经常会有人批判贵游文学极尽奢靡，实际上我们借鉴对宋祁《木兰花》中“浮生长恨欢娱少，肯爱千金轻一笑”这一句的赏析就可以发现，“贵游文学”中也有积极的东西，在诗人眼里所描绘的奢靡物品并不是最珍贵的，眼前能够体验到的欢聚光阴及能够感受的种种情谊等欢乐体验才是最令人开怀、最珍贵的瞬间。所以在看似消极奢靡的生活里，其实是包含积极振作的人生观的：好时光配得上好物件，配得上好的生活方式、好的人生。高语境诗词的潜台词本身就是教人学会珍惜眼前，正因为“浮生长恨欢娱少”，所以怎肯爱千金而轻一笑。诗词中有深深的浮生欢娱少感伤，有长恨不能留的遗憾，有无力改变的无奈，有对过往美好的眷恋，更有因此产生的对时光的珍惜。我们为什么会千古共情？为什么会珍惜时光？因为逝者如斯，在时间的洪流中，渺小的我们无奈、无能、无法、无力挽留，这百转千回的各种感慨最终变为对眼前的此人、此情、此景、此生、此地、此刻的深深眷恋与珍惜。

学习到这个段落，大家的思维已经十分活跃，还可以补充类似情感的诗句。有同学想到了苏轼写海棠花那句：“只恐夜深花睡去，故烧高烛照红妆。”燃烛照花，秉烛夜游，情感是相通的，其实都是表达一种珍惜。人舍不得睡觉，唯恐一觉醒来，人是花非，已经错过夜里的美好绽放。

我们还可以联系自己的生活经历赏析诗词。在读诗歌时经常会有夜游赏牡丹的选材，大家有机会可以体验一下。在公园里，周围的灯都熄灭之后，四处是无边的黑暗，这时借着微弱的星光再看花株高大的牡丹，那种漆黑中的艳丽与白天完全不可相比，在无边的暗夜里极其绚烂地绽放，尽显凄凉的妖艳，同时又极具孤寂之美，这种审美的感觉特别令人惊心动魄。牡丹在阳光下的艳丽没有在无边黑暗中反差那么大，那艳是凄美的艳，带着一层悲剧的感伤。虽然它绽放得很盛大，但是当你看到特别繁盛的一树树花的时候，却一点都不喜悦，反而觉得特别凄美，带有一种宿命中无可诉说的伤感。也正因如此，才会更加细细端详欣赏。在这样的情境下，很容易就想到了“只恐夜深花睡去，故烧高烛照红妆”的留恋与无奈，想到“浮生长恨欢娱少，肯爱千金轻一笑”的感伤与珍惜。

所以第三句词确实是特别值得研究的一句话，它所蕴含的思考是很多文学作品的母本，比如说对时间流逝的感伤、无奈、惆怅、眷恋，从而产生珍惜的情感。正因为它后边蕴含着珍惜，所以这首词才是哀中有乐，有振作，有劝勉。才会有后边的“为君持酒劝斜阳，且向花间留晚照”的积极与深刻。如果仅仅停留在感伤、惆怅、哀伤的境界当中，就不会有“把酒临风，喜洋洋者矣”的情怀，就不会享受眼前此刻的美好。悲观的人眼睁睁地看着夕阳落山，徒增伤感；进取的人虽看到斜阳已晚，但是会留下心中的美好，并且在感伤中振作，继续创造美好未来。

“浮生长恨欢娱少，肯爱千金轻一笑”在其他的文学作品中能看到很多它的影子，体现了一种价值观：物质的奢侈并不是最珍贵的，珍贵的是人生此刻的欢聚享受，珍贵的是精神体验的愉悦，珍贵的是时间。所以理解了这个观点后，我们就可以触类旁通，在读到其他类似作品的时候，能够有更准确的把握与更深刻的体会。

### （三）融会贯通 比较阅读

我们还可以再做个升格的训练，与其他相关题材的诗歌比较阅读，看人生境界是否有高下之分。宋祁的这首词最广为流传的一句其实并不是现在着重分析的第三句，最令大众赏识的是第二句“红杏枝头春意闹”，甚至宋祁因此得名“红杏尚书”。这也说明文学审美具有个体化差异。实际上宋祁最想表现的哲理应该是下阕，是很深沉、很令人回味的，所以这样的词句也应该注意积累和思考，因为在宋词里会看到其他一些作品只写到前半句的境界，“浮生长恨欢娱少”，故而纵情享乐，词的境界就比宋祁的境界稍逊一筹，宋祁词句的落点更多在于“持酒劝斜阳”的劝勉。

通过对这首词的鉴赏，可以有所体会，掌握了对词句炼字的鉴赏能力，以后拿到哪一句都可以找到文眼并进行鉴赏，另外也对我们体会生活和写作时立意有很大启发。人在心理感觉上，好时光总是很快，但是不顺利的日子似乎总是很慢，所以有“度日如年”“一日不见如隔三秋”的词语，表达了心理感觉上时间的漫长。在这首词的鉴赏过程中，我们对生活的体悟也在加深，正是因为浮生欢娱少，所以才提醒大家要格外珍惜。

年轻的同学们应该没有经历过人生的离散与所谓悲苦。但是在体会文学作品的时候，可以把自己当作小说、电影的主人公，要非常有代入感地沉浸到作品中，才能更好地体验到作者的心境。

### （四）举一反三并学以致用

题目 1 如图 3-18 所示。

| |
|---|
| 《玉楼春》上阕对春景如何进行有层次的描写？ |

图 3-18　题目 1

通过上述分析与鉴赏，现在来看这道题目就有降维的感觉。这首词所表现出的层次是：先写縠皱波纹，然后写绿杨如烟，最后写花朵灿烂热烈，以此将春景层层铺开。回顾这道题的鉴赏思路，对“渐觉”这个词的语境解读及围绕着词语进行鉴赏就是解题的关键。

题目 2 如图 3-19 所示。

> 有人认为“闹”字用得极妙，有人觉得“闹”字用得太生硬了，对此请谈谈你的看法。

图 3-19　题目 2

这道题涉及应试答题的技巧，在做这类开放性答题时，注意在表达自己观点时要尽量选取占有的资料多的那一种观点。比如宋祁因这首词被誉为“红杏尚书”；可以把朱自清先生的春花图迁移过来，可以借鉴《春》当中蜜蜂嗡嗡地“闹着”的相关片段，甚至可以回想鲁迅先生《从百草园到三味书屋》中对肥胖的黄蜂“伏”在菜花上的动词鉴赏。在这些充分的论据上，选取“闹”字用得好的观点更有利于答题，同时因为论据充分，降低了论证难度。

## 第七节　审美鉴赏升格思维训练

下面以《蒋勋说唐诗》中赏析王维的诗为例进行说明。

### 一、关注不同生命状态中的审美体验

相比于常规课堂的碎片式学习，见一首诗读一首诗，见一个题说一个题，以及碎片式的阅读、刷题的学习效率并不高。要想真正具有思考、鉴赏的能力，首先必须有大量的体系化阅读积累，没有捷径。

我们从知人论世的角度回忆王维。王维既经历过开元盛世的时代繁华，也曾经仕途得意，但后来在政治上受到打击和挫败，所有的时代繁华和仕途顺遂都与后来的挫败构成了落差。

王维写的边塞诗不是凭空想象出来的，“大漠孤烟直，长河落日圆”是诗人真的到塞上巡视军队防务时看到的雄浑阔大的景象。王维的诗让人读起来感觉他好像是眼前看见什么，笔下就写什么，这与他真实的经历有关。他见识过那种阔大雄浑的景象，见识过帝国的边疆，所以才有可能变得旷达洒脱。所谓大意象，与大胸怀、大志向是密不可分的。王维独特的人生经历，他的大起大落，对其后来独特的思想形成具有特别重要的意义。

第二阶段在仕途失意之后，王维开始在终南山隐居，“暝宿长林下，焚香卧瑶席”，在世事艰难中，辋川别业的日子就像密林里漏下的日光，给困顿以宁静的光亮。在辋川的很长时间里，生命里有无奈，有哀伤，更有宗教哲学的思考，有文人的理想世界。《辋川集》二十首，承载了诗人从空悲、惆怅、独坐，到豁然开朗的心路历程，也成了喜欢王

维的后世文人心中的白月光。虽然后来又复出一段时间，但是再出来做官已经完全不是原来的心情了，是整个人生置于死地之后的一次顿悟、一次洗礼和升华。辋川时光，王维将自己的感情升华，展现出一种理性的思考。“行到水穷处，坐看云起时”“独坐悲双鬓，空堂欲二更。雨中山果落，灯下草虫鸣”等诗句中，这里的一花一叶都被禅意地书写下来。从生命的角度看，差点将其置于死地不仅是因为在安史之乱中陷贼之官均被收系狱中，按律当死，幸亏因他被俘时曾作《凝碧池》，抒发亡国之痛和思念朝廷之情，而且因为王维的弟弟刑部侍郎王缙平叛有功，请求削籍为兄赎罪，他自己却差点被皇上处死。其实王维从狱中出来之后，他的精神几乎也被置于死地，因为他在内心过不了自己这道坎儿。儒家思想体系中，忠恕之道即是为人之道，尤其是对国家、对君主的忠，他对于自己曾经被迫在洛阳做安禄山的给事中的伪职这种不忠，其实内心有很深的自我谴责且无法自我原谅，这是他心里过不去的道德污点。然而王维的伟大在于他重新在哲学中找到了出路，完成了自我救赎。所以第二阶段在辋川的时候就完成了精神的重建与自救。对王维来说，辋川生活是人生中非常重要的一个节点，这个时期对诗人的人格与创作都有不可替代的影响。

第三阶段就是以《辛夷坞》为代表开始进入一个所谓“无人”的时期，诗人塑造了一个隐含归隐之人的无人之境，影入深林而人不见，蕴含着作者的深意。

我们课堂上应该讨论过，诗歌鉴赏不能够简单地贴标签拆解意向，有些从表面上看好像是一个特别闲适欢快的意象，其实可能蕴藏着巨大的悲哀，类似乐景中写哀情。还比如《鸟鸣涧》中“人闲桂花落，夜静春山空”的以静写动等。所以不能简单地给意向贴标签去拆解诗歌，尤其是王维的诗。

## 二、拓展专业阅读并提升鉴赏能力

大家应该读过《蒋勋说唐诗》的第一讲，对大唐盛世有一个整体的了解，这可以帮助我们在复习唐诗时知人论世。有同学也可能读过叶嘉莹的唐诗鉴赏，从高中语文学习的角度看，叶嘉莹老师是研究古典文学出身。比较起来，蒋勋老师的诗歌鉴赏与我们高中阶段的学习水平比较接近，是容易对接的。蒋勋对诗歌的理解有贯通感，他的审美鉴赏水平较高；叶嘉莹的词句训诂的基础较扎实，对“炼字”鉴赏的水平很高。所以我们可以循序渐进地来选择阅读文本。

因此做比较阅读，可以重点学习一下蒋勋老师的审美视角和那种贯通灵活的思维；再读读叶嘉莹老师的作品，虽然稍微难了一点，更学术一些，但是可以从她严谨的古典文学的学术鉴赏中汲取营养。最终博采众长，会在鉴赏能力上获得很大提高。

读书要循序而进，在鉴赏初期，建议先读蒋勋的作品，略高于高中生的阅读鉴赏水平，比较贴近我们的阅读兴趣，容易读进去。蒋勋喜欢雕塑，会写文章，擅长画画，又懂得艺术等，他多才多艺，比较符合《论语》里讲的“君子不器”。这些在他的文字中都会有所体现，便于激发我们的阅读兴趣。

语文课的阅读应该“两条腿走路”，文学艺术和科学技术两大门类都要阅读。文学与艺术经常是贯通的，而蒋勋的文章恰恰是把文学、艺术贯通了，语言又浅显易懂，对于高中同学鉴赏与解题的思维特别有启发，所以建议大家先读蒋勋的作品，有余力再读叶嘉莹的作品。

阅读如同修身,《论语》中讲修身有次第,其实阅读也有次第,我们要从浅入深读。

我们以《蒋勋说唐诗》的第一讲中谈到王维的这一部分为例,检验一下精读的质量,看看有哪些值得深入思考的点。

第一讲第一段虽然写的是张萱、周昉、阎立本这些著名画家,但是内容又不仅仅是介绍画家,介绍绘画作品,而是整个时代生命的精神完全像花一样华丽地绽放开来。

蒋勋老师的文字表达细腻丰富,这也是我们首选要阅读他的作品的原因之一。如果作文时学到这种语言典雅,意境唯美又言之有物的风格是十分美好的。

文学上使用的语言和文字实际上经历了长时间的打磨,一篇好的文章需要作者自己反复推敲琢磨。同样,我们民族语言的逐渐丰富、进步,也是经过长时间甚至很长历史时期的各个群体共同打磨出来的。时至今日呈现出来的语言文字,既有我们所处时代的语言特点,也有群体打磨的历史痕迹。

我们读蒋勋的文字,会发现他注意擅长描摹画面,表达也更加柔软。“唐代是诗的盛世,这里边仿佛是一种历史的宿命,那么多诗人像彼此有约定一样,先后诞生,来到这个时代。”“汉语文学在他们身上的影响力并没有随着地理位置的改变而发生断裂,这是中国文化长期累积的一个成果。”这些观点我们都可以学习并借鉴到写作中。源于人生阅历及阅读经历,年轻学生的思想肯定没有蒋勋老师深刻,但是可以从阅读中向他借立意。

读一读蒋勋老师的这句话:“仿佛是一种历史的宿命,那么多诗人像彼此有约定一样,先后诞生,来到这个时代。”这是一种多么浪漫的表达,如果我们用儒、释、道贯通的思想来看,好像是一场极其盛大的轮回,大家都在这个时代穿越时空的迷雾重新相聚,在这个时候我们看唐诗的繁盛,似乎有一种必然性。如果孤立地从人生区区百年的角度看某一个朝代的兴衰更迭,几百年似乎比较漫长,但是从历史角度回望,区区几百年,也只是短暂一瞬啊。在唐代,这些诗人就在这历史的瞬间齐聚在一个时代里。

就在一瞬间,唐代诗坛上群星璀璨,闪亮了天际。这是一个特别浪漫的画面,为什么会出现一个群星异常璀璨的时空?大家进一步关注到唐代大的环境,包括政治、经济、文化、军事等,应该就会找到答案。所谓知人论世,人和世是彼此造就的。

## 三、举一反三练习

下面进行举一反三问题讨论,力求把前面学习的内容学以致用。举一反三题目如图 3-20 所示,思维模板如图 3-21 所示。

有同学问接下来的这句“经济发达之后,人自然会松弛下来”应该怎样理解?

图 3-20　举一反三题目

| |
|---|
| 遇到这种难以理解的句子,可以先设置一个相近或相反的情景加以体会,进而再来理解这句话。 |

图 3-21　思维模板

假设一个资源紧缺的家庭，10 个兄弟只有一条裤子和一个馒头,你觉得他们的人际关系更有可能是紧张的还是松弛的？我们马上就可能猜到,尽管一家人有亲密的情感,但是关系紧张的概率更大一些。为什么呢？因为大家面临的是十分严峻的生存和尊严问题。只有一个馒头是生存资源短缺,而只有一条裤子是尊严问题。其实该例子有两个层面的意思,不能笼统地说吃、穿都是物质层面的问题,穿“衣服”与穿“裤子”并不在一个层面上,穿裤子首先涉及的是人的精神尊严。因此在看一个大家庭只有一个馒头、一条裤子的时候,人与人之间的关系不大可能是松弛的。由小及大可知,大唐的经济如此繁盛,大家的关系相对松弛。人与人之间不敌对,关系不紧张,才会有很多温情、浪漫、自由、华美的东西产生。

## 第八节　思维模板的教学使用、扩展与升格

下面是《梦寻梅》鉴赏题试卷讲评课片段实录。

**教学目标：**古诗鉴赏题型中的思维变式与升格。

**教学重点：**古诗鉴赏中常见的两种思维模板梯度练习。

**教学难点：**利用模板完成“审美鉴赏”在试卷中的恰当表达。

**教学资源：**《梦寻梅》在北京卷及上海春招中的不同命题。

**梦　寻　梅**

（宋）方　岳

野径深藏隐者家，岸沙分路带溪斜。
马蹄残雪六七里，山嘴有梅三四花。
黄叶拥篱埋药草，青灯煨芋话桑麻。
一生烟雨蓬茅底，不梦金貂侍玉华。

### 一、诗歌判断题中的模板式思维

**【北京地区模拟题目】**

下列对本诗的理解,不正确的一项是（　　）。

A. 首联中的“野径”“隐者家”及“岸沙”“带溪斜”等词语,点出了梅花生长环境的幽美和僻静,也从侧面表现出梅花高雅脱俗的特质

B. 颔联中“六千里”表明寻梅过程的执着与艰辛；“三四花”则与之形成对照,突出梅花的可贵,也透露出梦中人寻梅有获后的欣喜

C. 尾联中“烟雨蓬茅”和“金貂”“玉华”对举,有“实”和“虚”的对比,也有“取”

和“舍”的对比，其中反映出诗人的志趣和追求

D. 紧扣诗题“梦寻梅”中的“梦”字。全诗用梦境来刻画诗人寻梅的历程以及赏梅中的欢乐，烘托了这样一种生活带给诗人的怡然自足

### （一）判断题的逻辑思维

《梦寻梅》第一题：考查对本诗的理解不正确的一项。我们圈点勾画完题干，马上就在思维模板中判断这个题型对应的知识点是对内容的考查。

可以判断D选项不对，因为选项中具有思维模板特别要关注的有规律的错误词语标志。有同学可能归纳错误原因是“全”这个词在选项判断的逻辑表述中不够严谨、精准。“不严谨”是泛答，我们要确认究竟怎样不严谨、不精准，实际是范围扩大了。由此扩展思维。“表述范围扩大”的反向逻辑错误是范围缩小。所以做题要学会上升归类，做题应以一当十，要动脑子构建思维模板，找到规律。现在再做扩展思考，除了空间范围扩大、缩小的变换，还有程度高低的变化，这些变化本质上都在悄悄改变着文本原意。

比如，某同学努力学语文，和该同学学语文“十分努力”，这两句的表达一样吗？实际是有一定的程度变化。

从这个日常语言表达的小例子就能体会到也许一个副词的出现，会导致范围、程度发生了变化，表达的意思也许就随之发生了变化。

**提示：**做一道精选例题，可以积累一类题型，固化一个模板，并扩展这个模板使用范围。

### （二）逻辑思维小结

《梦寻梅》第一题错误的逻辑归因不再是于文无据，而是在逻辑范围上的扩大、缩小，程度上高低有所不同。这一类的判断或表述都可能出现错误，要予以关注。

### （三）扩展训练

我们关注到逻辑上范围的扩大、缩小及程度上高、低不同的变化可能导致错误。不仅在诗歌鉴赏模块可以运用这种思维，在多文本阅读模块里同样经常用到。

**【例1】**社科类文本的表述：“我们现在二环路以内跑的汽车全是新能源汽车。”

经过上一个教学环节，大家马上对表示范围的“全是”这个词产生警惕，予以关注、发现错误。我们在推广新能源汽车，但是不能说“全是”。

**【例2】**“到2030年，北京市的汽车都将改为无人驾驶方式”。

大家马上捕捉了标志性词语“都”。但是这道题的逻辑错误，重点不在语言中范围或程度的表述不准确，而是更高一层的逻辑本身，是不符合生活逻辑，不符合真实性、可能性原则。

### （四）升格训练

下面继续升格，再提升一点难度，关于“无人驾驶”这个词的理解，前两天新闻中有一个较特别的实际案例。

**【例 3】**一个有钱人，买了某著名汽车品牌的一款具有无人驾驶功能的汽车。然后他为了享受无人驾驶的先进体验，坐在副驾座位上。但是那一天他饮酒了，之后交警判定他是酒驾，他不服气地说："不，我就坐在这个副驾座位上，我没有驾驶，不是酒驾。"

请问："如果你是交警，如何判断这是不是酒驾？"

用"言、据、证"的思维模板来判断并论证这个究竟是不是酒驾。驾驶人说"不是"酒驾，这是他的"言"。

他的"据"是什么呢，他说自己并没有坐在驾驶座上把握方向盘及操纵汽车，而是坐在副驾座位上，所以这辆车确实属于无人驾驶，或者解释成他没驾驶。因此得出结论，他既然没有驾驶，当然谈不上酒驾。这是他的"据"与"证"。显然这个论证过程在逻辑上是有问题的。

如果现在你是交警，你觉得他是不是酒驾呢？当然是！那么我们怎样展开"言、据、证"才能令被处罚人心服口服呢？

错误的行为往往源于错误的认识，错误的认识就是我们在模板思维中所说的"言"。所以在"驳论"时有两个方向可以对对方进行批驳。首先是认识错误导致的错误之"言"，另一方面是错误的"据"与"证"。

大家可以展开讨论。

有同学说："现在无人驾驶好像普遍较少，所以要求即便是无人驾驶，那个驾驶座也必须有人。"

该同学的这个"据"能支撑酒驾这个"言"的判定吗？并不能。

又有同学说："如果没有人下达指令，无人驾驶的功能打不开。"

这个同学的思考角度非常好，现在所说的无人驾驶并不是完全无人干预，要有人给汽车程序输入指令，并说明要去哪里。无人驾驶这项技术还没先进到有所谓"读心术"，人们上车往那儿一坐，汽车就自动启动并到达目的地。既然必须得给程序输入指令，那么发出指令的人处于醉酒状态，所以就构成了酒驾。到此我们恍然大悟，"言、据、证"并不仅是停留在我们自己明白不做错事，更重要的是帮助别人认识和修正错误。所以后面这位同学一句话就说到问题根源上了，是从"据"的角度反切对方的错误并加以论证。

这种思维就是善于选材，选好材料画面自然呈现，根本不用再费力去"证明"。所以好的论据有不证自明的力量。

根据例 1 中范围扩大的逻辑错误，可以分析出例 3 中饮酒驾驶人的思维本质上是逻辑错误，他对无人驾驶这一概念的理解范围缩小了，单纯理解为没有肢体接触就叫无人驾驶，忽略了大脑思考的参与，缩小范围时把大脑的工作给排除了。可见学好语文逻辑思维的重要性。

这种逻辑思维的训练形成思维习惯之后，做各种文本模块的题型都毫无问题。

逻辑错误与词语标志对应模板如图 3-22 所示，逻辑错误类题型的思维模板如图 3-23 所示。

**常见逻辑错误**

(1) 于文无据
(2) 范围大小变化（词语标志：一律、全、 都、 仅仅、只等）
(3) 程度深浅变化（词语标志：非常、十分、极其、格外、更加等）
(4) 过度演绎
(5) 强加因果
(6) 以偏概全
(7) 偷换概念
……

图 3-22　逻辑错误与词语标志对应模板

**论证的结构**

**言**：题目中的错误选项。
**据**：诗词的主旨、内容、写作手法。
**证**：于文无据。

图 3-23　逻辑错误类题型的思维模板

## 二、诗歌鉴赏题中的模板式思维

下面是一道诗歌鉴赏题，题目如图 3-24 所示。

本诗题为《梦寻梅》，却有两句写“黄叶拥篱埋药草，青灯煨芋话桑麻”，看起来似乎与“梅”没关系，你是如何理解的呢？

图 3-24　题目

### （一）诗歌鉴赏题的逻辑思维

我们依然用“言、据、证”的思维模板解析该题。先要明确“言”，究竟两者之间有没有关系？当然是有关系的。然后要找“据”，确定这两句与梅有何关联，并论证怎样与“梅”产生了关联。显然不是写实地说他在住的地方种上两枝梅花，而是说他以梅花的幽隐自比。我们要言之有据，下一步给“幽隐自比”以论据，要带入梅花幽隐的两句，也就是“马蹄残血六千里，山嘴有梅三四花”。诗人走得很远，走进了深山，也只是寻到三四枝梅花，说明梅花是不与群芳争艳的。所谓不争是一种什么样的品格呢？高洁。我们再深入想一想，为什么不争？源于不屑一争，高洁孤傲的形象跃然纸上。

体会到这种情感后，有的同学可能想到“木末芙蓉花”。芙蓉花的美丽生命不是为了取悦他人而绽放的。虽然“涧户寂无人”，但是自然芬芳“纷纷开且落”。梅花也是生长在深山之中，“野径深藏隐者家”。“野径深藏”中人们要看到还是挺不容易的，要走很远，付出很多之后，才能看到寥寥几枝花，只等待着专心寻她而来者。与“木末芙蓉花”有相通的情感寄托，生命不为别人绽放，不媚世俗，神清骨秀，高洁幽芳，这是梅的风骨，也是隐士的气节，这种品格就是高洁孤傲。

### （二）扩展练习题

在其他作品里我们看到的意象也许就不是芙蓉花或者梅花了，但是我们的思维是可以借鉴的。空谷幽兰中的“空”字是否也寄托作者高洁与孤傲呢？我们可以借鉴一些心理学知识助力语文学习。

比如我们在成长的哪一个阶段特别喜欢求关注，想让别人夸奖呢？大概上幼儿园及小学的时候最喜欢了。老师要是表扬一句，我们就特别开心；上小学的第一天老师给胸前别上一朵小红花，心里也特别自豪。

这是一个必经途径。因为我们成长的那个阶段在意外界尤其是来自作为权威的、崇拜的老师的夸奖。正是在外界的肯定中，我们明是非，辨善恶，有了自尊心、荣誉感，对正常的社会规则、社会生活有了敬畏感。

然后慢慢地随着身心发育，我们开始对外界评价有一些在乎，有一些不太在乎，逐渐在成熟。我们从最开始时的恨不得所有人都认可和欣赏自己，到后来随着学习的继续及修养的加深，开始认为坚持自己的内心比得到外界认可更重要，表现出内心的坚守与孤傲，“一生烟雨茅底，不梦金貂侍玉华”中的“不梦”恰是此意。“金貂”“玉华”分别是汉代的官饰和唐代的宫殿名，象征功名富贵。当大部分人还处在喜欢追求功名利禄的状态时，诗人对此却根本就不向往，写出了诗人的脱俗孤傲。

所以读诗要把首、颔、颈、尾四联联系起来，这首的颔联和尾联一句是说梅的精神，一句是说人的精神。中间颈联“埋药草”说的是医生济世救人，“青灯煨芋话桑麻”“围炉夜话”写的是闲居安静的生活，寡淡却又心安。诗人是很坦然地享受这个生活，既不在意世俗外物的评价，也没有怀才不遇的不平、愤恨，坦然地享受归隐带来的内心安宁，看出他品行的高洁、孤傲、豁达。世俗之人看可能觉得真傻，但是自己感觉特别爽，内心的“不需要”本身就有孤傲，就有道德优势。

理解诗人与作品后，再来审视这道题，我们归纳题型是指东打西，题干中两者看似没关系，其实很有关系。

“实”偏重物质，“虚”偏重精神。两者的关系要在“虚”的那一部分寻找。颔联强调的是梅花寄托的精神，高洁、孤傲地不为世人绽放，开给自我，像木末芙蓉花，像空谷幽兰，不辜负自己的生命一场。再看尾联“一生烟雨蓬茅底，不梦金貂侍玉华”，表示诗人一辈子这样度过都很坦然，根本就不向往功名利禄。在此以诗言志，诗人的精神品质就表现出来了。

我们继续扩展思维，从选材的角度看这句“青灯煨芋话桑麻”，这是一个选材，更是一个画面，有点像杜甫的“牵衣顿足拦道哭”，画面感极强，是极具故事性、极具视觉冲击力的写“实”。而这个“实”又是与颔联、尾联的“虚”相得益彰地连接起来，正因为有那样的精神情感，才会有这样的现实生活。至此这道题的解析要点由实到虚及托物寓情已经呼之欲出，即“托”梅花之“物”，“寓”高洁、脱俗、孤傲之“情”。

## 三、自主总结笔记

（1）今天课堂思维训练的新模板是什么？

（2）做诗歌鉴赏题目复习时最常用的思维模板有哪几个？

（3）思维模板与解题模板的衔接方法是什么？

（4）诗歌鉴赏题的规范表达要注意什么？

## 四、举一反三练习

（1）**【2020 年上海春招】**《梦寻梅》这首诗的结尾是诗人跳出梦境后的感慨，表现了他怎样的志趣？（4 分）

（2）**【2021 年北京高考】**宋诗以理见长，苏轼这首诗也有此特点。请分析诗歌最后四句说出了怎样的道理。(6 分)

**和陶归园田居（其一）**[①]

苏　轼

环州多白水，际海皆苍山。以彼无尽景，寓我有限年。
东家著孔丘，西家著颜渊。市为不二价，农为不争田。
周公与管蔡[②]，恨不茅三间。我饱一饭足，薇蕨补食前。
门生馈薪米，救我厨无烟。斗酒与只鸡，酣歌饯华颠[③]。
禽鱼岂知道，我适物自闲。悠悠未必尔，聊乐我所然。

**【注释】**①此诗作于苏轼被贬惠州时。一日苏轼游白水山佛迹岩，夜闻其子苏过诵陶渊明《归园田居》，于是作此诗。②周公与管蔡：西周初，管叔、蔡叔反叛，周公率兵平叛。③华颠：头发花白。

**【作业指导】**

运用“言、据、证”及“诗歌鉴赏”的解题模板，规范表达。

# 第四章　文学类文本阅读的思维模板

**【学长导学】**

结束了文言文部分的学习，我们又回到了现代文部分，在文学类文本的阅读学习中，很多同学感觉选文篇幅较长，做题时间紧，题目难度大。究其原因，还是由于思维混乱，在看到文中隐含的逻辑线条时没有看全，导致输入的信息不完整，再加上本身思维顺序跳跃，最终导致写出的答案前后不相接，断断续续有生搬硬凑之嫌，又因为思路发展线条断裂，无法畅快地将落点放到核心主旨上，显得生硬割裂。

本章的目标，除了一直强调的熟悉课标要求能力之外，自然也少不了继续为思维模板的深化巩固添砖加瓦，我们的思维模板这次要像在多文本的运用上一样，先从读文章开始，从三读法进化到两读法。在学会用正确的思维阅读文章后，思维模板的运用自然就落实到了解题上，此时如果大家已经熟练掌握模板，则只需稍加讲解，各种阅读题型都会迎刃而解了。

但阅读训练此时并未结束，解决一篇又一篇的文章之后，还要去思考如何将这些文章的内容运用到作文中。

## 第一节　建立文学类文本阅读的模板式思维

### 一、文学类文本的选文特征

选文内容上要体现出积极向上的审美情趣，“文以载道”的思想，以及传承民族文化，弘扬民族精神，“以考育人”的立德树人的教育导向。要体现家国情怀、社会主义核心价值观以及文化自信。

知识上立足能考查语文学科核心素养，基于文本认知情境的阅读体验，能够激发对个人生命成长意义的思考，对生活、生命的感悟。

能力考查聚焦文化，聚焦价值观，聚焦语文应用能力，这也正是文学类阅读的目的，即阅读对个人提升的意义——语文的人文性。

通过文本情境，联系社会情境，调动个人情境来完成阅读是高考改革背景下的《普通高中语文课程标准》的要求。

### 二、文学类文本的阅读方法

在文学类文本的阅读学习中，很多同学感觉选文篇幅较长，做题时间紧，题目难度大。本章内容针对同学们的困惑提供高效的解决方案——模板思维阅读法。

拿到文本应按以下步骤进行课堂训练，要稳扎稳打。

步骤一：精读全文，完成三读任务。

以读者立场一读，知人论世，对作品内容整体感知并画出生僻词句。

以作者立场二读，进行圈点、批注，对议论、抒情等具有主旨潜台词、具有深层立意含义的句子进行筛选、提取。

以命题立场三读，把含有设题知识点、能力点的阅读区域画出来。

步骤二：逆向思维，运用记叙文写作的五段式结构模板（详细内容参阅本书第五章），把阅读文本的结构重新梳理，完成故事与哲理的清晰分离。注意关注人物立场、作家立场以及读者立场三位一体的逻辑关联。

步骤三：回顾高考知识点与题型，涉及对词语运用的考查，对文本深层内容理解的考查，对于修辞手法、表现手法的考查，还有对于人物性格、作品的情感、主旨、主题的考查共四大项。

步骤四：读题、审题、解题、答题。

注意“解题”一词在本文的语境义是指解说题型与知识点、能力点的对应，思维模板与表达模板的对应，即题目的核心是考查哪一个知识点、能力点，我们应该选用哪一种思维模板与表达模板作答。大量教学实践证明，“解题”环节可以使考生清晰地明确试题考查目的、作答的任务目标，从而极大提高正确率。

## 三、文学类文本的思维模板

阅读的思维模板如图 4-1 所示，审题的思维模板如图 4-2 所示，表达的思维模板如图 4-3 所示，知识卡片如图 4-4 所示。

**完成现象与本质的分离**

故事 —— 哲理

生活 —— 感悟

实 —— 虚

图 4-1　阅读的思维模板

**审题四步要体系化，下笔前做足准备**

**读题：三先一后法——快速读懂全文（700 字 / 分钟）**

先完成全文三读，后读题目。避免先读题目之后被题目信息干扰的碎片化反复阅读，便于提升阅读速度与理解正确率。

**审题：慧眼识题法——识别题目陷阱。**

画出题干关键词，找出有效阅读区域，把题干要求作答的任务标出序号。

**解题：拆招课标法——确立解题模板**

找出题目选用的题型所对应的课标知识点、能力点。根据命题意图，确立解题模板和表达模板。

图 4-2　审题的思维模板

**答题：模板应答法——确保拿到高分**

运用正确的表达模板，将审题中标注的题干任务按照顺序一一对应作答。注意表达模板中标志性词语的使用，规范句式的使用，任务与作答的对应顺序，思维与表达的逻辑对应等。

**规避答题误区：**注意答题角度（要从正面论证是什么观点，不要论证不是什么观点，不要去做驳论），注意书写工整规范。

图　4-2（续）

**逻辑严谨　语言清晰**

**言：**明确作答者观点（简答、分析、论证、比较鉴赏题型的论点，一般都在题干中隐含）。

**据：**从文本有效阅读区域中提取信息，根据题干的任务要求进行筛选、整合、概括，形成论据。

**证：**针对论据，结合人物立场、作者观点、读者观点以及题干任务完成一一对应的逻辑论证。

图 4-3　表达的思维模板

**解题：**指解说题型与知识点、能力点的对应，思维模板与表达模板的对应，即题目的核心是考查哪一个知识点、能力点，我们应该选用哪一种思维模板与表达模板作答。大量教学实践证明，“解题”环节可以使考生明确试题考查目的、作答的任务目标，从而极大提高正确率。

图 4-4　知识卡片

## 第二节　运用思维模板完成文学类文本阅读任务

下面以《枇杷晚翠》模板教学片段为例说明。

### 一、“三读法”吃透文本

拿到《枇杷晚翠》这样的长篇幅阅读材料之后，不管文本篇幅有多长，首先心中不必紧张，因为这些内容都是学习过程中充分准备过的。在最后复习的时候还会借助《思考的窑洞》《有路的地方就有戏台》等几篇典型文本做模板思维的提升练习。另外，我们曾经把文学类文本的阅读和记叙文写作关联到一起做了阅读与写作逆向思维转换的训练，所有准备与积累都游刃有余。

在稳定的心态中进入文本，轻松运用三读法，从读者角度一读，知人论世，梳理文义，获得整体感知；第二次读文本的时候就要以作者立场快速地圈点批注文中隐含作者情感、立意、感悟的重点语句和词语；三读时转到命题立场，就可以开始在有潜台词和深层含义的地方多关注，并在现有的一些做题经验的基础上，把可能命题的区域进行标注。

经过两年多的三读训练，我们的阅读速度大幅提升，可以飞快地把一读二读任务合并完成，节约考场应答时间。在一读的时候，既完成整体感知，又随手圈点批注重点词语和句子，完成二读的任务。只需要读两遍，就可以把题目可能涉及的区域标识出来。

试卷中常见的经典题型基本分为四类，通常设置的第一个题目会先考词语的语境义，阅读中可以圈点出用得恰当的成语及典雅的书面词语等；第二个题目会考查对文本内容的理解，画线句子的深层含义等；第三个题目会涉及对汉语语言文字的鉴赏和文学审美鉴赏，比如在理解词语的语境义的基础上，分析鉴赏这个词哪里用得好，诸如精准的动词、用得恰当的形容词及副词等，或者鉴赏修辞精妙的语句，或者鉴赏好的写作手法、表现手法等，能力点的考查在这一类题型中可能会高频出现；第四个题目一般会涉及与作家的情感、主旨，与作品主题有关的内容，甚至要提出你对文本作品或者作家风格流派的个性化鉴赏评价。也就是说，题目的设置是有梯度的，按照逻辑关系，由浅入深地阅读，由易到难地答题。

因为有这些阅读练习的积累，所以完全可以把一读二读合并。也就是说你在考场上第一遍阅读时，已经完成整体感知并且标记重点。第二遍再读的时候，实际上是完成从命题角度阅读的三读任务，专注于可能设置题目的区域。这样把有效阅读区域标画出来之后，就可以进入题目中审题了。

总之，就像我们课堂上一直强调的，先把文章“把玩”熟了再去读题，不要上来就看题。更反对看一次题目，看一遍文本，来来回回在题目与文本之间穿梭。在题目干扰下的碎片化阅读，会耽误宝贵的考场作答的时间，更会影响对文本的正确解读。

现在我们专心阅读，快速地指读《枇杷晚翠》（计时 7 分钟）。

完成了步骤一的三读任务之后，大家马上就可以根据文学类文本的阅读思维模板分离出“实”与“虚”，分离故事与感悟。写实的部分就是自己与真枇杷相关的叙事，拿枇杷来自比上升到虚化的悟道部分。

## 二、建立文学类文本阅读的模板式思维

### （一）分离故事与哲理、现象与本质

阅读中的思维模板如图 4-5 所示。

**阅读中的思维模板——完成现象与本质的分离**

故事（自己与枇杷相关的叙事）——哲理（晚翠）

实——虚

图 4-5 阅读中的思维模板

### （二）逆向思维，重新结构

完成步骤一的三读之后，第二步要进行逆向思维，把文本阅读和记叙文写作关联，在文面上重新划分结构，合并成我们写作模板思维中的记叙文五段式。

通过步骤二的读写逆向思维，我们完成了结构的梳理，实现了故事和人生哲理的分离。《枇杷晚翠》中，汪曾祺先生的故事记录的是在云南大学教授宿舍区的晚翠园时的生活，这是文中讲故事的部分，是写实。我们把故事和人生哲理区分开之后，就会发现这个故事由晚翠园的枇杷树引到了自己的文学创作，依然在写实的层面递进。之后从自己的写实层面感悟到了人生"晚翠"，其实没有什么"迟暮"的，也没有什么"悲怨"的，倒是"值得欣慰"的，以此实现了虚化的人生哲理的升华。这个故事与哲理的分离过程离不开三读的基础。

在读写的逆向思维中把这篇文章按照写记叙文写作的五段式结构重新梳理、归纳文本，不仅让故事和人生哲理清晰呈现，而且能迅速地分清事与情、事与理，为完成下一步任务做好了准备。

《枇杷晚翠》中的故事其实分为两部分：一部分是写在昆明云南大学教授宿舍区的枇杷园，写的是枇杷树的特点；另一部分是由枇杷树的晚翠特点引到自身的创作特点，是大器晚成，晚年作品出得比较多。这是两个写实的故事。

由这两个故事悟出了一个人生哲理，就是"晚翠"。从第四段到最后一句话，正好是题目画线的句子，大家一起读一读这句话，看看能否找到批注的切入点，"我偶尔爱用'晚'字，并没有一点悲怨，倒是很欣慰的"，这是作家旷达、洒脱情感的直白体现。从这两句看得出来，作者写故事不是目的，故事是外衣，是手段，是一个载体，讲故事是为了表达作者的人生感悟，所以这一句话就非常重要。是我们在做阅读题的时候，即便命题人没有设题，自己也要圈点出关乎情感主旨的句子。另外再看跟这句话照应的内容，其实在第三段里就已经有了。我们看这样一句话："我自二十岁起，开始弄文学，蹉跎断续，四十余年。而发表东西比较多，则在六十岁以后，也真够'费劲'的。呜呼，可谓晚矣，晚则晚矣，翠则未必。"这也是在强调自己的写作，好像发表东西在入行四十年之后才开始，然后呼应第三段写到"枇杷呀，你结这么点果子，可真是费劲呀！"语言诙谐轻松。所以从这部分开始由枇杷的故事递进引到了自身创作的特点，开始由"实"往"虚"过渡，之后行文又由自身创作的故事悟出了人生哲理。这种幽默有趣的笔触本身就流露出作者的欣慰之情，毫无悲怨之感，体现出智慧旷达的情怀。

进入下文再细读为什么让人觉得"晚"没有悲怨倒是欣慰。第五段文本讲述了他和文学的关系，因为晚，所以才有了更多的积累；因为晚，所以逐渐成熟。第六段提到，又是因为晚，所以才有了跟年轻人的对话，不愿意思想凝固僵化。至此，他对生活的认识走向成熟，文学创作的风格走向成熟，正是源于这个"晚"。晚是通过长时间的积累，像枇杷果粒一样逐渐地走向成熟，这个"晚"是踏实的、可靠的、厚重的积累过程，所以这个"晚"恰恰是作者人生独特的经历、独有的财富。同时，正是源于晚成，他看待外界的思维方式不是固化的，跟新的时代是保持同步的。因此顺理成章地得出"并没有一点悲怨，倒是很欣慰”的感悟，欣慰中还有一丝对“晚”的感谢，这是在解说“为什么欣慰”。

再读第七段，“吾令羲和弭节兮，望崦嵫而勿迫。”崦嵫是指太阳落山的地方。尽管大器晚成，但是夕阳无限好，人间重晚晴。“晚”带来的经验与成熟值得珍惜，还想再继续努力工作，虽然在年龄上“晚”一点，但是他的工作状态恰恰是风华正茂的样子，经验阅历变成财富，所以从更深一层解读这个所谓的“晚”并不值得悲怨，反倒是非常值得欣慰的。

## 三、运用审题模板进行题目考点解读

审题思维模板如图 4-6 所示。

**审题四步体系化，下笔前做足必要的准备**

**读题**：仔细阅读题目。

**审题**：画出题干关键词——平淡、有趣。

标出题干任务序号——①“结合文章”；②“你的理解”。

**解题**：知识点——①正确理解文本；②合理阐释观点。

能力点——逻辑思维、文学审美鉴赏。

根据命题意图，确立解题模板——题干给了观点，明确了作家作品风格，学生作答任务是在有效阅读区域为此观点寻找恰当论据支撑并加以论证，所以应使用言、据、证思维模板中的“依言找据”型。

**答题**：运用言、据、证的表达模板，将审题中标注的题干关键词“平淡”“有趣”按照顺序，在第二段找出论据一一对应作答。

图 4-6　审题思维模板

现在基本上完成了对文章的梳理与整体感知，下面回顾一下解读的步骤。第一步，拿到文章后在考场上用两遍指读完成三读的任务；第二步，用记叙文写作五段式结构重新梳理文本框架，完成故事和哲理的分离；第三步，审清不同题型对应的能力考查点，主要有解释词语语境义，分析重点句子的含义及运用的表现手法，最终落点是作家情感、文本主旨等，特别是要关注人物立场、作家立场、读者立场和命题意图。完成上述三个步骤之后，就可以进入解题环节。

## 四、选择题的模板解题思维

典型例题 1 的理解词语如图 4-7 所示，解析如图 4-8 所示；典型例题 2 的理解文意如图 4-9 所示。

**题目**

1. 下列对文中加点词语的解说，不正确的一项是（　　）。（3分）

A. 这是"夫子自道"么　（夫子自道：本想说别人实际却说了自己）

B. 说汪伯伯是"大器晚成"　（大器晚成：能担当重任的人物成就较晚）

C. 要"难老"只有向青年学习　（难老：思想不僵化）

D. "晚乎哉，不晚也"　（晚乎哉，不晚也：为时已晚了）

图 4-7　典型例题 1 的理解词语

**例题解析：**

第 1 题考查的题型为对词语语境和语义的解说，是反选题。加点词解说不正确，这里面说"晚乎哉，不晚也"，解说成"为时已晚"，知识点却不局限于解词，还有对文本的内容理解。实际上内容恰恰是相反的，所以选项 D 是不对的。

图 4-8　典型例题 1 的解析

2. 下列对文章的理解与赏析，不正确的一项是（　　）。（3分）

A. 作者先谈"晚翠园"的得名缘由，进而引出"枇杷晚翠"及其字面诗意的特点

B. 作者说"我永远只是一个小品作家"，意在说明气质是先天形成的，不易改变

C. 尽管作者三十多年和文学若即若离，然而这段时间对他文学的成熟是有意义的

D. 引用是本文特色之一，如"谢公不出，如苍生何"等，使文章的语言凝练雅致

图 4-9　典型例题 2 的理解文意

这道题对应的考点是对文章内容的正确理解，其中对选项表述正确与否的判断需要回到相应的语段进行探究，例如，B 选项中"我永远只是一个小品作家"这句话，究竟是表达气质是先天形成的，不易改变？还是想说气质对文学作品的创作、对文风是有影响的？帮助我们正确判断的有效阅读区域应该在第四段的后半部分。前半部分说："我去年的小说集叫《晚饭花集》，今年这本书又叫《晚翠文谈》，好像对'晚'字特别有兴趣。"这句话在第一次读时就应该画下来，它与下文画线句子彼此呼应。然后看这句"其实我并没有多少迟暮之思"，作家情感出来了，"我没有对失去时间感到痛惜"，这跟大多数人的体会是不一样的，所以这是他独特的人生感悟，与下文说晚"没有悲怨，甚至还是欣慰的"，构成了行文中的逻辑照应。

后面开始进一步解说为什么并不感到迟暮痛惜，也没有悲怨，原因在于"我知道，即使我有那么多时间，我也写不出多少作品，写不出大作品，写不出有分量、有气魄、雄辩、华丽的论文"。为什么呢？由叙事到悟道，作者分析之后得出的感悟是气质决定了

文风："这是我的气质所决定的。一个人的气质，不管是由先天还是后天形成，一旦形成，就不易改变。人要有一点自知。我的气质，大概是一个通俗抒情诗人。我永远只是一个小品作家。"现在进一步探究作者观点立场，他要强调的其实并不是气质不易改变，而是从分析"我"为什么永远只是个小品作家的角度强调人的气质影响文风。所以分析比对原文，有助于探究作者立场。带着作者立场再回看答案 B 的表述，显而易见错在对"气质"的语境解读。这句话不是为了证明气质不易改变，而是为了说明气质对作家创作风格的影响，由此判断 B 选项的表述对原文的理解是错的。

## 五、文学鉴赏题的模板解题思维

现在以典型例题 3 为例，学习简答题型的思维模板。

典型例题 3 的鉴赏语言风格如图 4-10 所示。

> 3. 汪曾祺的散文平淡而有趣。请结合文章第二段，谈谈你的理解。(6 分)

图 4-10　典型例题 3 的鉴赏语言风格

拿到简答论述题，首先要判断题型，其次根据题型确定思维模板，最后运用对应的表达模板答题。具体到典型例题 3，题干给出观点，让我们依据文章谈理解。基本上还是一个言、据、证的模板，按照平时训练的步骤按部就班，审题、解题步骤不可忽略，稳扎稳打，不必慌张，做题速度可以保障。另外在答这类题型时，要格外关注文本的作者立场与读者立场在语言上要有照应，表达逻辑的规范可以使正确率得到保证。

运用言、据、证的思维模板完成简答论述时，首先要用审题模板认真地审题、解题。注意在这里"解题"的含义不是作答，而是解析清楚题型背后对应的知识点、能力点，解析针对题型我们应该选择哪一种思维模板和表达模板。

### （一）运用审题模板

以这道题为例说明。第一步，依据审题模板先找出题干中的关键词，"汪曾祺的散文平淡而有趣"，标注出"平淡、有趣"两个词。第二步，找有效阅读区域。题干中"结合文章第二段谈谈你的理解"这句话限定了你的有效阅读区域，题目难度系数有所下降，不必检索全文，只结合第二段内容即可。第三步，对于"谈谈你的理解"，作答时格外注意不要自己盲目发散。在这个语境中，"你的理解"解析出来实际上是你对作者的理解，以及你在作者立意基础上的贴近与发展，要结合文本立场、作者立场、命题立场阐述，避免跑题。

现在已经完成了审题任务，"平淡有趣""结合第二段""你的理解"这三点是题干给的核心任务。

### （二）选择思维模板

审题完成后，要自己解析题型，确立对应的思维模板。题干中给了观点"言"——平淡而有趣。我们的任务是在第二段有效阅读区域里面找文本中的"据"来证明汪曾祺先生的散文特点，这是"言、据、证"思维模板中的"依言找据"型。"平淡"和"有趣"

是命题者的观点，我们在开始审题的时候已经标出这两个关键词。简答论述题中的言、据、证要合题，具体到这道题，合题就是要对“平淡”有所解说，对“有趣”有所解说，分两层分别做言、据、证的思维对应。花开两朵，各表一枝。

题干前两点对应落实到思维模板中了，我们再看第三点“你的理解”。解题环节我们强调的是你在作者立意基础上的贴近与发展。你也认为他确实平淡，确实有趣，只是要提出一些新的论据，也许在第二段之外，也许在你日常的阅读积累中，这又是一组言、据、证的思维。现在我们的思维已经非常清晰了，大家可以梳理这道题的思维模板写在笔记本上。

### （三）确立表达模板

俗话说“磨刀不误砍柴工”。我们解析题目之后终于进入表达阶段，答题的时候一定注意表达的逻辑规范与条理技巧。每一小问都以言、据、证的思维作答，逻辑就严谨了，每一小点的对应答题或标序号或进行格式分行，条理就清楚了。

我们进入第二段文本内容来看这道题的答题思路。如同我们写记叙文的思维，评价等级是从语言、内容和结构来计分的，那么反过来去评价别人的文章特点，也可以从语言、内容和结构的逻辑归类入手。我们说本文平淡有趣，从结构上切入并不合适，但是可以从语言和内容的角度上来鉴赏。比如，题干限定我们的有效阅读区域是第二段，我们可以把有效阅读区域结构分层，更好地把握文章的逻辑脉络。

第一层写枇杷树的特点是常绿的灌木，在园子里“经冬不落，绿得惊人”“它是常绿的灌木”“不但经冬不落，而且愈是雨余雪后，愈是绿得惊人”，这的确有晚翠的特点。第二层特点是花期极长，“头年的冬天就开始着花。花冠淡黄白色，外披锈色的长毛”。这也的确是平淡的。作者是怎样体现出来平淡的含义呢？首先选材很平淡，既没有千年铁树的绽放惊人，也没有俯仰生姿的繁花绚烂。枇杷树虽然在北方很少，但是在我国南方是比较常见的一种树木。除了树种常见，开的花也是十分平淡，“远看只是毛乎乎的一个疙瘩，极不起眼，甚至根本不像是花，不注意是不会发现的，不像桃花李花喊着叫着要人来瞧”。不仅选材的内容很平淡，而且作者描述的语言也很平实，没有特别华丽的辞藻，与枇杷一样具有平淡的从容。

解读完“平淡”，就要对应分析第二个关键词“有趣”，在这道题目中平淡着重于选材内容上的解读，答题时要注意先提取信息做“据”，然后从选材的角度分析，“证”其平淡，从而完成一组“言、据、证”的思维表达。

下面再想“有趣”，依然是依言找据来论证的思维模板。有趣的特点更多是在语言上体现的，尤其是第二层写枇杷皮实、花期极长特点的语言，看起来既不明媚更不华丽，锈色的长毛，乌涂涂的。现在看汪先生笔下的枇杷花，竟然“披着锈色的长毛”，何止颜色不佳，连花形“远看也只是个毛乎乎的疙瘩”，如此平淡，甚至怪模怪样，难怪说“根本不像是花儿”，这里对花色、花形传神的描写中带有一丝调侃的趣味。这个时候语言开始有趣了，开始使用拟人的修辞，仿佛“喊着叫着让人来瞧”的桃花李花才配叫花儿。不仅花儿比不过别的，“结果也很慢。不知道什么时候，它的花落了，结了纽子大的绿色的果粒”。为何不知道什么时候呢？因为这个花儿太不起眼了，太平淡了，才少有人关注，从而与上文的平淡逻辑照应。恰恰是在沉默中它耐心地结了衣服扣子这么小的一个小小果粒，这语言里有作者的情感带入，谦逊地积聚能量，与枇杷物我一体，“你就等吧，等到端午节前才成熟，变成一串一串淡黄色的圆球，枇杷呀，你结这么点果子可真是费劲了”，这个时候开始直抒胸臆跟枇杷产生对话，其实也是在和自己对话。

我们分析汪曾祺先生的作品有趣，要找到有趣的载体是语言。首先带入语境抓住了枇杷花形、花色并不起眼，结果实也很慢的特征，其次用拟人的修辞、衬托的手法、幽默的语言，以及有趣味地述说。

对第二段进行了梳理之后，运用言、据、证思维模板解答这道题时要注意“据”要分两层表达。汪曾祺先生散文“平淡而有趣”的观点是“言”，你的“据”就在题干限定的有效阅读区域第二段里，第一层“证”平淡，小文选材是很平淡的。内容看似平淡，但是在平淡中有潜台词，有趣的语言中蕴含着有趣的人生哲理。第二层在格式上单起一行，对应“有趣”这个“言”论证，主要从语言的运用切入鉴赏，比如拟人、衬托这些手法的使用，语言风格的幽默有趣等。

枇杷非常漫长的结果的过程在略带诙谐调侃的语言中吸引了读者的阅读兴趣，吸引着我们往下看作者如何在平淡有趣中感悟了人生的哲理，虽然果实结得慢，果实也并不惊艳，但是在慢中却有了更多的积累，具有了更多的沉淀和内涵。之后很自然地过渡到“没有悲怨，倒是欣慰”的下文。

典型例题 3 是一道很有代表性的言、据、证模板思维的题型。特别要注意的是，如果在“言”里面有两点，比如“平淡”和“有趣”，答题的时候也要对应两组“据”和“证”，并且每一组“言、据、证”在格式上要单起一行，条理要清晰。在内容上如果你的理解侧重对作者的理解，这样分值高的简答论述题就稳扎稳打地拿分了。

综上所述，可以归纳一下如何使用表达模板：依然是言、据、证模板的运用，“据”分成并列关系的两层，一是论证内容上的“平淡”，二是论证语言上的“有趣”。首先总起一句概述全文特点；之后分论内容上的“平淡”，提取信息摘引内容，做一个分析，有短小的论证；最后分论语言上的“有趣”，然后提取运用衬托、拟人的文本信息，再做简略论证。也就是说我们每一层都应该是一个言、据、证的结构，比如“平淡”这一层，选材看似平淡是你的“言”（观点），然后“据”要提取信息证明哪个内容是平淡的。

经过以上分析，可以做出思维模板如图 4-11 所示，表达模板如图 4-12 所示，典型例题 4 理解句子深层含义的题型模板如图 4-13 所示。

| 内容 | 结构 |
| --- | --- |
| **言**：我认为汪先生的散文平淡而有趣。 | 总 |
| **据**：以第二段为例做如下浅析。 | 分 |
| (1) 平淡：摘引原文相关内容 + 论证。 | |
| (2) 有趣：摘引原文相关内容 + 论证。 | |
| **证**：由此可见，平淡有趣是汪曾祺散文的特征。 | 总 |

图 4-11　思维模板

**本题评分解析：**

3．……（6分）

答案要点如下：

（1）题材内容上，作者选取寻常物枇杷，向读者依次介绍枇杷叶常绿、花期长、结果晚的特点，叙述自己采枇杷叶作药引的寻常事，于寻常事物中体现生活情趣。

（2）语言表达上，第二段以说明与叙述性语言为主，如话家常，质朴平实。同时，又融入口语，如“完事”“你就等吧”“可真是费劲呀”，读来亲切活泼（或者运用拟人、衬托的手法，如“不像桃花李花喊着叫着要人来瞧”，生动地写出了枇杷开花的低调，语言表达风趣）。

**评分参考：**①说明寻常事物1分，分析1分。②两种手法描述各1分，举例并分析各1分（没有分析不得分）。意思对即可。

图4-12　表达模板

4．作者为什么说“我偶尔爱用‘晚’字，并没有一点悲怨，倒是很欣慰的”？请结合上下文具体说明。（6分）

图4-13　典型例题4理解句子深层含义的题型模板

下面来看典型例题4依然是一个运用“言、据、证”模板的简答题，但是典型例题3和典型例题4的侧重点不一样，典型例题3侧重的是对作家作品的风格进行鉴赏，有文学审美的鉴赏能力考查；典型例题4是大家常见的理解文中重点句子含义的题型，这是一道常规题型。做这道题的时候同样是四步审题，要审出题目的关键词，就是“没有悲怨，倒是很欣慰”。审完题之后要进入关键的“解题”步骤。这道题实际上同样是给出“言”，我们的任务是结合上下文语境去分析“晚”这个词，在汪曾祺先生的语境义中，没有“悲怨”倒是“欣慰”。根据我们课堂教学提供的正向论证原则，重点要解释的是“有欣慰”，而不要在“无悲怨”上下功夫，论证“是什么”，而不要在“无什么”“没有什么”上费力气。那为什么他是“欣慰”的呢？回到原文第三段看，从写枇杷过渡到了自己的写作，第四段前半部分内容强调的是作者的气质就决定了他只是一个小品作家，与早晚并没有直接关系。不管他是早发表还是晚发表，都不是那种写大气磅礴作品的人，他的气质影响了创作风格，所以对这个“晚”字接受得很坦然。他的创作风格和成就更多的关乎自己的气质，而非时间早晚，因此没有感到痛惜不平，也没有迟暮之思。没有痛惜就是在解释他的欣慰。

第一点欣慰是他的气质决定了他的风格，因此他并不觉得晚是令他悲怨的，反而感到欣慰甚至是自我悦纳的。

第二点在第四段的后半部分，“一个人找准了自己的位置，就可以比较事理通达，心气平和了”，因为他自知自己不是写史诗巨著的人物，不是大气磅礴的作家，他找准了自己的位置，就是个小品作家，因此就事理通达，能够心气平和，因此没有悲怨，也很欣慰。超越创作的高度，这也使他对生活有一个正确的认识，对自己有一个正确的评价，能获得这样的人生智慧当然是值得欣慰的。

第三点在下文“因为若即若离，我可以比较贴近地观察生活，又从一个较远的距离外思索生活”，“若即”是他可以近距离观察，“若离”是他有疏离地保持距离去思考生活的能力，这些都能够体现出他的思想和创作观与枇杷果粒的相似之处，是逐渐并缓慢成熟的。在读汪曾祺先生作品的时候，特别像我们写作记叙文的思路，就是从平凡中选材，在日常生活的小事中思考出深刻的人生哲理，这种举重若轻、大雅若俗，是通过漫长的生活积累和积极的思考做到的。“若即若离”，说明我们既要贴近生活，又要能够从生活中抽离出来，如果总是用力地拥抱生活是会窒息的。这也是语文课坚持的观点，既可以沉浸，同时又能够从文本中、从带入情境中抽离出来，保持距离，客观理性地去思考哲理。所以这不是悲怨，而是很欣慰的思维品质的提高。

第四点就是在主考句子的下文“若即若离”，用“既可以‘即’又可以‘离’”的句式表述，表达了既领略了美好的烟火生活的生动，又保持了思想的深刻，它有点像枇杷，果粒逐渐成熟，需要一个漫长的过程，人生的智慧感悟，同样需要时间积累。所以这个“晚”弥足珍贵。

第五点值得欣慰的是，他的思维没有顽固僵化，因为他来得晚，所以他适合与后生晚辈一起在新的时代里与时俱进地思考。

第六点欣慰是第七段的“望崦嵫而勿迫”。不同于“夕阳无限好，只是近黄昏”的伤感，在汪曾祺的笔下，恰有“夕阳无限好，晚熟正当时”的自豪与欣慰。

上下文贯通之后，现在我们看典型例题 3 的有效阅读区域是局限于第二段，是在鉴赏作家的写作风格；例题 4 则是通过解读重点词语“悲怨”和“欣慰”的语境义，针对全文来解说重点句子的含义，通过命题旨在引导大家解读作者立意、生活哲理。两道题目虽然都是简答题，但是难度设置上有不同梯度。

尽管简答题难度不同，但是思维规律是相同的，因此依然运用“言、据、证”的思维模板。特别强调的是在“言、据、证”的过程中，彼此的逻辑关联要在答题中用语言表达出来。论据一定先有一个总括句，然后根据依据去切题论证。

现在以这篇文章为例来梳理文学类文本的阅读解题步骤，如图 4-14 所示。

**步骤一**：对作家汪曾祺和作品内容整体感知，挖掘了文本的内容、潜台词以及作者的情感。

**步骤二**：逆向思维，运用记叙文写作的五段式结构模板，梳理了故事的结构与逻辑关联。

完成了枇杷的故事与由枇杷感悟的哲理分离，以及虚与实的分离，分析了：“一个人找准了自己的位置，就可以比较‘事理通达，心气平和’了。”“‘大器晚成’又有什么关系呢？我偶尔爱用‘晚’字，并没有一点悲怨，倒是很欣慰的。”这些关涉作家立场、作品主旨的意味深长的话，也关注了使用写作手法的语句，为答题做好了准备。

**步骤三**：梳理知识点与题型。

**步骤四**：读题、审题、解题、答题。

自己根据阅读内容做出文本的思维模板与表达模板。

图 4-14　文学类文本的阅读解题步骤

拿到文本，通过三读，完成了精读。自己根据阅读内容做出这一篇文本的思维模板与表达模板。一步一步练熟，时间肯定够用，正确率肯定有保证。

**提示**

(1)“三读”之前不读题，确保理解正确率。尤其不要看一眼题，看一遍文本。反复碎片化阅读，既浪费宝贵考场作答时间，更无法正确理解文本。所以要先精读，把文本把玩熟悉，理解透彻，然后直接切入解题中。

(2)“解题”之前不做题，确保作答正确率。大家审题基本过关，一定要花时间解题，看似花一点时间，但是事半功倍，保证的是我们答题的正确率。正确率就是得分率，一定不能忽略解题这个思维过程，要给自己讲这道题，写出来的答案句式从哪个角度切入才能拿分，“言、据、证”在解题中是如何对应的，审题中的合题原则在答题中靠哪个词体现等。

## 六、举一反三练习

思维模板扩展练习题如图 4-15 所示。

> 《红楼梦》中刘姥姥这个人物形象比较受人欢迎，说说你是如何看待这一人物形象的，为什么？

图 4-15　思维模板扩展练习题

这样一道大家比较熟悉的简答题题型，主要考查学生的思辨性与文学作品的鉴赏能力。审题后可以判断是一个“言、据、证”的思维模板，题干已经给出了“言”，我们依言找据。要注意在原文本中去找“据”的时候，根据题意除了原文本中的依据，还要补充分析你以读者的立场如何看这个形象。

“言、据、证”的思维模板，能用到很多答题中。本题目中首先要找依据论证如何体现了刘姥姥的讨喜性格。比如论证刘姥姥的语言比较幽默，要有原文本中的例子，然后分析其在语境中如何让人喜爱。此外要有读者视角的分析鉴赏，这样一个看着有些庸俗又有点世故的村妇，身上有很多人性的优点，她善良、知足、体恤别人。正是这些饱具人情味的特点，让她的幽默博得了贾府上下和读者的喜欢。

**附：**

**枇 杷 晚 翠**

(1) 昆明云南大学的教授宿舍区有一处叫“晚翠园”，月亮门的石额上刻着三个字，字是胡小石写的，很苍劲。我们那时常到云大去拍曲子，常穿过这个园。为什么叫“晚翠园”呢？是因为园里种了大概有二三十棵大枇杷树。《千字文》云“枇杷晚翠”，园名用的便是这个典。这句话最初出在哪里，我就不知道了，实在是有点惭愧。不过《千字文》里的许多四个字一句的话不一定都有出处。比如“海咸河淡”，只是眼前的一句大实话，考查不出来源。“枇杷晚翠”也可能是这样的。这也是一句实话，只不过字面上似乎有点诗意，不像“海咸河淡”那样平常得有点令人发笑。

(2) 枇杷的确是晚翠的。它是常绿的灌木,叶片大而且厚,革质,多大的风也不易把它们吹得掉下来。不但经冬不落,而且愈是雨余雪后,愈是绿得惊人。枇杷叶能止咳润肺。我们那里的中医处方,常用枇杷叶两片（去毛）作药引子。掐枇杷叶大都是我的事。我的老家的后园有一棵枇杷树。它没有结过一粒枇杷,却长得一树浓密的叶子。不论什么时候,走过去,一伸手,就能得到两片。回来,用纸媒子的头子,把叶片背面的茸毛搓掉,整片丢进药罐子,完事。枇杷还有一个特点,是花期极长。头年的冬天就开始着花。花冠淡黄白色,外披锈色的长毛,远看只是毛乎乎的一个疙瘩,极不起眼,甚至根本不像是花,不注意是不会发现的,不像桃花李花喊着叫着要人来瞧。结果也很慢。不知道什么时候,它的花落了,结了纽子大的绿色的果粒。你就等吧,要到端午节前它才成熟,变成一串一串淡黄色的圆球。枇杷呀,你结这么点果子,可真是费劲呀!

(3) 把近几年陆续写出的谈文学的短文编为一集,取个什么书名呢?想来想去,想出了一个《晚翠文谈》。这也像《千字文》一样,只是取其字面上有点诗意。这是"夫子自道"么?也可以说有那么一点。我自二十岁起,开始弄文学,蹉跎断续,四十余年。而发表东西比较多,则在六十岁以后,也真够"费劲"的。呜呼,可谓晚矣,晚则晚矣,翠则未必。

(4) 我把去年出的一本小说集命名为《晚饭花集》,现在又把这本书名之曰《晚翠文谈》,好像我对"晚"字特别有兴趣。其实我并没有多少迟暮之思。我没有对失去的时间感到痛惜。我知道,即使我有那么多时间,我也写不出多少作品,写不出大作品,写不出有分量、有气魄、雄辩、华丽的论文。这是我的气质所决定的。一个人的气质,不管是由先天还是后天形成,一旦形成,就不易改变。人要有一点自知。我的气质,大概是一个通俗抒情诗人。我永远只是一个小品作家。我写的一切,都是小品。就像画画,画一个册页、一个小条幅,我还可以对付;给我一张丈二匹,我就毫无办法。中国古人论书法,有谓以写大字的笔法写小字,以写小字的笔法写大字的。我以为这不行。把寸楷放成擘窠大字,无论如何是不像样子的——现在很多招牌匾额的字都"放"出来的,一看就看得出来。一个人找准了自己的位置,就可以比较"事理通达,心气平和"了。在中国文学的园地里,虽然还不能说"有我不多,无我不少",但绝不是"谢公不出,如苍生何"。这样一想,多写一点,少写一点,早熟或晚成——我的一个朋友的女儿曾跟我开玩笑,说汪伯伯是"大器晚成",又有什么关系呢?我偶尔爱用"晚"字,并没有一点悲怨,倒是很欣慰的。

(5) 三十多年来,我和文学保持一个若即若离的关系。有时甚至完全隔绝,这也是好事。我可以比较贴近地观察生活,又从一个较远的距离外思索生活。我当时没有想写东西,不需要赶任务,总还是比较自在,比较轻松的。经过三四十年缓慢的有点孤独的思想,我对生活、对文学有我自己的一点看法,并且这点看法正像纽子大的枇杷果粒一样渐趋成熟。这也是应该的。否则的话,不白吃了这么多年的饭了么?

(6) 我不否认我有我的思维方式,也有那么一点我的风格。但是我不希望我的思想凝固僵化;成了一个北京人所说的"老悖晦"。我愿意接受新观念、新思想,愿意和年轻人对话——主要是听他们谈话。希望他们不对我见外。太原晋祠有泉曰"难老"。泉上有亭,傅山写了一块竖匾:"永锡难老"。要"难老",只有向青年学习。我看有的老作家对青年颇多指责,这也不是,那也不是,甚至大动肝火,只能说明他老了。我也许还不那么老，这是沾了我“来晚了”的光。

(7)“吾令羲和弭节兮，望崦嵫而勿迫。”套用孔乙己的一句话，“晚乎哉，不晚也”，我还想再工作一个时期。

（资料来源：取材于汪曾祺《晚翠文谈》自序，有删减）

## 第三节　小细节中的大时代

下面为《这思考的窑洞》模板教学片段。

### 一、关注细节描写中宏阔的时代背景

请同学们阅读选文《这思考的窑洞》第七自然段：“土墙上挂满地图，缸盖上摊着电报，土炕上几包烟，一个大茶缸，地上一把水壶，还有一把夜壶。中外军事史上哪有这样的司令部？哪有这样的统帅？毛泽东三天两夜不出屋，不睡觉，不停地抽烟、喝茶、吃茶叶、撒尿、签发电报，一仗俘敌六千余。”

在“四壁黄土，一盏油灯”的窑洞中，这里“简陋到不能再简陋”时，作者突出的这几样陈设，显然是经过了选材，这样简陋的一个窑洞里，除了看见土炕算是比较大的“家具”，我们看到最醒目的是墙上的地图，“挂满地图”这个“满”字给你什么样的体会呢？假如根据“满”字设计一道鉴赏题，大家会做怎样的思考呢？我们居家生活经常也会挂地图，但是我们一般不会“挂满”，这个“满”字是否引发你的思考，会不会揭示窑洞主人的特征？

有同学批注虽然蜗居窑洞，四壁皆空，但是主人的眼界宽广。

同学们这个思路很好，我们结合上下文做进一步思考：这个窑洞是作为“中国共产党领导全国人民进行民族革命和民主革命斗争的心脏”，是毛主席“运筹帷幄，决胜千里的指挥部”，是“给宏伟的战略找到科学的理论根据的毛泽东的书房”。所以你从这个地图就能够看出来，“运筹帷幄，决胜千里”的前提是具有统观全国、放眼世界的高瞻远瞩，在对简陋的窑洞陈设的描写中，虽然人物还没出场，但是主人公放眼整个祖国和世界的胸怀与智慧已经跃然纸上，所以这个地图“挂满”的细节在文章中有更深层的含义。按照这个思路，我们举一反三再来读一读，除了地图，还有哪些细节值得挖掘呢？“缸盖上摊着电报”，大家知道5G是现在通信速度最快的技术，在那个时代，电报并不普及，是独特的高级别的最快的传达信息的方式。电报出现，不仅说明问题重大，情况紧急，而且说明信息量大，情况错综复杂。那么处理问题的速度怎么样呢？尤其注意“摊着”这个词，很及时、迅速地在研判问题，用联系的观点高效处理众多复杂的问题。

接着读下一个细节：“土炕上几包烟。”当下生活中我们一看“烟”，就觉得这个意象倾向于有负面的含义，比如吸烟有害健康，烟盒上画有骷髅林白叉的图标就标识吸烟有害健康；再比如不良生活习惯、不良情绪等。但是语文阅读研究的是灵活的语境，在这个语境中，“烟”显然不是负面指向，为什么需要烟？——提神，对，不管是“土炕上的几包烟”还是这个“大茶缸”，都有此意。为什么需要提神啊？因为毛主席一直在工

作，而且彻夜工作，需要提神："为写《论持久战》这篇文章，他在窑洞里伏案工作九个日夜""三天两夜不出屋，不睡觉，不停地抽烟、喝茶、吃茶叶、撒尿、签发电报，一仗俘敌六千余。"毛主席在工作及思考的过程中，在"简陋到不能再简陋"的生活与工作的窑洞中，这几包烟和大茶缸起了不可或缺的作用，这恰恰在细节中说明了毛泽东主席在抗日战争时期为了国家存亡和民族前途的伟大事业一直超负荷、高效率的工作状态。回到标题《这思考的窑洞》，这思考究竟是为谁思考？是为国家命运、民族的前途思考。这样的大时代又恰恰是通过上文的细节描写使读者认真分析体会到的。力挽狂澜的气魄、民族危亡的宏阔历史，恰恰就在上文关于陈设的细节描写中力透纸背。举重若轻地精心选材，将决定历史的关键一瞬定格在地图、纸烟、茶缸的小细节中，值得我们在阅读中认真关注并深入挖掘小细节中蕴藏的大时代，我们要强化挖掘细节的意识。

## 二、体会细节描写中蕴藏的丰富信息

### （一）相同细节在生活中流露的信息

在之前的课堂教学中我们曾经强调过反对在某个意象后机械地对应贴标签。比如诗歌鉴赏中反对一看到柳枝，就对应折柳送别的标签；一看到月亮，我们就想到了相思等。这种刻板机械地贴标签不是真正的语文学习，因为语文学习研究的是鲜活的语境，在不同的情境里面即使有相同的意象，有时表达的情感也是不尽相同的，因此我们不能机械地进行贴标签式解读。例如，上文中的"烟"在不同的语境中表现的情感是丰富多样的，不同的人物身份，手中相同的"道具"香烟，提示的信息丰富多样，即便是同一人物在不同情境下也会有区别。比如跑长途的司机师傅抽烟可能是解乏休息，也可能是思考路线，还可能为了排解烦恼。不能简单标签化地认为知识分子吸烟是思考，司机师傅吸烟是解乏。具体要看语境，才能正确理解作者描写细节的意图。联想到生活实际中有的青少年学生抽烟的现象，我们用语境（情境）意识解读细节，在青春期心理的情境中，吸烟的细节更多是好奇与耍酷，是心理上的小小的叛逆，借此标榜自己长大独立了。既然纪律要求不让吸烟，那么想挑战一下常规，表现一点叛逆，靠什么呢？就靠违纪吸烟这个细节。实际上他本身可能并不喜欢吸烟，但是他为什么还要这样做呢？就是为了标榜一下，释放我长大了，我要挣脱家长束缚，我要自己决定一件事，我要小小地叛逆一下的信号。如果老师、家长具备解读情境中细节的能力，就不必焦虑，这只是心理发育从不成熟到成熟的一个必经阶段，大可不必上升到品德问题。这个细节或许只是成长中的尝试，更多的是心理的标榜，之后自己会做出正确的决定。当然我们不鼓励不良尝试。也许告诉你这条路是什么样的，那条路可能什么样，然后希望同学们自己做出正确的选择。师长会尊重大家的人生选择，并希望同学们走上积极的成长道路。

最终的选择权在自己，可能尝试一下，见识过了，会选择不走这条路，其实这是成长中很正常的过程。吸烟就没有那么固定的一个标签，我们学语文的根本还是在语境中准确体会细节，不仅为了解读考试文本，更能正确理解生活中的各种情形。所以语文还有助于提高我们认识问题及解决问题的能力。

依然是吸烟，再换个语境举例。一个非常规矩、十分自律的人，突然你发现她用颤抖的手胡乱地找了一支烟，哆哆嗦嗦、不太熟练地打着了火儿，把烟卷举到嘴边……这个语境中的细节你至少能知道此刻她乱了方寸，已经打破常规了，那一定是有对她刺激比较大的特殊事件发生。

通过这些例子，我们体会到意象的潜台词不能机械地贴标签式记忆，一定不能脱离语境，要做具体分析。同样是香烟，有人认为它是社交场合的一个媒介，尤其在改革开放初期，经商下海谈判，烟酒是不可或缺的前奏，具有很强的时代特点。比如本来不认识对方，但是递根烟，两人聊几句就熟了。然而随着大众对公共健康认知水平的提高以及契约型社会交往模式的普及，现在已经不靠递烟去跟别人联络了，这变成了一种比较落伍的社交方式。也就是说，同一意象会有很多的指向，因此要具有结合时代语境做具体分析的意识。

### （二）文本中细节描写中蕴藏的丰富信息

在《这思考的窑洞》这篇文本语境中，“烟”的指向是积极的，这一细节强调毛主席一直在为国家、为民族、为世界的未来思考，中国的走向不仅关乎中国历史，更影响着亚太及世界格局。所以这种彻夜高强度的工作靠烟和茶来提神的细节描写中包含着作家立场，他对毛主席怀有深深的敬仰且十分心疼。

题型是变化的，但是思维是稳定的，解说句子含义的题型，大部分通过对细节含义的深入分析就可以完成准确理解。

现在进入题目，按照思维模板学以致用练习。题目如图 4-16 所示。

> 结合上下文，谈谈你对下面句子的理解与赏析。（6 分）
>
> 土墙上挂满地图，缸盖上摊着电报，土炕上几包烟，一个大茶缸，地上一把水壶，还有一把夜壶。

图 4-16　题目

#### 1．解题

“理解与赏析”的题型，可以从语言和内容两大方面切入。通过上一教学环节对细节的分析，我们对句子含义有了正确的把握和深入的理解。现在一起进入审题模板中解说题目环节。纵观全句，在手法上没有过多的描写，近似白描。所以，我们在语言特点上从作者的细节选取切入。

从“简陋到不能再简陋”的窑洞中陈设细节的选取可以看出，在革命战争年代物质条件极度匮乏，写实这一点不能忽略。由物质之“实”才能上升到精神之“虚”。因此先说战争年代物质条件的极度匮乏，其次说物质之上精神上的崇高，不能脱离物质生活生硬拔高贴标签。这样就看到了人物的崇高形象，作为一个伟大的政治家、军事家、思想家，毛主席心里每天装着的都是国家和民族的命运，在这样的艰苦条件下，没有停止过为国家和民族的命运思考，“以中有足乐者，不知口体之奉不若人也”。不是不知，而是以天下为己任。

大家现可以再回忆一下，平时在阅读与做题的时候，有没有下这么大功夫去琢磨这个题、这个细节，如果之前对文意没有琢磨透，理解句意不到位，后面的题目都没办法做。现在我们通过课堂思维训练，对句子理解透彻了，看写作手法就变得简单了。这个句子就是娓娓道来，没有过多的渲染、描写，白描仿佛是看见什么就说什么，没有更多的修饰语，其实深藏着作者想让读者“看见什么”及想让读者“领悟出什么”的深厚选材功力。借助白描的选材，表现生动的人物形象，蕴含作品的情感与主旨。如此，我们就实现了迅速准确地解题、答题。

**2．答题**

首先要根据“言、据、证”的思维模板找好这个题型对应的表达模板。然后在表达模板的相应空白处代入语境并填写完整内容。思考在这一篇《这思考的窑洞》里塑造的是怎样的人物形象，作者立意更多的是突出毛主席的简朴，还是为国家、民族的前途命运高瞻远瞩思考的智慧。

其次看这篇文章里表现毛主席的人物形象，更多展示的是伟大领袖超凡的智慧、政治远见以及对历史的卓越贡献。对国家、民族前途的思考，需要非凡的智慧，需要先进的理论，更需要崇高的责任，有自觉贡献自己的时间、身体健康甚至生命，为国家民族的前途做谋划，做奉献。

然后表达了情感，是作者的心灵震撼，是作者与读者之间的灵魂洗礼与心灵共鸣。

我们在写笔记的时候，核对一下是否批注作者的情感。所谓没有白讲的故事，指的是文学类文本通过一个故事，一定是会表现一点感悟与哲理。我们写一个故事，是向外表达自己的见解；我们读一个故事，是向内吸收别人的思考。阅读与写作双向思维的熟练切换有助于我们抽丝剥茧，在读者立场与作者立场之间快速找到文本的本质方向，而不是只满足于对行文表象的手法与材料的分析。所以文本中蕴藏的情感一定要挖掘，不仅仅是抒发作者的情感一方面，还有借此完成教育的另一方面。这个教育既有自我教育，对自己的人生有提升，又有对读者的教育和启迪，并完成文学作品的社会使命。

请看文中这一句：“这时，仿佛墙上的钉子不是钉着木牌，而是钉住了我的双脚，我久久伫立，不能移步。”参观窑洞之后，“我”产生了思考，思考产生的结果，对我的人生有了提升，这是不是完成了自我教育？同样，这篇文章不是只给我自己写的，它不是一篇私密性的日记，只要文章发表，它就具有了传播公众的作用，除了完成自我教育，还在完成公众教育，所以我们在体会情感的时候，要从作者与读者两个角度加以关照，一方面是完成了自我感情的提升及灵魂的净化，另一方面也对更广大的读者、受众起到教育启迪作用。所以行文这部分表达的情感，我们如果能想到两方面，表达就比较全面了。带入具体语境，就是不只表达自己的热爱、崇敬，也使读者看到一个改变我们中华民族历史命运的伟人，就是在极其简陋的条件下写出了那么多伟大而又具有深远历史意义的文章，为我们国家民族的前途、为历史命运的走向确立了正确的方向。在如此简陋的条件下，解救了中华民族，产生许多伟大的思想成果，你内心的感受是什么呢？首先是震撼，是油然而生的敬意与热爱。其次你会有庄严肃穆的感觉，所以在这一步我们作为读者体会到了一种神圣的情感——敬爱，这与平时的热爱是有区别的，比如老师热爱学生，学生热爱老师，与我们对领袖伟人的热爱不是一个层级的，这里有很严肃的崇敬，带有神圣的心灵震撼与感激。

**3．梳理表达**

解题最后一个任务是梳理语言，在答题的时候，不能只写三个短语式要点。所谓语文，包括语言和文字，所以完整的表达要符合简明、连贯原则，文从字顺，表达本身也是语文学科考查的基本功之一。语言表达的基础等级是简明、连贯、得体三大原则。简明就是每一个意思只说一遍，不要来回碾压，阅卷老师是能够正确理解的，不需要来回重复；连贯就是把这三个要点用适当的关联词上下衔接，做到逻辑上的连贯；得体即符合语境。

根据上述表达原则进行模板梳理。第一，先往模板里代入本篇文章"白描"的手法。第二，代入模板后填写人物，注意标注语言标志词，帮助我们连贯地表达。第三，写出作者表达的情感。带入语境分析，毛主席的功绩之大，理论思考的成果决定了国家民族的命运及历史走向。文中洋溢的感情有赞叹，更有我们对伟人的感激、崇敬。

在表达这一环节，关联词的作用不容小觑，在梳理时要注意用好标志性词语、标志性句式和关联词语。

## 三、举一反三在跨媒介阅读中看细节的力量

### （一）小说《哦，香雪》细节中的潜台词

部编新教材将《哦，香雪》这篇文章从初中的阅读材料提升为高一必修教材（上册）的课文。同一文本在不同学段的使用及挖掘是有梯度差异的，初中教学可以侧重学习小说的人物形象、情节推进；高中可以探究诗化的语言风格以及小细节中反映大时代的选材着力点。其中吸铁石铅笔盒与40个鸡蛋以及以物易物的交换方式等细节中，相信大家关注到了改革开放初期偏僻山村的淳朴与闭塞、保守与开放、计划经济与市场经济等艰难地碰撞。尤其是小说开篇火车的出现，可以结合历史与政治经济学挖掘出深意。这是从北京开往山西的一趟火车，在闭塞的太行山深处的台儿沟，火车从无到有，从不设站到停靠，无不反映着改革的举步维艰。正是火车的出现，带来了一系列的变化。我们依然从"实"到"虚"地思考，在物质上，火车带来了山外的挂面、纱巾、人造革书包、吸铁石铅笔盒、美丽的发卡等当地人不曾见过的新鲜物品；在精神上，唤醒了香雪、凤娇等年轻女孩对世界的向往与追求，激发了对自身命运的思考。无论是凤娇对"北京话"的亲切感觉还是香雪对"矿冶学院"校徽的震撼，无不体现出深山中史无前例的精神觉醒。这一细节的解读，绝不仅是"改革春风吹满地""要想富先修路"那么轻松。如果结合必读书籍中费孝通先生的《乡土中国》就会发现：火车的出现，打破了乡土社会的秩序格局，使文字下乡有了必要性。可以说，火车作为一种先进的生产力，带来的不仅是物流的丰富快捷，它更深远地改变了生产关系和社会关系。

### （二）影片《走出非洲》细节中的时代感

我们在跨媒介阅读中通过奥斯卡影片《走出非洲》中对视觉语言的鉴赏，会对小细节中的时代感有更深的体会。

#### 1. 火车

同样是火车，在长达近两分钟的片头中，火车伴随着莫扎特的《A大调单簧管协奏曲》的第二乐章在广袤的非洲原野上前行，光影移动，从黑夜走到天明，直驱腹地英属殖民地内罗毕。火车上搭载着男主角用于贸易买卖的象牙。这个长镜头设计，无疑反

映出殖民文化对非洲大陆与人民的掠夺。一种先进的生产力对落后却富庶的资源掠夺,文化入侵。随着火车、铁路在非洲大陆上的延伸,非洲的历史在殖民与反殖民、逆来与顺受、文明与野蛮的撕裂中走向了今天。非洲各国在被殖民的过程中资源被大肆掠夺,沦为资本主义的原料产地和资本输出地。火车的出现在细节上刻画了日夜交替、象牙、瓷器。正是火车夜以继日地向非洲腹地长驱直入,为影片后续情节铺垫了大的时代背景。人物的情感、情节的推进无不裹挟着文化的冲突。

**2. 钢笔**

在女主角凯伦从贵族沙龙走向广袤非洲寻求改变的时候,爱幻想又会讲故事的凯伦遇见了丹尼斯。一支钢笔,在两个人手中传递。然而传递的何止是钢笔,而是丹尼斯对美丽聪慧的凯伦的欣赏、信任与鼓励。从此,开启了两人的友谊,也为这部影片的面世埋下了伏笔。

**3. 指南针**

在凯伦决定踏上征途为前线送去补给时,没有人相信凯伦可以穿越广袤而危机四伏的非洲大地完成任务,又是丹尼斯,也只有丹尼斯,理解她,信任她,并且给了凯伦最切实的支持与保护——长途奔袭不可少的指南针。这枚指南针令两人的感情方向更加明确。勇敢独立的凯伦在丹尼斯眼里已经超越了讲故事时那个美丽聪慧的凯伦。他的欣赏化为切实的支持,信任才是最大的宠溺:你要穿越荆棘迷雾成就生命中坚强勇敢的蜕变,好,我就来为你呵护方向而使你不要迷失自己。一枚道具、一个细节,既体现了当时时代的生产力与科技水平,又蕴含着人物之间爱情进展的含蓄与层次。在这个语境中,语言是多余的,一枚指南针的细节已经足够刻画人物丰富的情感,推动情节的发展。

**4. 飞机**

在舒缓深情的主旋律中,滑翔机翱翔在晴空中。俯瞰非洲大地,河流纵横,山川辽阔,广袤大地上雄健的动物成群奔跑。生命力激荡在胸怀中,凯特与丹尼斯的手紧紧地握在了一起。飞机,即便是简易的滑翔机,在那个时代也是新鲜的高科技的时尚之物,丹尼斯要给凯特的不仅是新鲜的震撼,更是一种俯瞰大地与生活的视角,是一种全新的世界观。这种视角带来的震撼无异于打开了人生的高度与宽度。在莫扎特的旋律中,男女主人公的手在浩荡的天际之风中缓缓又深深地握在了一起,这个细节释放的激情胜过其他任何肢体语言。情感的升华、灵魂的升华、生命视野的升华无不与飞机这一细节密切相关。辽阔山川,浩瀚天地,死生契阔,再无畏惧与遗憾。

**5. 黑人仆人手上的白手套**

欧洲殖民者在血腥的殖民过程中伴随着身体奴役和精神歧视,非洲兄弟饱受种族歧视的心灵摧残,其中一个细节就是必须戴上白手套为白人服务。但是,随着善良进步的凯特与黑人仆人渐渐建立起深厚的友谊,白手套逐渐在凯特的世界隐去。种族歧视、文化隔离的黑暗中照进了一丝文明与尊重、民主与平等的人性之光、希望之光、文明之光。

白手套从戴到摘的细节变化，反映了一个时代的巨大进步。这既是凯特走出非洲时能够进入所谓殖民绅士的男人俱乐部接受敬酒的底气，也是这部影片获得奥斯卡奖的原因之一。其故事与立意不仅局限在小我的卿卿我我、恩恩怨怨上，更有广阔的时代背景。而这些历史洪流中巨大的动人回响，恰恰是由小小的细节刻画展示出来的。

### （三）跨媒介阅读的教学实践

跨媒介阅读与交流是新课标明确要求的任务群之一，多媒体阅读、跨媒介阅读既包括静态的纸质文本，也包括视频、声音、动画、电影等动态的电子文本，考查学生对多元信息的获取、处理和应用的能力，其高参与、自主性的特点要求阅读者有更高的辨识力、判断力。虽然阅读介质多样，但是本质上依然是阅读。既是阅读，逻辑思维就有相通之处，因此我们只需将文本阅读中学到的知识、方法以及阅读积累运用到视觉语言、博物馆语言、展板语言中，运用思维模板抓住关键，就可以学以致用、举一反三地贯通跨媒介阅读。

例如，在影片《走出非洲》的视觉语言中，钢笔、指南针、飞机、白手套等意象中的诸多细节蕴含着丰富的意蕴和时代信息，我们在跨媒介阅读中可以利用文本阅读的思维举一反三，关注视觉语言中的细节，解读其中的丰富内涵与时代背景。如果说钢笔和指南针是有形的礼物，偏重“实”，表达了丹尼斯对凯伦的欣赏与鼓励，那么高空飞行俯瞰大地山川的经历无疑上升到了“虚”的精神契合，不再是单方面的欣赏，而是两个灵魂的彼此惺惺相惜与理解默契。所谓知人论世，在各种媒介阅读中都很重要。对于“人”“世”的挖掘，小细节中藏有大乾坤，这些都可以帮助我们深刻地理解作者与作品。

知识卡片如图 4-17 ～图 4-19 所示。

**细节：**

（1）细小的环节或情节。

（2）文艺作品中用来表现人物性格或事物本质特征的细微描写。

图 4-17　知识卡片 1

**细节描写的特点：**

真实、生动、细枝末节；

典型、关键、服务主题。

图 4-18　知识卡片 2

**细节描写的作用：**

刻画人物，推动情节，烘托氛围，丰富内涵，表现主题，知人论世。

图 4-19　知识卡片 3

### （四）跨媒介阅读举一反三题目

题目如图 4-20 所示。

> 试分析茹志鹃小说《百合花》（部编本新教材必修上）中小通信员枪筒子里插花的细节，与电影《金刚川》中中国人民志愿军战士在阵地潜伏时手上飞落蜻蜓的细节描写的作用以及细节中的时代感。

图 4-20　阅读题目

**附一：**

**这思考的窑洞**

我从延安回来，印象最深的是那里的窑洞。因为这普通的窑洞里曾住过一位伟大的人，而那些伟大的思想也就像生产土豆、小米一样在这黄土坡上的土洞洞里奇迹般地生产了出来。

延安是中国共产党领导全国人民进行民族革命和民主革命斗争的心脏，是艰苦岁月的代名词。在大多数人的脑海里，延安的形象是战争，是大生产，是生死存亡的一种苦挣。但是当我见到延安时，历史的硝烟已经退去，眼前只有几排静静的窑洞，而每个窑洞门口又都钉有一块木牌，上面写明某年某月，毛泽东同志居住于此，著有哪几本著作。有的只有几十天，仍然有著作产生。这时，仿佛墙上的钉子不是钉着木牌，而是钉住了我的双脚，我久久伫立，不能移步。院子里扫得干干净净，几棵柳树轻轻地垂着枝条，不远处延水在静静地流。我几乎不能想象，当年边区敌伪封锁，无衣无食，每天都在流血牺牲，每天都十万火急，毛泽东同志却稳稳地在这里思考、写作，酿造他的思想，他的与中国实际相结合的马克思主义。

自党中央从一九三八年一月由保安迁到延安，毛泽东同志在延安先后住过四处窑洞。这窑洞首先是一个指挥部，毛泽东和他的战友在这里运筹帷幄，决胜千里。但为了这些决策的正确，为了能给宏伟的战略找到科学的理论根据，毛泽东在这里于敌机的轰炸声中，于会议的间歇中，拼命地读书写作。所以更确切点说这窑洞是毛泽东的书房。当我在窑洞前漫步时我无法掂量，是从这里发出的电报、文件作用大，还是从这里写出的文章、著作作用大。他的房子里只有一张旧木床和一杯苦茶。他只能将自己分身为二，用右手批文件，左手写文章。他是一个中国式的民族英雄，像古龙小说里的那种武林高手，挥刀逼住对面的敌人，又侧耳辨听着背后射来的飞箭，再准备着下一步怎么出手。当我们与对手扭打在一起，急得用手去撕、用脚去踢、用嘴去咬时，他却暗暗凝神，调动内功，然后轻轻吹一口气，就把对手卷到九霄云外。他是领袖，更是思想家。随着时间的推移，他这些文章的力量已经大大超过了当时的文件、决定。四壁黄土，一盏油灯，这里已经简陋到不能再简陋。但是唯物质生活的最简最陋，才激励了共产党的领袖们以最大的热忱、最兼韧的毅力、最谦虚的作风，去作最切实际的思考。

延安岁月是毛泽东及我们党与土地、与人民联系最紧密的时期。他住在窑洞里，上下左右都是纯厚的黄土，大地紧紧地搂抱着他，四壁上下随时都在源源不断地向他输送着力量。他眼观六路，成竹在胸。在一孔窑洞前的木牌上注明毛泽东在这里完成了《论持久战》。为写这篇文章，他在窑洞里伏案工作九个日夜，连炭火烧了棉鞋也全然不知。第九天早晨，当他推开窑门，让警卫员把稿子送往清凉山印刷厂时，我猜想他的心情就像罗斯福签署了原子弹生产批准书一样激动。以后战局的发展果然都在他的书本之中。

伟人其实与我们最接近。一次，在延安雷电击死一头毛驴，驴主人说："老天无眼，咋不打死毛泽东？"有人要逮捕这个农民，消息传到窑洞里，毛泽东说骂必有因，一了解，是群众公粮负担太重，他下令每年由二十万担减到十六万担。毛泽东在这窑洞里领导了著名的延安整风，他的许多深刻的论述挽救了党，挽救了许多干部，但是当他知道有人被伤害时，就到党校礼堂作报告，说："今天我是特意来向大家检讨错误的，向大家赔个礼！"并恭恭敬敬地把手举到帽檐下。

一九四二年，华侨领袖陈嘉庚访问延安，他刚在重庆吃过八百元一桌的宴席，这时却在毛泽东的窑洞里吃两毛钱的客饭，但他回去后写文章说中国的希望在延安。一九四五年黄炎培访问延安，他看到边区的兴旺，想到以后的中国，问一个政权怎样才能永葆活力。毛泽东说，办法就是讲民主，就是让人民来监督。我想他说这话时一定仰头环视了一下四周厚实的黄土。"七大"前后很多人主张提毛泽东思想，他坚决不同意。他说："这不是我个人的思想，是千百万先烈用鲜血写出来的，是党和人民的智慧。""我这个人思想是发展的，我也会犯错误。"作家萧三要为他写传，他说还是去多写群众。他是何等的清醒啊！

胡宗南进犯，他搬出了曾工作九年的延安窑洞，到米脂县的另一孔窑洞里设了一个沙家店战役指挥部。古今中外有哪一孔窑洞配得上这份殊荣啊！土墙上挂满地图，缸盖上摊着电报，土炕上几包烟，一个大茶缸，地上一把水壶，还有一把夜壶。中外军事史上哪有这样的司令部？哪有这样的统帅？毛泽东三天两夜不出屋，不睡觉，不停地抽烟、喝茶、吃茶叶、撒尿、签发电报，一仗俘敌六千余。他是有神助啊！这神就是默默的黄土，就是拱起高高的穹庐、瞪着眼睛思考的窑洞。大胜之后他别无奢求，推开窑门对警卫说，只要吃一碗红烧肉。

当你在窑洞前徘徊默想时，耳边会响起黄河的怒吼，眼前会飘过往日的硝烟。但是你一眨眼，面前仍只有这一排静静的窑洞。自古都是心胜于兵，智胜于力。中国革命的胜利实在是一种思想的胜利，是毛泽东思想的胜利，是毛泽东那几篇文章的胜利。延安的这些窑洞真不愧为毛泽东思想的生产车间。延安时期是毛泽东思考写作、展示才华的辉煌时期，收入《毛泽东选集》（四卷本）的大部分文章都是在这个时期写成的。

毛泽东在宝塔山下留下了这一排永远思考的窑洞。思想这面铜镜总是靠岁月的擦磨来现其光亮。半个世纪过去了，作为政治家、军事家的毛泽东离我们渐走渐远，而作为思想家的毛泽东却离我们越来越近。

（资料来源：取材于梁衡的同名散文，有删改）

**附二：**

"只看到他是高挑挑的个子，块头不大，但从他那副厚实实的肩膀看来，是个挺棒的小伙，他穿了一身洗淡了的黄军装，绑腿直打到膝盖上。肩上的步枪筒里，稀疏地插了几根树枝，这要说是伪装，倒不如算作装饰点缀。”

……

“回到包扎所以后，我就让他回团部去。他精神顿时活泼起来了，向我敬了礼就跑了。走不几步，他又想起了什么，在自己挂包里掏了一阵，摸出两个馒头，朝我扬了扬，顺手放在路边石头上，说：“给你开饭啦！”说完就脚不点地地走了。我走过去拿起那两个干硬的馒头，看见他背的枪筒里不知在什么时候又多了一枝野菊花，跟那些树枝一起，在他耳边抖抖地颤动着。”

（资料来源：节选自《百合花》）

## 第四节　如何完成对文本的深层解读

下面以《有路的地方就通往戏台》教学片段为例进行说明。

下面我们来研读《有路的地方就通往戏台》这篇文章，体会如何完成对文本的深层解读。我们选用这篇文章做精读讨论的例文，源于它具有文学类文本考试选文的特征，很具有代表性。文学类的阅读在结构上主要是通过叙事类的散文讲述一个故事，从中表达作者的人生感悟。

在内容上乡土文学又是我们阅读中很重要的一类文本。2021 年高考题目的文学类文本阅读中就出现了乡土文学题材。阅读新课标必读书《乡土中国》可以帮助我们在理论上理解此类文本。

### 一、精读全文，确立模板

按照“三读法”分别以读者、作者、命题者角度研读全文后再审题，确定应该运用哪一种思维模板。精读题目如图 4-21 所示。

> 结合全文，请谈谈作者为什么说“有路的地方就能通往戏台”。(6 分)

图 4-21　精读题目

解释重点句子的含义是一种常规题型。既然是常规题型，就说明我们在考场上遇到类似题型的概率就比较高。

根据前三节的学习，我们知道要想正确解读一个句子的深层含义，首先要从关键词语入手，这也是汉语的篇章特点。现在咱们看这个经典题型，凡是解释句子含义的，大家可以回忆本章第三节以《这思考的窑洞》为例学习的那个模板，第一步是解读题干关键词的基本义及语境义。

那么你要先找出这个句子中的关键词，比如，有双关语的“路”要解释，“戏台”要解释。然后我们能不能上来就解释双关语、潜台词？肯定不能。答题不能生硬拔高，要遵循逻辑思维的顺序。所以第一步要在题干所选的句子中圈点出关键词，一个句子太长，一定有它特别重要的词。第二步要解释基本义、语境义。比如，“路”的基本义就是承担交通功能，语境义就是通往看戏的那乡间土路。第三步从语境义开始，要上升到其中的潜台词了，这究竟是一条怎样的路呢？

汉语最美的地方之一就在于它有高语境、有潜台词，有深层含义，“言有尽而意无穷”。所以在这一环节，把“路”和“戏台”的基本义、语境义解释出来之后还要往下挖掘，挖到第三层为由实到虚的潜台词。

对于它不仅仅是一条承担交通功能的乡间土路，如果有的同学在答题时写“这路是通往精神的……”，这样答题既会丢掉一些内容与得分点，也不符合由实到虚、由物质到精神的逻辑认识规律，因此是不可取的。所以，如图 4-5 所示思维模板的运用可以保证我们在答题时做到逻辑正确、理解正确、解读正确。

正确的逻辑关系是首先你要踩着脚下的路，人才能走到戏台前，然后你的心中才能有所体验，才能通往一个较高的精神境界。精神生活往往都需要依赖物质载体。

比如有同学说自己特别爱妈妈，别人怎么能知道你爱妈妈呢？这是属于精神生活的层面，这时就要给个物质载体外化呈现，比如行为、语言、礼物等。比如，妈妈正累时你搬来个椅子，妈妈沮丧时你对她说温暖的话语，妈妈正饿时你下厨做好了可口的饭菜，有了这些外化的物质载体，再上升到“我特别爱妈妈”的情感，就更容易让人信服。

现在我们思考刚才举的这个浅显例子，仅仅语言的表白就显得过于虚化，所以加了语言、动作，包括椅子、饭菜这些物质载体来寄托情感。实际上阅读与写作时的思维是有相通之处的，只是逆向而已。通过这个简单的例子，我们把写作和阅读的思维逆向贯通，从自己写作的表达思维去反推、理解阅读中作者的文本。当然这个简单的例子立意低了一些，还停留在物质层面和情感立意，没有达到文化高度。

通过读写逆向思维，找到作者文本中的物质载体后，再通过物质载体去挖掘其寄托的思想内涵。例如这个例子中我们看到他给妈妈搬来一把椅子，对于疲惫劳累的妈妈来说这把椅子来得正是时候，这是按椅子—行为原因—心理情感这条线由实到虚，并由物质到精神。

这个例子虽然简单，但是让我们了解了由实到虚的思维是按照逻辑路线推出来的，这与我们记叙文教学中的第三结构段的写作思维正好是逆向的（参看本书第五章）。我们要表达丰富的情感，需要有具体的人物、具体的情节、具体的事物来承载我们的情感，这些物质载体必不可少。同样我们做文学类文本阅读的时候，作者也会把具体的人和事等物质载体呈现在文本中，我们从具体的细节去思考其中所承载的情感，有作者的情感、人物的情感，那么情感主旨就顺理成章，呼之欲出了。也就是说第三步挖掘潜台词离不开物质载体的“实”。

针对这道题，我们解读“路”的语境义就是连接在各个村庄之间的去看戏的土路。即便是乡间剧团演出，也做不到每个村都请得起戏班子，所以可能十里八村共同前往一个村庄，或者更大的镇上聚集，凝聚的是这片大地上的乡民与文化。在语境义中，物质与精神、实与虚开始产生联结。

## 二、导演视角的思考

如果我们用俯瞰视角拍摄，这个画面充满了动人的力量。这种兴奋的由四面八方从乡间小路通往戏台的聚集，不仅是大地上人的聚集，也是文化的聚集与传承。广大的农民走出村落，甚至跋涉几十里，聚集到同一个地方、同一座戏台之下，这正是文化的凝聚力。这条路早已不仅仅是通往看戏的路，那么它代表着什么？又有怎样的潜台词呢？

每天面朝黄土背朝天地耕作是乡民们的物质生活，农民以日出而作、日入而息的耕作方式来谋生，工人以做工来谋生等，也就是说每一个职业、第一个功能基本都是让人先安身立命，首先能够安身才能够立命，才有可能在物质生活之上有精神追求。所谓“温饱足而知礼仪”是有内在的逻辑关联的。所以这篇文章的写“实”，就是大家安身立命这个层面。那么举一反三地扩展思维，如果我们现在手中阅读的不是乡土中国这类文本，那么替换成工人做工或教师教学是不是一样的道理？虽然文本内容有变，但思维是稳定不变的。我们只有在现实的物质生活安身立命之上，才能建立不同的职业信念乃至更广大的不同的精神生活，所以现在潜台词就出来了，这条路是通往精神世界的一条路。这个戏台，毫无疑问它不仅仅是台上唱戏的演员组成的一台戏，也是人的精神世界。现在其实我们基本上完成了“由实到虚”的解读。

我们强调研究文本应字不离词，词不离句，句不离篇。正确理解篇章，离不开词语的基本功，大家可能会经常读一些经典作品，经典作品的精妙之一，就是文中的用语是规范的甚至是典雅的。如果自己接收的都是好的语言，积累多了，语感自然就培养出来了。

从文本的立意角度看，相对于生活中一些肤浅的拿文化贴标签的现象，这篇文章写出了文化在生活中的渗透与潜移默化的滋养作用。真正的文化不是为了标榜给别人看，而是向内修身，是生活中的应用与滋养。我们的生活内容、生活方式，或许因为这些文化的熏染有了一点点与众不同之处，散发着文化气息，文化底蕴不为炫耀，是为了滋养自己以及民族群体的生命。从这个角度回顾《有路的地方就有戏台》，立意一下就明白了。

作者写这个戏台的目的是什么呢？这个戏台不仅是一种文化形式的物质载体的呈现，它更是为了应用到生活中，为了滋养广大老百姓，滋养普通乡间农民的生命。普通农民除了面朝黄土背朝天为了谋生谋食的辛苦劳作，还需要有点儿精神生活来慰藉生活重负下的心灵，这是最重要的一点。人要是没有精神生活和精神寄托，世间的生老病死其实都是很苦的，比如鲁迅作品中的单四嫂子。

阅读至此，我们可以思考文化的本质最终不是秀给人看，而是慰藉世间每一个卑微、坚韧的生命，如果个体生命受了文化的滋养，我们的群体生命、社会族群的文化水平是否也会获得提高？文化认知和学历也许没有直接的必然正相关。文化，更多包含人们与世界万物的相处方式，包括一个人的人性与尊严。

现在我们可以理解，正如这篇文本中描述的戏台，民间的戏剧、年画、曲艺、民俗等文化载体的教化作用，让我们整个民族群体有了文化，有了文化底蕴，我们用文化凝聚了华夏民族，保持了中华文明的血脉，保持了中华文明的延续，滋养着中华民族的生命永远充满着不衰的活力，生生不息。

在这篇《戏台》中，为什么乡民看完了这个戏会觉得好呢？比如我们圈点勾画的句子：“灯光照亮，人影晃动，便感觉到一股活力四处洒落，那些声音，纷纷扬扬地落在乡民身上，他们无比快乐的笑容感染了我。”人们很着急，很激动，一天就等着这事儿，而且是很有仪式感的，为什么呢？因为现实的生活太辛苦、太枯燥，日复一日单调重复的生活太令人压抑，在生活的疲惫与重压下，热爱，赋予了活着的意义。

## 三、调动积累，感受文化的力量

曾经有一位大学校长在学生毕业典礼上讲过一个观点，大意是我们强调平视或者仰望的事情太多了，特别需要学会向下俯视。尤其是高三同学很快就要进入大学的学习阶段了，特别需要学习俯视，看一看条件不如你的人群是怎样生活的，你才会真的了解我们中国社会。因为北京、上海、广州、深圳这样的城市，不管是政治、经济、文化、科技、教育各方面，都远远高于全国的平均水平。但一个区域的高水平不能代表整个中国的水平。我们要学会俯视，才能知道广大乡村真正的生活是什么样子的，否则我们就会出现那种“何不食肉糜”的笑话，甚至丧失家国情怀。

在历史上，漫长农耕时代繁重的、沉重困苦的生活日复一日，天天只有辛苦疲惫地种地，土里刨食儿，养活一家老小，换谁都能发愁、绝望甚至崩溃，但是为什么我们中华民族祖祖辈辈生息繁衍表现出足够坚韧的生命力呢？我们可以借鉴费孝通先生的《乡土中国》的论述来融会贯通，书中有段内容为：“中国人是长在土里的，这样的生活单调、乏味、枯燥，而且很繁重很贫困，但是为什么我们华夏民族依然能够生生不息地坚韧地延续下来，靠的是什么？靠的是琐碎现实中的精神生活的光亮，在你已经要崩溃了的时候，在不能忍受的时候，这种精神生活让你得到了一次喘息，获得了一次心灵的慰藉。”

而这个喘息就能支撑着你今晚看完戏了，也许不那么烦闷了，太阳升起时继续下地劳作，继续你的生活，这台戏可能就给了人们一点动力。在戏班子来之前你有好几天的期待，戏班子走了，但是可能依然会回味好几天。看戏之前对虚幻的舞台人生的期待与想望，看戏之后对戏台上的一切的回味和领悟，会持续几天甚至绵延一生。这种精神生活就让琐碎困苦的生活不再是一条直线，它开始有节奏起伏了，有韵律婉转了，人们的情绪得到了释放，心灵得到了安慰。

文化的力量，在历史中使中华大地上不同民族的文明与中原文明达到了融合，形成了丰富多元的华夏文化。所以从这个角度上来看，乡间的小路还是我们中华文化的血脉，正是黄土地上一条一条小路，让大地上的子民能够由此通向精神世界，得到文化的熏染，我们民族的文化血脉才不会断，我们的文化之气才不会乱，这个民族的文化就有了延续的力量。

所以从这个层次上再看“有路的地方”，我们会激情澎湃，大地上密密麻麻的四通八达的小路，像植物的筋脉一样，像人的血管一样，深深地植入最基层、最民间的生活中。它连接的文化“戏台”，滋养了一个一个的个体生命，同时也滋养了我们的整个民族。

这些小路就像血管一样在我们广袤的土地上伸展，就是这些不起眼的乡间小路把人们从辛苦的劳作中，从物质生活中引向了精神的殿堂，让我们这个民族有了文化的积累，不同层次的人得到了不同层次的积累，得到了不同的教化与提升，个体生命得到了滋养，我们的民族文化得以延续并发展，这就是我们中华文明不断代的原因之一。我们可以理解为文化在民间盘根错节得就像一棵树，历经几千年，枝繁叶茂，生生不息，外界的蛮力是拔不出来的，它是长在乡土里，长在人的生活里，长在我们民族的历史中的。

正如费孝通先生所说，大地上的文化抚慰着人的心灵，滋养了人的精神，在繁重困苦的生活中有了灿烂的舞台，有了高于现实的美好期待。就像你在阴暗的水底憋着，一下子浮出水面，在阳光下换了一口气，享受了一次温暖畅快的深呼吸，这足以支撑你再继续走一程。因此明媚的戏台在这种疲惫灰暗及琐碎庸常的生活中，对人心的抚慰作用就深远且不可替代。

这些都是答题前要理解到位的内容，所以现在回过头看题目，在上述的精读理解的基础上，来看这条“小路”，如果说它是我们中华文化的血脉，你还会觉得拔高吗？具备从“实”到“虚”的以及融会贯通的深度思维之后，我们能真正读懂不止一篇、一类文章。

作者为什么这样说，作答时第一要明确这个“路”和“戏台”的词语义，第二要明确句子的语境义，就是戏和乡民的生活紧密相连，是乡民生活的精神寄托，这个精神世界在答题中要表述清楚是心灵的慰藉与提升。第三要解说丰富的潜台词，有了这样的精神生活，有了丰富的情感体验，人生才有了不同和意义。

现在我们就可以在充分理解的基础上写出表达模板，然后一一对应，答入具体内容。深度解读的思维模板如图 4-22 所示，深度解读的表达模板如图 4-23 所示，评标解析如图 4-24 所示。

(1) 由实到虚，解析关键词语的潜台词（“路与戏台”），理解文意。
(2) 融会贯通，借鉴阅读积累（《乡土中国》），高屋建瓴理解主旨。

图 4-22　深度解读的思维模板

(1) 根据题干，解释关键词的基本义。
(2) 结合文本，明确关键词的语境义及作者立场。
(3) 调动积累，融会贯通阐释关键词的潜台词及作品主旨。

图 4-23　深度解读的表达模板

“有路的地方就能通往戏台”是说戏与乡民们的生活紧密相连，戏是人们情感、精神的寄托，乡民爱戏。

戏驱散了村民们生活上的烦恼与沉重，为他们带来了无比的快乐，给他们的生活带来了意义。

戏演绎了人间的沧桑岁月，让人们感受着人生的喜怒哀乐、生死荣枯；戏净化了心灵，让村民内心受到触动。

戏演绎了真实的民间生活，给村民带来真切丰富的情感体验。

图 4-24　评标解析

## 四、读写贯通升格训练

如果读写贯通升格训练，以“我的精神世界”为主题，写作选材可以是一台戏，还可以是什么？可以是语文课堂，可以是读的典籍，可以是图书馆体验。这些载体都能构成我们的精神世界，只要思维理顺，选材无处不在。举一反三题目如图 4-25 所示。

| |
|---|
| 以“我的精神世界”为主题，写一篇记叙文。题目自拟，字数 800 ~ 1000 字 |

图 4-25　举一反三题目

### 附：2020 年北京石景山区一模

**有路的地方就能通往戏台**

(1) 乡民爱戏，常常在夜幕即将垂帘的黄昏时分凑在一起胡喊。烦恼和沉重总是很短暂，劳作之余，乡民对日常生活的期望没有城里人高，只要有戏看，想不来的问题便永远不再去想。热爱，赋予了活着的意义。当一个村庄在空地上搭起戏台子时，村庄里的普通农妇走起路来便如同踩着棉花，腰肢如柳叶，风不来自个儿就摆了，优美地走在村街上，似乎嗓门也比往日响亮了，“唱大戏了，来咱村看戏啊！”

(2) 我对乡村的记忆是从舞台开始的。在我还看不懂戏的日子里，只要看到灯光照亮，人影晃动，便感觉到一股活力四处洒落，那些声音，纷纷扬扬地落在乡民身上，他们无比快乐的笑容感染了我。

(3) 民间有“无庙不成村”之说，有庙又必有戏台，无戏台不成庙。我还记得和村庄里的大人们一起去庙里看戏，台下人头攒动，是一张张凝神上望的脸。戏台上，生旦净末丑，正演绎着一场沧桑岁月的人间大戏，让人们感受着人生的喜怒哀乐、生死荣枯。他们为生欢呼雀跃，为死悲从中来。一段哭腔唱得入心入骨地疼，唱得好呀，戏到此时不是演了，是唱，五音六律揪扯得人心战栗。

(4) 我极喜欢看野台子的戏。一场热闹，平地而起，又骤然而歇。在这里，排除了神的干扰，可以进入真实的民间。

(5) 我反复回忆童年时期的那些夜晚。等不到傍晚，地里的壮汉便急急收起农具匆匆往家里赶。他们从大地的深处起身，转过身子，那样地不约而同。盛热的空气里有虫子擦着草尖飞翔，暮色斑驳迷幻。匆匆一口饭，大人和孩子们齐齐聚在了村口，一条土路拽着所有人的心。所有人的心澄明如镜，有一种洗礼后的神秘感。一行人前前后后挨挤着，小孩挽着大人的胳膊，一轮明月升到孩子们仰望的高度，远山肃穆，它凝聚着山外的声色犬马。走上山顶，远远看见了野地里的台子，灯光还没有点亮，月明在山尖上，黄土小路有微风的暖痕，一路上话都不敢多说，怕话多了耽误行程。

(6) 围绕着戏台周围有许多零嘴，孩子们向大人要了钱买了占嘴的零食，匆匆拽着大人的衣角往舞台前挤。一个女演员，腰肢纤细，头戴花冠，袭一件镶边水红绣花长裙，在戏台当中走台，女演员无视台子下的观众，水袖飞舞，台步走得欢实。

(7) 星光与夜鸟的鸣唱在彼此胸腔汹涌，那时间，我们觉得大地上的声音开始乱了，人影晃动，苍蝇拍翅、蚂蚱蹬腿，都显得激动异常。村口的老槐树黑黑地站在夜幕里，横杈上落着一层来看戏的乌鸦。

(8) 戏就要开始了。

(9) 我们在台前乱跑大叫，不时掀起幕布看台子上的人搬布景，都是穿好戏装的龙套生，没见有主演搬布景。刚才那个穿水红长裙的女子在侧幕旁吊嗓子，咿咿呀呀，兰花指翘着，不时指出去收回来，在自己包好的头上摁摁鬓花。开戏前的几分钟里她就那么精心地装饰着自己。我们叽叽喳喳乱叫，吸引得演员走过来，瞪着眼把我们轰下舞台。各自跑往父母身边，拉着父母的手说："看见了，看见了。"大人们要孩子们讲讲看到了台子上有什么。有调皮一些的娃娃就扭捏着模仿幕布后的表演，捏着嗓子咿咿呀呀学后台人。这时候准备演出的铃声响了，大人们用尖利的噪音呵斥自己的娃娃，咳嗽声和互相打趣声弥漫于台下的人群。

(10) 突然炸起一阵锣鼓家伙响，台子下的热闹和混乱被震得鸦雀无声。

(11) 大幕徐徐拉开，演员踩着台步上场。台上台下的距离一点也不遥远。台上的唱念做打，算不得炉火纯青，却也生动活泼。瞬息万变的浪漫爱情，还来不及留恋追怀，便徒生变故。无论是家国情怀还是儿女情长，都能让台子下的观众撒一把悲情泪水。

(12) 历史被放在演员和观众之间，真假都不重要了。观众早已熟悉了演员的表演，多了什么少了什么，心里都清楚。演员胆敢偷懒作假，台下的嘘声起了，口哨声起了，鼓倒掌是高级待遇，或是石头蛋子飞上台，或是给你起一个外号，立马叫响，看你敢不敢瞎对付。

(13) 夜戏结束时，有些意犹未尽，瞌睡虫早被赶到了九霄云外，不舍得回家，我们挤在戏台后看演员卸妆。凡士林和油彩味儿扑面而来，大裆裤忽闪忽闪晃荡，大家使劲儿辨认演员核对角色。

(14) 走吧，杀戏了。

(15) 脚踩着地，心往上飞。

(16) 将来谁家能出一个唱戏把式就好了。谁家有那福分呢？挨着户数过去也找不着苗头。笼罩在无奈的气氛之下，有人转移了话题，议论演员的扮相，走着走着没话了，话断在了半路上。

(17) 一条小路直达村庄，月亮钻进云层，山野像巨大幕布，把一切罩在其中。

(18) 远望村庄有灯光亮着，路在七弯八拐中，像村庄扯开生长的身子，又像时光的投影。村庄最老的老人在村口上站着，黑树桩一样，如果不是手里提着的灯笼，夜色中看不出人形。

(19) 他多么想听看戏回来的人说说都唱了啥戏，可是没有人支应他，他孤单的影子加深了夜的浓重。

(20) 有人吼他："咋这时间还不睡？快回睡！"

(21) 夜收尽了人声和呼吸。

(22) 他嘟囔了一句："天不怜老，活生生叫我看不动戏了。"

(23) 只要戏还活着，乡民们明天照样不敢耽搁了看戏。新的一天，在某个看不见的地方，正在形成一台戏。在人间，有路的地方就能通往戏台。

（资料来源：取材于葛水平同名散文）

1. 下列对文中加点词语的解说，不正确的一项是（　　）。(3分)

A. 那些声音，纷纷扬扬地落在乡民身上（纷纷扬扬：起伏飘荡，持续不断）

B. 五音六律揪扯得人心战栗（人心战栗：心惊胆战）

C. 远山肃穆，它凝聚着山外的声色犬马（声色犬马：热闹繁华的生活）

D. 台子下的热闹和混乱被震得鸦雀无声（鸦雀无声：没有一点声息）

2. 下列对文章的理解，不正确的一项是（　　）。(3分)

A. 文章开篇细致描写普通农妇得知有戏可看的由衷喜悦，村民爱戏之心得以一窥

B. 村民提前收工，赶路，等戏开演，一场夜晚的野台子的戏牵动人心，描写饱满

C. 文章以多处夜色描写渲染看戏环境，而第五段的描写突出表现乡民看戏的轻松

D. 文末写最老的老人想听人讲唱了什么戏，升华了村民对戏的感情，强化了主旨

3. 结合文章，赏析下列句子的妙处。(6分)

(1) 匆匆一口饭，大人和孩子们齐齐聚在了村口，一条土路拽着所有人的心。

(2) 星光与夜鸟的鸣唱在彼此胸腔汹涌，那时间，我们觉得大地上的声音开始乱了，人影晃动，苍蝇拍翅，蚂蚱蹬腿，都显得激动异常。

4. 结合全文，请谈谈作者为什么说“有路的地方就能通往戏台”。(6分)

# 第五章　新课标下作文的结构与表达、选材与立意

长期以来，大部分写作教学散乱无序，泛泛而谈，缺乏梯度化、体系化的具体指导与训练。

本章借助大量日常生活案例、语文课堂生成性资源、教材文本的阅读素材，主要通过科学、系统的逻辑思维训练，配合多样写作专业技巧，扩展升格的思维转换，最大化地实现了阅读与写作的贯通借力，议论文与记叙文的文体转换，随笔写作到考场作文的大幅提升，情感立意到文化立意的思想飞跃，写作苦恼到文思泉涌的幸福蜕变。写作技巧如图 5-1 所示。

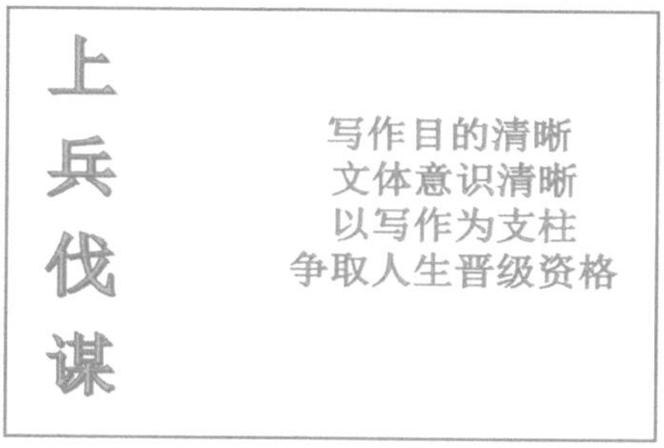


图 5-1　写作技巧

**议论文写作升格要求：**

(1) 清晰的写作目标与对应的思维模板。
(2) 行文中逻辑思维与结构模板的对应。
(3) 刻意取舍与读写借力筛选有力论据。
(4) 语言表达与运用如何凸显文体特征。
(5) 分清题目类型找对论证角度来审题。
(6) 借助技巧深入论证成就深刻的观点。

学了十几年作文，最后究竟如何以清晰的写作目的、清晰的文体意识、清晰而深刻的表达，将写作作为关键得分项，来帮助我们争取不久后的高考晋级资格呢？

## 第一节　关于写作困难的学情分析及解决思路

本章讲座的重点，完全来自同学们的提问与疑惑。学习过程会有一点思维游戏、头脑风暴的感觉。

下面对写作中的困难归纳分类，并有针对性地提出解决策略。

## 一、审题没把握

**问题分析：** 有同学审题总是不精准，不到位。其实审题的问题不仅出在写作上，也出现在阅读中，阅读和写作是双向思维，阅读是输入，写作是输出。如果对题目、对文本理解有障碍，那么做每一道题都会出问题，不只是在阅读中出问题，到了写作文时同样会出问题，因为我们理解不了语境下的词义。所以审题技巧，归纳起来本质上是理解不到位，理解有障碍。这些都会导致写作的失败。

**解决策略：** 借鉴本书其余各章审题模板，着重把握关键词。

## 二、立意有困难

**问题分析：** 立意的问题主要是领悟方向错误，对考试的命题背景理解得不清楚，评价标准理解得不清楚，所以导致立意的方向会出现偏差。

**解决策略：** 本章第二节通过学习课标等内容，高屋建瓴地理解写作目标。

## 三、逻辑很混乱

**问题分析：** 逻辑思维混乱是广大考生非常集中出现的问题，但是往往却不自知。为什么会出现这种情况？第一，对逻辑学了解得不够；第二，在日常生活和口语交际中可能习惯了用这种错误的、无序的、混乱的思维，所以并不认为是大问题。但是混乱的逻辑思维如果落实到笔头上，在考场作文中呈现的就是大面积崩塌式地丢分。

**解决策略：** 本章第三节教会大家如何在仅有的升格时间内强势扭转，有效地矫正逻辑思维混乱及表达无序的问题。

## 四、选材没着落

**问题分析：** 选材的积累有两方面，一方面是生活积累，另一方面是阅读积累。通过短暂的学习交流，帮助大家补上十几年的积累欠缺，这个既不可能，也是不合逻辑的。

**解决策略：** 本章通过思维训练，能够快速地教会大家在语文课本和现实生活中“因地制宜、就地取材”，帮助大家高效地激活、运用手中已有的各种材料。

# 第二节　建立科学备考思维

本小节研讨如何画龙点睛地为常规写作升格。想做到画龙点睛，首先要明确写作目的，应注意考场写作和我们通常的随笔写作有很大的区别。在行文构思中时刻要关注写作的目的，其次要明确文体意识。我们在日常的写作练习和学情调研过程中发现，有相当一部分同学的写作目的、文体意识很不清晰。

上述两点严重地影响着我们考场作文的评价，所以针对这两个问题提供作文升格的解决方案，主要分为三大部分：一是学习课程标准，清晰考场写作要求，明确写作方向；二是通过模板思维建立严谨的逻辑思维，主要是突破议论文的一类文中、上等的评价标准；三是通过文化立意的思维方式，提升立意水平，冲刺记叙文一类文上等的评价标准。

关于备考的科学性如图 5-2 所示。

我们需要知道在考场上的写作任务是什么？这个任务的评价标准是什么？从研究命题开始，然后研究课堂教学，之后再研究考场试题，研究评价标准，建立科学备考、体系化备考的思维。不仅仅研究一些经典题目知其然，更要做学习全过程、全方位的研究，即知其所以然。

科学备考就是用教学科研的力量提升思维的品质，激活师生创造性，大幅提高学习效能。

图 5-2　关于备考的科学性

## 一、学习课程标准，弄清写作目的

在学生时代会做很多的写作练习，大家非常勤奋，十几年下来写了很多记叙文。大家回忆一下小学三年级最开始学习叙事时，老师经常会说："写人离不开事，写事离不开人。"这时常会使少年的你产生困惑：那我到底是写人还是写事呢？怎么侧重写人还是写事呢？其实我们在初学写作的时候，经常会在事件中先写上人；然后在人物身上记录一件事；在结尾的时候，在老师指导下要给这篇文章一个立意；然后大功告成，上交习作。比如，我们度过了一天，这一天必须是什么样的一天？可以是幸福的一天、快乐的一天、有意义的一天。

可能我们在写作的时候，自己并没有体会到这一天的意义究竟是什么，但是既然作文前面已经写了很多，最后一定要让它有意义才行。这种写作的成长经历，虽然培养了我们的立意意识，但是有点牵强生硬，甚至出现贴标签式的文不对题。

正因为文章的立意是老师和题目需要一个立意，而不是发自同学们内心的体悟，所以导致了我们很多年的写作练习，从同学们自己的角度反思，其实理解得并不太深刻，构思与篇章都陷入一种无序的状态。

因此我们要强调，写作尤其是备考，首先要具有科学性，要关注在考试中写作的目的是什么。从科学的备考角度来看，我们通常把整个教学生活分为预习、学习和复习三大环节，是一个学习的全过程。如果上课是我们的"今生"，预习是我们的"前传"，通过检索资料了解知识的来龙去脉，那么复习就可以使我们掌握未来。因为我们要把课堂学到的知识与理论转化为能力并学以致用，最终要解决生活中的实际问题。

同样对于整个考试评价体系来说，也有一个全过程，即我们既要关注在考场上的"今生"，也要关注它的"前传"与"未来"，如同课堂学习前面有预习，后面有复习及运用。如果在考场上见到的试卷是考试的"今生"，那么从科学备考的角度来看，还必须了解这张试卷的"前传"是什么。这就要求我们必须关注命题的方向，只有了解命题背景，才能正确地应对考试。考试完成，大家把试卷提交到阅卷平台之后，会有一个评价系统，这个评价的标准就是决定你试卷命运的未来。这些都是在备考阶段应该做的科学准备。

所谓科学备考，第一步就是必须要关注命题的方向。

虽然我们看到试卷上呈现的试题题型是多种多样的，但是试题中不变的是课程标准规定的考查框架，那么现在我们就从科学备考的角度来了解，在试卷上看到的作文题是如何命制出来的。

新颁布的课程标准的第二部分“表达与交流”中，关于记叙文写作有以下要求，如图 5-3 所示。

| |
|---|
| (1) 学会多角度地观察生活，丰富生活经历和情感体验，对自然、社会、人生有自己的感受和思考。<br>(2) 能用精练的语言描述事物，抒发感情；能写文学类文学作品。 |

图 5-3　记叙文要求

现在请大家用阅读的基本功从第一条里面快速筛选信息，思考“多角度地观察生活”的含义，在考试评价中如何落实这个标准。再看“生活经历和情感体验”在记叙文的写作当中应该如何体现。你认为这是“事件”还是“意义”？是考查写作的选材、内容、结构的哪一点？分析之后我们明确考查重点是选材的丰富性。然后继续筛选，“对自然、社会、人生有自己的感受和思考”，这个“自己的”思考其实就是竞争出我们能否达到一类的写作水平，思辨性、深刻、独到都是加强考试评价区分度的重点。用通俗的话来说，就是我们能够往上拉高分，靠的就是“有独特的审美鉴赏，有独特的人生感悟”。

通过上一环节的学习，大家会意识到学习课程标准的重要性。试题千变万化，万变不离其宗，这个宗就是课程标准，我们会在后面的教学环节中落实这些要点，如图 5-4 所示。

| |
|---|
| (1) 能考虑不同的目的和要求，以负责的态度陈述自己的看法，表达真情实感，培育科学理性精神。<br>(2) 力求有个性及有创意的表达，根据个人特长和兴趣自主写作。在生活和学习中多方面地积累素材，多想多写，做到有感而发。 |

图 5-4　议论文要求

继续看图 5-4 中的第一条，这一条要求更倾向于议论文体。其中“以负责任的态度陈述自己的看法”就指向了写作议论文的立意要积极。在日常生活中我们经常看到各种媒体的文章，有些自媒体报道“带节奏”的导向是不对的，不符合社会主义核心价值观，也就是说在“负责任的态度”这一条上出现了问题。还比如“培育科学理性的精神”这一条是考试评价很重要的一部分，从如何看待一件事就能够看出我们是不是负责任的、有正确政治导向的、有深厚的文化涵养的中国人。例如，什么叫科学理性的评价？比如对于巴黎圣母院失火的新闻报道这样一件令人遗憾的事件，网上有一些声音说：“着火是罪有应得，谁让当年他们英法联军火烧咱们圆明园了。”

我们现在看这种评价是否符合科学理性的原则？除了逻辑上的归因错误外，境界是不是也有些狭隘？从客观角度看，巴黎圣母院不仅属于法国文明，也是人类共同的文化遗产，是人类文明的一部分。不应因为践踏、焚毁人类文明瑰宝圆明园的英法联军这样的少数败类就情绪化地偏激，那岂不是也在破坏文明！所以我们看课程标准中每一句的表达，其实都有具体的命题指向。议论文表达与交流要求如图 5-5 所示。

(1) 书面表达观点明确，内容充实，感情真实健康。
(2) 思路清晰连贯，能围绕中心选取材料，合理安排结构。
(3) 在表达实践中发展形象思维和逻辑思维，发展创造性思维。

图 5-5　议论文表达与交流要求

下面看图 5-5 关于表达的要求。大家思考一下“在表达实践中发展形象思维和逻辑思维”这句话在作文中应该如何体现。其实具体操作就是我们在记叙文写作中需要借助描写的表达方式来展示生动的形象思维。逻辑思维贯穿在记叙文和议论文中，更多地表现在议论文中。我们通过下面的内容，大家会逐渐体会到：任何一个问题、任何一个题型的基础都是严谨的逻辑思维。

创造性思维在命题当中一般会以想象类作文的形式命制。在备考中创造性思维的内容能够清晰地替换成命题的具体指向。我们研究议论文要求第二点：“力求有个性及有创意的表达。”我们都知道，高考作文评价标准在每一类分三档，那么想提升评分等级的同学，如果表达符合图 5-5 中的三点，同时具有个性和创意，那么基本可以达到提升分数的目的。这里强调选材的个性化，但格局要大，应关注国家发展方向，在学习和生活中有目的、有意识地积累融入时代的素材，多看、多想、多写，做到真正有感而发，把个人的特长和兴趣与写作选材、立意有效结合，才能凸显个性。记叙文表达与交流要求如图 5-6 所示。

进一步提高记叙、说明、描写、议论、抒情的基本表达能力，并努力学习运用综合的多种表达方式。能调动自己的语言积累，推敲、锤炼语言，表达力求准确、鲜明、生动。

图 5-6　记叙文表达与交流要求

实际上在考试评价中，对图 5-6 中这项是有分值具体体现的，要能够综合运用五种表达方式，语言表达这一项分数就会得到提升。如果不能够根据文章写作的需要得体地综合运用记叙文的五种表达方式，那么在语言表达这一项就会失分。

众所周知，好的故事、好的思想、好的观点，最终往往是依赖于好的表达体现出来的。所以看似很温情的表达标准，在实际考场评价上是很残酷的。因此选择正确的讲述方式、表达方式对于考生反而是一个机会，在别人没有关注到这一点时，如果我们做到了，就可以胜人一筹。

升格进阶的下一个有效路径是“能调动自己的语言积累，推敲、锤炼语言，表达力求准确、鲜明、生动”。这已经是语言评价中的高级别了，能够做到文采斐然的同学，语言分数会稳稳拿到。

以上内容简单学习了课程标准中与写作相关的要求，并把课程标准转化为具体评价标准作了解读。

然后要关注备考的科学性。我们需要知道在考场上要完成的任务是什么，这个任务的标准是什么，才能够更好地去准备。在整个学习体系中的全过程要回到考试的源头，从研究命题开始，然后去研究课堂教学，之后再研究考场试题，研究评价标准。这才是科学备考和体系化备考。对高考不仅仅研究一些经典题目而知其然，更要做全过程、全方位的研究，知其所以然。科学备考就是用教学科研的力量提升思维的品质，激活师生创造性，大幅提高学习效率。

## 二、针对评价标准，突出文体特征

人们到四川旅行时会发现当地人特别喜欢打牌，所谓“一方水土养一方人”，不同地域包含了不同的地域文化。但外地游客可能既不知道牌桌上出牌的规矩，也不知道评价输赢的标准，盲目上了牌桌，没有思考地随机发牌，很大概率会输。因此要想上这个牌桌不输牌，首先了解要打什么牌，怎么打，要学会相关玩法。其次需要了解牌桌上的牌局规矩、评价标准，怎么样算赢，怎么样算输。

同样道理，我们已经坐到了高考应试的“牌桌”上，这张桌上的规矩，其实就是我们所研究的命题原则以及考试评价的标准。所以要注重学习的全过程，这才是科学备考。

现在同学们可能终于体会到随笔写作与高考作文的要求之间的距离，可能比原来想象得更大。

对于想要冲刺记叙文作文高分的同学，需要提交的是一篇达到上述标准的文学类创作。对于想要冲刺议论文作文高分的同学，需要提交的是一篇具有客观、理性思维的，具有思辨色彩且观点鲜明、论证有力的文章。科学备考思维模板如图 5-7 所示。

关注备考体系化：

（1）研究命题背景、意图。

（2）研究作文评价标准。

（3）建立对应的写作思维模板（审题模板、结构模板、表达模板……）。

图 5-7　科学备考思维模板

从全国的命题角度来看，给学生两个文体的备选题目是形势所趋，所以从科学备考以及长远的学习发展、工作需要的角度，建议大家关注记叙文和议论文两种文体的写作，做好全面、扎实的准备。不能死抱着一个形式的题目、一种文体机械应试。

下面分别从记叙文和议论文两种文体做写作思维品质的提升。

## 第三节　记叙文写作升格思维模板

记叙文写作升格思维模板如图 5-8 所示。

(1) 记叙文文体思维的建立。
(2) 表达方式的针对性选择。
(3) 如何确保审题正确完整。
(4) 如何确保结构逻辑清晰。
(5) 如何确保描写有效丰富。
(6) 如何捕捉素材夺人眼目。
(7) 如何在梯度训练中实现文化立意。

图 5-8　记叙文写作升格思维模板

### 一、建立清晰的记叙文文体思维

本节重点学习如何把课程标准运用到记叙文写作实践中。

记叙文的写作练习会经历以下几个阶段：最开始呈现出来的是“从非记叙到记叙”。所谓“非记叙”，就是有的同学上交的习作文体不清晰，如果作为记叙文，则缺乏完整的、充实的事件，所以在内容上会扣分；如果作为议论文，又没有很充分的论证，用的是零碎的论据片段。也就是说有记叙的一些要素却不充分，有一些议论的语言却很空泛，像一篇大散文但脉络和线索又不清晰。所以不伦不类，文体不清晰。这样的文章在考场上是最吃亏的，评分教师在评价文体不清的文章时，甚至可能会对分数“拦腰斩”。因为文体不清直接导致内容空泛，立意不明。

因此，我们要建立清晰的文体意识，明确记叙文的写作目的，形成递进式升格的思维模板，如图 5-9 所示。

升格记叙文的步骤：
(1) 由非记叙到记叙。
(2) 由记叙到故事。
(3) 由写实到提炼。
(4) 由作品到考场作文。

图 5-9　记叙文升格思维模板

### 二、记叙文文体思维升格步骤

第一步，要让文体规范，做出“从非记叙到记叙”的改变。文体意识要清晰，记叙文就要有记叙文的样子。符合文体特征，要素齐全，具有详细的故事内容，具有对生活的感悟，以描写、叙述为主要表达方式。

第二步，要从记叙提升到故事，也就是有敏锐的选材意识，不做流水账似的无重点记叙。

做到以上这两步，已经从三类文提升到了二类文。

第三步，从写实到提炼。在第二步选材的基础上提炼出塑造人物及推进情节的重点，对典型性内容加以描写。

做到第三步，已经从二类文提升到了一类文，这是所有同学经过思维训练都可以达到的目标。

第四步，从故事到作品，这是发展等级的提升。“应用形象思维和逻辑思维，发展创造性思维”“能调动自己的语言积累，推敲、锤炼语言，表达力求准确、鲜明、生动。能用精练的语言描述事物、抒发感情”，重点在于立意深刻和语言鲜明。进一步强调立意积极深刻，并且能够围绕立意有目的地选择材料，综合运用叙述、描写、议论、抒情等表达方式讲述故事。

这一步的提升中，生活故事已经提炼成作品，达到考场作文高水平的发展等级，评价为一类文上等。这是大部分同学在学习本节内容后经过努力可以实现的目标。

大家看上述渐进序列图表，可能会觉得好像很难，目标很高。但是如果我们学习了下边升格的具体策略、方法，大家就会发现，人人都可以写出考场一类文。

## 三、如何确保审题正确完整

### （一）理解命题意图

写作的评价标准是从语言、内容和结构三大方面来判分的。从逻辑思维的角度我们首先要发现问题，然后要分析问题，目的在于解决问题。所以在解决同学们审题不到位、不精准这个问题之前，一定要正确地分析这个问题，是理解问题、领悟问题、理顺问题逻辑、表达问题和积累问题中的哪一类。

发现审题偏差的问题后，要分析问题产生的根源，才能够提供对应的解决策略。

#### 1．语境思维审题练习

在此要再次明确我们写作首先展示的是逻辑思维能力和积极立意的能力。我们做一个语境练习：作为面试的老师，可能会说一个社会热点，或者可能随手选取课堂中看到的一些现象，来让考生分析对于这样的问题有什么看法。其实面试的核心就在于“看法”上，考查的是考生积极立意的能力，看是否有能力对社会热点做出一个客观、理性的正向评价。这是课程标准里提到的客观、积极、理性的评价。另外还要考查考生在表述过程当中体现出的逻辑思维能力。所谓审题就是要理解对方需要考生展示什么。

生活中会有很多语言、思想交流的例子，包括很多的社团招新、大学自主招生面试，也包括以后求职面试等。考生需要展示的积极立意的能力和逻辑思维的能力，是客观理性分析问题的能力。同理我们需要了解考场作文的命题意图与评价标准，评卷教师在阅卷的时候会从哪些方面评价作文，语言、内容和结构这三大块具体如何操作。

#### 2．想象类作文审题练习

想象类的作文题，比较简单的如大家很快就要进入大学学习和生活，请你写一篇

《我在大学的一天》。题干中最重要的限制词为“大学的”。那能不能像有些同学反馈上来的作文，说自己早上起床后叫醒室友，再一起在操场上跑步，后来一起去听课，然后中午吃饭，下午课后又参加一个社团活动。且不说流水账的文体不清，单看选材，这样的生活内容是把同学们在中学的生活完全移植到大学校园里面，只是那个地点状语由中学变为大学。你觉得这样审题的结果能够过关吗？考生理解命题意图了吗？在选材内容上，大学一定是有别于中学的新的、不同的生活才对。

如果题目再增加一点难度，想象20年后你在大学做研究工作的一天，恐怕就要更多地考虑科技改变生活的因素。回顾我们的生活，20年前移动支付、数字支付还是不可想象的，但现在已成为我们生活的一部分。科技的发展对政治、经济、军事乃至民生都有深远而切实的影响。这样的命题就有考查考生科学素养的意图。对此我们就要展示自己的科学素养，并且在选材上切题，这样在行文中对题干关键词的照应就格外重要。

综上所述，审题精准离不开对命题意图的把握，以及对题干关键词的准确分析与理解。想象作文的思维模板如图5-10所示。

**构思要素**

国家政策　科技因素　合乎逻辑　有发展眼光　具有时代前瞻性

图5-10　想象作文的思维模板

## （二）确保审题正确完整

前两年有一道高考题是“我和英雄度过的一天”，看起来似乎不难，但是在阅卷评价的过程中却发现出了很大的问题。显然这是一篇侧重想象类的记叙文题目，但是为什么有部分同学写得洋洋洒洒，最后对反馈回来的分数大失所望，问题就出在了审题上。

下面从专业备考的角度来研究审题要审什么。我们审题的时候要做到两点。

### 1. 标注任务点

我们在审题的时候要完成一个任务叫标点，不是标点符号的标点，这个标点是动宾短语，即标注要点。大家要标注、拆分题干上有几个关键点，以及限定性的关键词。

例如，《我和英雄度过的一天》这个题目，我们标注的第一个点是谁？——“我”，如果你上来就看到英雄而没有关注到要写自己，你的文章一半分数已经没了。首先要有“我”，然后是“和”，第三点才是英雄，第四点是“一天”。标完之后我们开始批注，有“我”，意味着文章以第一人称来写，并且是亲力亲为地参与事件。“和”是第二点，“和”字展现了关系，即我和英雄之间的关系。“一天”为什么也是我们要标注的要点呢？因为这一天限定了你取材的范围，就是告诉你不能够大幅地跨越时空，要具有典型性、凝练性。有同学把关注的一天从早写到晚行不行？不行，这一天不能写成流水账，要写出“故事”，使文章具有好的立意。

现在回顾总结一下这道题，短短 7 个字的题目，实际上含有 4 个要点。有同学此时恍然大悟了，如果通篇没有体现“我”的参与，文章从审题中的第一点就开始失败了。

**2. 解析对应点**

我们要在标点的基础上加批注，要把题干里的潜台词批注出来。这个潜台词就是对英雄要有所界定，比如网红不是英雄，名人也未必是英雄；还比如有些人是文化名流，但是他可能不是英雄。什么人是英雄。“英雄”这个词很重要，这个题目的关键词就直接限定了你的选材范围和立意。如果我们审题有障碍，对题目关键词的理解不到位甚至错误，那么后面写作就是盲目的。究竟什么人是英雄？符合我们社会主义价值体系的英雄应该如何界定？这是关乎立意的大是大非的问题。从词语基本义、语境义看，所谓明星肯定不是，封建时代的帝王将相似乎也要筛选，真正为民族独立、国家主权而奋斗牺牲的人们是英雄。在抗击新冠疫情斗争中为人民群众的利益挺身而出的各行各业的工作人员也是英雄！英雄是属于民族的、属于人民的、属于历史的。比如我们从朝鲜战场迎回遗骸的志愿军英雄，比如国家英雄勋章的获得者。在这道题目的语境中更强调的是“无私忘我，不辞艰险，为人民利益而英勇奋斗，令人敬佩的人”的词条义。

除了解析潜台词之外，在文中如何作切题表达也很关键。比如，我们讲到郑振铎先生，通常可能更多是从文化名流的角度介绍，如果把他作为英雄不是不可以，但是选材一定要侧重到“英雄事迹”的体现上，比如在抗日战争时期，郑振铎先生深入江南，做了很多文化古籍的抢救工作。一方面在日军轰炸机下抢救民间藏书楼中的古籍使之不毁于战火，另一方面在图书市场上高价买回了很多古籍善本，避免流失到海外。

我们在教材文本中读过余秋雨写的《道士塔》，关于王道士与敦煌的关系，文中写道：“历史已有记载，他是敦煌石窟的罪人。让他这具无知的躯体全然肩起这笔文化重债，连我们也会觉得无聊。这是一个巨大的民族悲剧。王道士只是这出悲剧中错步上前的小丑。一位年轻诗人写道，那天傍晚，当冒险家斯坦因装满箱子的一队牛车正要启程，他回头看了一眼西天凄艳的晚霞。那里，一个古老民族的伤口在滴血。”与这一篇文章内容相比，大家就知道郑振铎先生这一义举堪称民族英雄。他在日军轰炸下使我们的文化典籍免于战火；在抗日战争中我国遭受文化掠夺时高价挽回，避免了历史文物流于海外，于危难中挺身而出保护我们中国文化的文脉，做了很重要的一部分工作。在战火之下中华文明的文脉是集体延续的，其中不乏这样的英雄人物，所以挖掘潜台词的时候自己要批注，在批注过程中加深对题目的正确理解。

审题之后要解题，这个语境中解题的含义与理科计算出答案不一样，在这里解题是解释、解析题目与考点、知识点的对应，从而选择对应的思维模板。拿到题目，我们在审题过程中标注了要点，挖掘了潜台词，之后就要给自己分析、解说这道题的考点是什么，能力点是什么。这道题的命制意图是考查学生科学理性的思考及丰富生动的表达。只有看透了题目命制的意图，做出题目与考点、知识点的对应，才有可能构思出方向正确的选材。反思一下我们平时写文章是否做足了这些审题的功夫呢？

回顾本章第一节的学习中为什么要专门学习课程标准，就因为这直接关系到作文的成败。写作技巧好调整，但是写作的方向才是决定高考作文成绩的首要问题。高考就像战场,打仗是要有牺牲的,我们要保证的不仅是最大限度地降低伤亡,更要学会让自己在这一场战役中遥遥领先,所以写作目的一定要清楚,不能无序写作。

作文升格可以帮助你人生升格,进入更棒的学校,找到更先进的学术平台,见识更优秀的同学和老师,拓展自己的人生。

这些功夫下到了,审题的痛苦自然就消除了,我们才能学习下面具体的对应策略。在教学实践中同学们都比较喜欢下面这一部分更加具体的方法,但是如果没有前面对命题方向上的认识及理论上的提高,理解又不到位,会影响大家具体运用这些方法的效率。

## 四、针对文体选择正确的表达方式

### (一)由非记叙到记叙——文体的清晰与规范

探究考场记叙文的写作升格,我们要完成的任务首先是“叙述”。要实现叙述,在表达上就要注意选择和切换到正确的表达方式。

我们在任何一种表达中都要注意培养严谨的逻辑思维。记叙文写作中所需要的几种表达方式是具有逻辑顺序的。可以设置这样一个情景:今天有一位新的老师来给我们上课,我要把这件事讲给朋友。如果想要把这个叙述做得充实一点,必须借助哪些表达方式呢?大家带入语境练习一下:看到一个新的老师进来了,通常首先看到的是他的外貌,这个时候描写其实就已经开始了,按照习惯上从主要到次要、从大到小、从外到内的逻辑思维,先看看这位老师的衣着、长相等外貌的整体描写,然后是肖像、神态的精细描写;之后老师会开口讲话,那么语言描写顺理成章就出来了;伴随着语言,新老师可能赋予一些肢体动作,我们就有了动作描写,最后我们也许由此揣摩出对方的心理。所以肖像、语言、动作、心理这四种描写人物的方式就按逻辑顺序梳理出来了。我们从看到新老师开始,其实你的大脑已经快速、自动地形成了描写的表达模式。

按照逻辑,后面会发生什么事情呢?新老师讲课,帮助我们认识到了原来没有认识到的问题,可能找到了学习的瓶颈,也找到了提升的方向与方法,我们非常赞同他的观点,欣赏他的教学风格。这个时候你针对新老师上课这件事的观点就是用议论的表达方式发表出来的。

议论之后,也许在本课程结束时大家会觉得自己十分喜欢这位老师,喜欢课堂上的思维培养。这是直抒胸臆,是抒情。所以通过这个情景练习的例子,我们学会了要把事件叙述丰满,需要借助大量描写和少量议论、抒情的表达方式。

针对文体选择正确的表达方式,这就是老师说的“工欲善其事,必先利其器”。只要是记叙文的写作,那么我们马上就要调整思维切换到记叙文,只要一张口、一下笔,就选用描写。记叙文是以描写为主要表达方式来塑造人物并推动情节向前发展的。同学们要在升格训练阶段有意识地强力矫正表达方式,把语言习惯、思维习惯中干瘪的叙述变为丰满的描述。

将叙述变为有效描写的方法就是将行文中大量的叙述主干句,添加上句子定、状、补语的附加成分,这样才能有重点地对事件进行描摹,叙事的遣词造句中才会带着我们的感情色彩。

汉语是非常神奇的，所以作为母语文化的传播者，老师也很有职业荣誉感。我们研究世界上很多种语言，只有汉语有高语境的背景。什么是高语境？就是大家在本书第四章阅读部分体会到的，经常会有一道题让你回答文中某句话的深刻含义，其实就是解说词语在语境中的潜台词。所以从逆向表达的角度，我们要想屏蔽自己的情感，做一个"卧底大佬"，怎么样才能不让外人看出来自己的好恶悲欢呢？唯一的办法、最好的保护就是不讲话，因为只要一讲话，褒贬感情色彩就出来了。汉语的词汇特点之一就是具有丰富的感情色彩。

我们看一个例子。年轻人经常用的网络语言有"呵呵"。"呵呵"在不同语境中的含义十分丰富，这是虚词不虚的一个例子。汉语博大精深，仅用一个虚词就能表达丰富的情感。既然有这样的语言特点，有这么深厚的文化底蕴，那么在作一篇影响你人生的考场作文的时候，要特别注意，从一开篇就要切换你的表达方式，变干瘪叙述为生动描写。

描写的要素，有人物描写、场面描写、细节描写、环境描写、正面描写、侧面描写等。这些在课标中是有明确评价标准的。比如课程标准对初三年级的写作有场面描写的考查，体现在中考作文命题要求中，如果没有恰当的场面描写有可能已经开始失分。

关于描写，我们还可以读写贯通，通过经典的阅读篇目来学习。《史记》中"鸿门宴"这部分的节选就是很好的例子，是一个非常有故事、有逻辑、有深度的范本。其中有个场面描写就是在鸿门宴上的座次排列，实际上当时一落座，这个鸿门宴的胜负已初见端倪。这个场面描写实际上有暗比及决胜负。再比如对樊哙进帐时的语言、神态、动作的描写，使人物鲜活地出现在读者眼前，为后世小说刻画人物提供了借鉴。如此描写，才是记叙文写作的正确方式，才可以实现由非记叙到记叙的文体清晰。

### （二）由记叙到故事——描写的有效与典型

第二步我们尝试"由记叙到故事"的升格，依然用"鸿门宴"举例。这段范本里有很多描写，但是记叙和故事的区别在于描写的有效和典型。对于刘邦的人物性格塑造，更多的是在鸿门宴的前一天晚上张良送信后的语言描写。他反复在说一句话，叫"为之奈何"。现在我们来琢磨一下，刘邦那个时候是真的不知道怎么办吗？包括我们做朗读训练的时候，大家肯定有体会，每一次说"为之奈何"时语气是不一样的。第一次问"为之奈何"，是不是真的有点慌了？"为之奈何"就是奈何为之，意思是怎么办呀？但是在后面他再次说这句话的时候，实际上心里面已经有所决定，知道奈何为之。此时他只是用这句话作为一种态度来争取张良的支持。这就是细节描写，一句语言的刻画，就看出了刘邦是非常有谋略的一个人，增强了故事性。

这段还有一个情节推进，也是靠语言描写完成的：从素不相识的"君为我呼入，吾得兄事之"，到决定与项伯"约为婚姻"的闪电推进，结为姻亲的刘邦与项伯显然已经比张良的关系更近了。正是这两句典型化语言描写，刻画出在关键时刻人物的非凡谋略，所以这个例子也从另一个角度证明了语文表达的重要性。刘邦的语言表达特别得体，为大汉赢得了机会；烛之武退秦师的外交斡旋，同样可以看到表达的威力不亚于千军万马。烛之武聊了聊，秦国大军就退师了，亡国之难解除了；刘邦聊了聊，最后就把张良的江湖大哥变为自己的儿女亲家了，自己在对方阵营就有了同盟。可见表达非常重要，甚至在某种角度可以改写历史。

在这段阅读中，我们通过语言描写看到了人物形象和情节推进，那么反过来我们在写作中塑造人物形象和设计故事情节时，同样可以通过语言描写的细节来实现。从这段文本分析中我们可以体会到，细节描写、语言描写一定是为讲好故事服务的，为写作主题服务的，这些都是在叙事当中必须要做到的。我们有学习写作最好的范本，就是语文课堂阅读的教材文本。读写贯通，事半功倍。

### （三）由写实到提炼——人物有形象、情节有起伏

在上一步做到了“有故事”的基础上，我们就可以从写实上升到提炼经典。

#### 1. 人物有形象

随着写作水平的提高，我们现阶段刻画人物已经有很大精进，很少再只是表面上泛泛描写。我们在作文中写得最多的人物可能是自己的同学、家长和老师。以前一要求描写，就来一段肖像。这是为了描写而描写，不一定与主题有关，大部分是无效描写。

同学们的习作，描写一个老师的眼睛大小似乎成了执念，那么应该长到什么尺寸，这个老师才会具有深厚的学养呢？通过思维模板的系列学习，现在我们反思眼睛大小和学养高低之间有没有逻辑关联？还有头发长的老师一定就温柔，头发短的就必然严厉吗？也不一定。所以我们现阶段构思作文已经比之前有很大提高，开始学会注意到逻辑思维的合理性以及描写与主题的有效关联了。

现在回忆我们学习写作的经历，小时候写妈妈一定是特别好看的，我们每个人笔下的妈妈都是大大的眼睛，双眼皮、高鼻梁，然后就会发现全国的妈妈长得大同小异，成一个标准了。

现在我们理解的人物形象是什么？更多的是内在的思想形象，是精神形象，因而写作着力点不应仅仅停留在肖像描写的层面上。一个妈妈的形象，不仅物质养育，还有精神引领。这样的立意认识，眼睛大小似乎就不重要了。

例如，我们在口语交际中谈到某一个同学，大家说他这个人特别好。而我们作文的表达（包括我们阅读中看到的表达）是要展开解说：怎样好？如何好？那么可能会具体描写他待人很友善，性情很温和，学习很上进等，这些才能构成我们所说的人物形象。我们通过成长的体验就会发现，人与人之间真正彼此吸引的是什么呢？不是外貌，因为我们有审美疲惫，时间长了之后我们会对人的面相有一个盲区，即使是西施，可能你看惯了也不觉得她格外出色，真正印象深刻的是人的内在魅力，即才华、人格与精神等。

一个人的思想和灵魂才会具有长久的吸引力，这就要求我们在写作的时候，塑造人物要着重刻画人物的精神形象、人格魅力，刻画他的思想和灵魂内在的东西。

比如“一见钟情”这个词，它在逻辑上符合心理学和生物学的规律，但是一见钟情很多并不是爱，更多的是好奇，是发现了某种吸引自己的特质，想要深入地去跟他接触，要去确认自我的判断，实际上这个时候不是爱，而是一种探究。因此在写记叙类文学作品的时候，我们希望阅卷老师有进一步探究你的文章的欲望，那么一定要设法在文章的

内在方面下功夫。因为随着成长和阅历的增加，我们会发现真正能让大家做长久朋友的，经得起时间考验的，往往不是性别、出身，而是个人独特的思想，每一次交流都会有启迪、有所获得，大家在相互的交谈中彼此都有所增益，旗鼓相当，共同成长，这才是最有魅力的。那么在塑造人物的时候，重点就应该在于人物形象所依托的独特的性格魅力，以及内在的思想魅力和他的灵魂。

#### 2. 情节有起伏

有故事的标准之二是情节有起伏，这一点大家会有很多的范本。我们看小说时会发现人物的命运一定是交织的，不能是两条平行线。所谓艺术源于生活，平时的生活也是这样，我们与好朋友之间有相同之处，但是更多的是不同。如果完全同步，两条生命线是重合的；完全不同，又会是平行的。实际上我们的命运线是曲折和交织的。比如关于人物的命运，有曲折，有波澜，才会体现出源于生活又高于生活的典型性。

### （四）从作品到考场作文——表达有立意且逻辑有照应

故事能够成为考场作文，与一般随笔最主要的区分点之一是表达有目的、有立意，内容与立意、主旨有逻辑联系。

行文中的每一句话都有明确的指向。简单地说，每一句表达都要清晰地指向立意，都要帮助你在这一次选拔中晋级，确保行文中前后照应，逻辑严谨。

## 五、运用结构模板并确保逻辑清晰

稳定的结构，清晰的任务，需要严格的目标管理，也就是说只要写作文，你就要对自己进行严格的思维管理。记叙文升格思维模板如图 5-11 所示。

(1) 稳定的结构——五段式
(2) 清晰的段落任务——每段一个
(3) 严格的目标管理——服务段落任务

图 5-11　记叙文升格思维模板

### （一）稳定的结构

思维管理的第一步，我们借助稳定的结构来实现对思维不清、写作无序的强力矫正。

记叙文习作我们设计为五个自然段，每一段要完成对应的段落任务。第一段在篇幅上控制在 100 字以内，基本为三行。清晰对应的任务是开门见山。第二段基本上控制在四行的篇幅，大家根据自己的写作需要可以微调。段落任务是完成对情节起伏的铺垫，所以在逻辑上第二段与第三段是一个叙事整体，逻辑线是因果关系。第二段为了推进情节，篇幅要短小一点，略写三至四行，控制在 100 字左右。为第三段制造一些合乎逻辑的起伏曲折。第三段篇幅是最长的，是全文的叙述主体部分，第三段要占到这篇作文篇幅的 1/2 左右，这里面就要根据主旨展开各种描写，要推进情节并构造人物形象，要指向人物的命运，要展示我们独特选材的本领，行文语言在讲好故事的同时要指向文章的立意。也就是说第三段是一个大板块，课程标准中要考核的能力点，我们都要尽可能地在这一段展示。第四段的表达方式开始转向夹叙夹议，段落任务是就事论事。第五段表达方式主要是议论抒情，在第四段就事论事的基础上完成就事论理，凸显文章的主旨立意。第四、五两个自然段在逻辑上是递进的。

就事论理要比就事论事的比例大一点。我们在文学类文本的大阅读中有体会：写故事并不是目的，故事只是载体，通过故事要表达人生感悟、哲理思考，还要提升认识，引起共鸣，指导实践。在讲故事的叙事当中表达作者的人生感悟。所以生活中有很多事情都可以作为故事选材描述下来，关键看的是故事之上赋予的立意。

记叙文结构模板如表 5-1 所示。

**表 5-1　记叙文结构模板**

| 段　落 | 段 落 任 务 | 主要表达方式 | 篇　　幅 |
|---|---|---|---|
| 第一段 | 开门见山 | 描述、修辞 | 3 行之内（100 字以内） |
| 第二段 | 制造起伏曲折 | 描述 | 略写（3 ～ 4 行，100 字左右） |
| 第三段 | 独特选材，刻画人物事件推进情节发展 | 生动、丰富、有趣的描写 | 详写（550 字左右） |
| 第四段 | 就事论事来悟道 | 夹叙夹议 | 3 ～ 4 行 |
| 第五段 | 就事论理见立意 | 议论 | 3 ～ 4 行 |

## （二）清晰的段落任务

思维管理的第二步，借助清晰的段落目标来实现行文中选材的精准、逻辑的照应。

第一段要完成开门见山的任务，这似乎是老生常谈，听起来不难。但是我们在写作实践中做得并不成功。开门见山是古文笔法百篇的第一篇，是一个非常经典的写作的手法，这个“山”就是文章的主题，就是你在作文审题当中的那个主旨词、核心词。

也就是说我们的这个作文不同于平时的自由写作，它是有明确的应试任务的，比如前面举例的高考题《我与英雄度过的一天》，在写第一段的时候，怎样写才能做到开门见山？这道题的“山”是什么？我们来思考一下哪个词必须出现，那就是“英雄”。这个“山”一定是题目给你的主旨词，绝不是我们自己替换的。

第二段要完成情节曲折的铺垫，推荐大家用先抑后扬的笔法，便于立意。如果先扬后抑，也有曲折，但是文章越写越压抑，不利于在短小千字文中立意。

第三段用最大的篇幅占比及最生动有趣的语言，描写全文的中心故事，凸显选材的能力。以故事作为文章主旨的载体。

第四段就事论事，是针对第三段的故事有所感悟，此时不能生硬拔高，要注意行文中的逻辑照应，逐层递进。在感悟中体现这个人物和故事为什么可以作为第三段作文选材，也就是第四段通过就事论事来分析选材的意义，向阅卷老师传达你选材的精妙之处。你要给阅卷老师解释自己为什么选这个材料，要在第四段论事部分解说这个材料如何好，对解这个题目如何有意义。

如果写故事仅仅停留在孤立的就事论事层面上感悟，不能上升到普遍性的人生感悟，那么这篇作文就只能止步在二类文了。因此要想上到一类文，必须有第五段就事论理的递进深化，让感悟上升为一个普遍性的道理，对人生有指向作用。有一个完整的具有普适性的思考与哲理，凸显故事载体中的主旨意义。

### （三）严格的目标管理

思维管理的第三步我们要做的就是清晰、严格的目标管理，每一段一定要在文笔上有照应，在行文逻辑上保持严谨。

要确保写的每一段文字都是为完成上述段落任务服务的。如果写下的文字与完成段落任务没有关系，那么这句话就是废笔，马上删掉。留出篇幅说该说的话，写段落任务需要的内容。

这个五段式的结构，通过稳定全文的结构，固化五段的任务，保障了全文整体的逻辑是有序、连贯、严谨的。通过明确每一自然段的段落任务，便于大家匡正自己不知所云的混乱思维，减除废笔，使逻辑线清晰。

### （四）记叙文模板思维举例

例如，作者上小学时的班主任张老师给作者留下了很深的印象。20 世纪 70 年代大家生活都很拮据，冬天的北方穿大棉袄时往往套一件棉袄罩衣，张老师永远会在这件棉袄和罩衣之间翻出一个格子衬衫的小领子边，既不翻出来，又露出一个花边儿。那种布料叫“的确良”，色彩鲜艳又不起皱褶，那个年代很少有那么好看的衬衫，因此老师的一道小格子彩色就让大家特别羡慕，特别想也穿成那样，那是一种既漂亮又内敛的美。

除了外表着装很美，张老师还多才多艺，不仅会拉手风琴，竟然还会踏脚风琴，而且唱歌特别好听，画画也十分好看。最初因为张老师的漂亮，满足了一个小学生的虚荣心，后来逐渐发现的是她内在的美，多才多艺却又含蓄内敛，从不张扬，正如她的衣着风格。

但是至今对作者影响最深的是她的品位，她的含蓄深沉。这样的身教，让作者学会了女孩要爱美、会美、珍惜美，懂得了含蓄深沉的内敛比张扬更具有动人的力量，吸引着作者努力向她学习。

这种对成长有深远影响的经历可以作为很好的个性化选材积累下来。在第五段就值得写一写对自己未来的深远影响，超越就事论事的层面，上升到对人生哲理的感悟。

利用这个例子，我们回顾就事论理、揭示主旨立意是如何在行文的照应中水到渠成的。第三段展开描述写张老师怎样好，这是用别样的、潜台词式的语言去做语言照应，不能总是拙劣地反复用“好”字。作者在赞美张老师如何好，主要是对具体事件和人物的描写；后面从具体事件中提升出本质性的内容，就是解答为什么这样好，比如她的多才多艺，源于对学习的热爱，对生活的热爱。在此基础上升华的时候，就要注意把这种“好”变为一条射线，写出在人生成长中对未来的深远影响。

我们追溯到这种认知或者人生观的起点，可能就是在少年时期曾经遇见了那样一位优雅内敛而多才多艺的美好的老师。

所以起点在于故事，深远在于立意。

## 六、如何确保表达有效丰富

### （一）描写要有效

记叙文要想成功，首先要选择正确的语言表达方式，因此只要一写记叙文，我们马上要切换表达方式为描述，叙述中要带有生动丰富的切题描写。

现在从表达方式的角度来看第一段怎样切入，才是明确属于记叙文的表达方式。

就以大家一起进行作文学习的交流举例。如果你说："在本周三，我们在学校做了一个语文学习的交流。"这是一个干巴巴叙述的说法。怎样才能让这件事变得有趣，吸引阅读者的兴趣呢？那就是借助具有色彩的描述。

那么如何切入、怎样描写才是有效的呢？那就是描写当中能够体现主旨。

例如，我们靠语言描写推进情节。课前有同学拿着很厚的一个本子，那就可以在第一段进行语言描写："哈，你这笔记本好厚啊。""是啊，我就是为了今天用它攒点东西，存点干货的。"这个时候以语言描写切入就比干巴巴地叙述为"我们今天要一起交流一下作文升格的问题"更有吸引力，也更能指向我们的主旨和立意，提高学习效率。描写切入在第一段就指向主题，切入的时候可以是师生语言、动作描写，也可以是课堂互动学习的场面描写等，大家根据自己的写作特长和作文主题自主选择切入点，会更加自由流畅。

但是同学们一定要修正为达到描写目的而描写的错误，要关注描写的有效性，即行文中每一句表达都为主题服务。比如，上面这个例子中，对老师从头到脚的肖像描写，对教室窗外的系列景物描写以及与作文研讨无关的同学间的对话描写就是无效描写。

### （二）逻辑要照应

考场写作要有频繁的语言照应，体现在第一段开门见山之后，在后面几段行文中要坚持前后照应，保持逻辑线一脉贯通。

下面做一个高频照应的语境练习，比如说"老师好不好"这个简单的问题，大家说"好"。现在你头脑里面出现了一个喜欢的老师。"好"这个词是我们要在下文中照应的。根据第二段的段落任务，我们要设计一个小的情节波折，可能是小时候遇见一个特别严厉的老师，我很怕他，体会不到他的"好"，这时出现了"先抑"，为下文"后扬"的"好"老师出现做好了铺垫。但是这个好，如果简单地反复用这个词，语言就太乏味了，所以要采用阅读简答题的思路，要展开说"怎样好"。

"怎样好"就包括你喜欢、认同、欣赏的种种优点，比如说他讲课知识渊博且有趣，他对学生很平等友善，他个人生活丰富高雅等。如果语文老师是一个风度优雅的学者，那么培养出来的学生大概率也是爱读书、很风雅的。这就构成了行文内容上的语言照应，这个"好"的主题词以不同内容形式贯穿在各段落中，那么到第四段我们可能要就事论事地挖掘这个"好"对你的启发。

第五段递进地就事论理，深入挖掘这个"好"究竟对个人成长有什么深远影响。

总而言之，围绕主题词，要在行文各段的起承转合中时刻注意逻辑照应。

我们要注意逻辑上的照应除了符合逻辑关系，还体现在我们在上文写的内容，在下文一定要“捡”起来。比如有的同学写的想象类作文，说“2035年的世界”是什么样的，第一段是描写切入，“一觉醒来房子是白色的，衣服、家具都是白色的……”，写了一大堆白色的环境；第二段写他已经是一个科研基地的首席科学家，在基站中做种种工作，直到全文五段结束，再也没有呼应第一段的环境描写。那么我们思考一下第二段开始在基地工作以及科学进展的内容与第一段的白色环境有没有逻辑关联。虽然第一段确实从描写切入，但是这个描写孤零零地与下文缺乏照应，而且在逻辑上也毫无关联。只有在语言上和逻辑上照应主题的描写才是有效的。

### （三）语体和词库的选择

要想写出文采斐然的文章，就必须关注语体和词库的选择。我们在日常交流中基本都用口语，但是做考试文本的时候，应该尽量规避口语、方言、网络用语，应培养自己使用规范的书面语进行表达的能力。

课程标准要求初中生可以运用规范的书面语，考查高中生的标准是力求规范、典雅地表达。规范和典雅是两个等级，如果我们想在作文一项胜出，规范显然是不够的，要力争达到典雅的标准，其中描写的表达方式不可少，修辞的手法不可少，书面语的词库也不可少。

我们在语言表达中培养的能力就包括要学会根据不同语境做出得体、恰当的表达。汉语表达的基本原则是简明、连贯、得体。我们在作文评价中发现大家的口语化表达过多，在作文中很难做到简明与得体。口语语体的随意、词汇的贫乏又导致了语言不够丰富，更谈不上生动、有文采。这样的语言基本上就是在二类文中浮动，语言一项的评价无法达到一类文标准。

因此要想在语言上升格为一类文，上述几条要高度关注。

所以从这样的一个扩展的角度看，也可以帮助我们理解为什么需要精读，尤其是部编本新教材中各种体裁的范本，包括我们教学中的名著导读，整本书阅读的训练。这些教材范本可以帮助大家积累大量丰富生动、典雅华丽的词汇，学会规范、典雅的书面语体表达，培养出母语发展等级的高级语感，跳出口语表达力不到位的樊笼。

### （四）借力阅读，读写贯通

阅读与写作是思维的双向活动，我们经常说会读了就会写了，会写了就容易读懂了。实际上就是强调读写之间的思维贯通、举一反三、学以致用，向阅读借力，可以助力写作。我们在所有阅读文本中学到的经典描写、构思和布局，都可以迁移、运用到作文中。

现在结合经典课文来体会如何学以致用地把课内阅读中学到的本领迁移到写作中。

要想让文章的语言增色，在第一段除了用描写切入，还有什么方法呢？例如，大家都非常熟悉的《阿房宫赋》《滕王阁序》等骈文、汉赋，可以帮助我们增添语言的文采，在开篇中把骈句的语言形式借鉴到作文当中，使文章第一段就以语言优势脱颖而出。

换个角度思考，如果在第五段深化主题，可以借助在阅读文本里学到的哪些方法呢？前面讲到第五段的段落任务是就事论理，因此我们可以仿照《六国论》结尾的思路，借助排比铺陈，强化语势，通过层层递进来揭示主题。

本章中举例的《鸿门宴》,我们既可以借鉴危机之夜用语言推进情节的方法,也可以模仿鸿门宴上在场面描写中暗含胜负与作者立场的写作手法。

这就是我们所说的学以致用,因此大家要关注语文教材读本,珍惜课堂资源、教材资源,学会筛选、挖掘宝藏,实现读写贯通。

## 七、如何捕捉素材夺人眼目

在结构和表达之后,我们要关注最具有核心竞争力的第三段。对作文讲述的重点段落不会选材怎么办?在谈选材之前我们有必要了解一些关于阅卷的事情。

有时候我们会看到一些媒体上的评价,说高考阅卷老师两分钟看一篇作文。这是一种特别不专业的声音,且不说高考阅卷要在千家万户期待的时间点交出成绩,单是阅卷教师的基本功就是非专业人士不曾了解的。选拔作文阅卷老师是有很多的专业考量的,与我们平时的专业训练密不可分,包括老师的专业素养、专业基本功、心理素质。一位经过专业训练的优秀教师,在作文阅卷时至少有三点是必备的。

第一是非常正直的人品。不管自己的阅读兴趣在哪个方向,都能够保证客观、公正地摒除个人取向,按照试卷的评价标准或者高考的评价标准客观地去给大家做出公正的评价。

第二是有极强的专业能力,能够精准领会作文命题意图与评价标准。这是最基本的职业标准,确保作文这道主观题在评价过程中赋分公正客观。此外还有双判、复判、讨论等方式把关。

第三是专业的阅读速度。经过专业训练和选拔的老师,在保证阅读质量的前提下,阅读速度是非常快的,高于经过训练的高三学生,更高于社会普通人群。而网上个别不专业声音质疑的阅读速度是以普通阅读者衡量的。

虽然本章研究作文,但是大家有必要了解一下对于阅读速度的大致要求。高中学生的阅读速度一般不低于每分钟 700 字。每分钟 700 字实际上要完成阅读信息筛选、提取、概括与整合。这还不够,这些任务完成之后只能回答一些简答题,还要完成对文本的整体思考,能作答分析、理解句子的题目,在此之上还要完成读者立场的归纳及对作品文本的评价。

我们经常会说,阅读会涉及几个立场,比如人物立场、作者立场、读者立场,同时可能还有教师立场。

在评价过程中要求老师屏蔽教师立场,严格按照评价标准完成作文阅卷。我们在写作时同样特别关注上述几点,就可以很好地完成写作答卷。

既然阅卷老师能够高速度、高质量地快速找到学生作文中想要表现的主旨,那么我们的任务就是尽量吸引老师在繁重的阅卷工作中能在最短的时间内对你的文章产生阅读兴趣,并且捕捉到给分点,因此选材至关重要!

### (一)选材要有趣

第一个原则,就是你一定要选一个有趣的素材,这个“趣”很重要,它能够帮助你在千军万马当中胜出。在阅卷评价的时候,所有的阅卷老师都会疲惫的,所以我们要努力让自己的选材在老师即使有点疲惫时也能眼前一亮,精神为之一振,被故事的“趣味”

深深吸引。

本章已经明确了第三段的任务，就是要借助描写的方式，讲述一个生动的故事。故事讲得好坏，选材至关重要。有趣原则的“趣”不是哗众取宠地一笑而过，而是它既有意思，值得咀嚼回味，且发人深省。

下面通过具体题目进行选材思维训练。

举一反三思维训练题目如图 5-12 所示。

| |
|---|
| 做一个________________的人<br>请补充题目，完成一篇记叙文。字数为 800 ~ 1000 字。 |

图 5-12　举一反三思维训练题目

**1．材料有趣**

女生可能喜欢比较文艺的表达，例如“做一个灵魂有香气的女子”这类的随笔。但是写成作文，你首先需要界定“灵魂有香气”的概念，你塑造的人物怎么“有香气”了，这个选材又有哪些趣味可以吸引作为读者的阅卷老师。在实际写作中为此会多费很多故事之外的笔墨，很容易导致结构失衡，连带内容空泛，因此选材要格外慎重。

“做一个有趣的人”，这个题目补充得比“有香气”好，清晰明确。“趣”比较容易理解，即做一个比较“有意思”的人。如何解读“有趣，有意思”，给写作立意增加了区分度。说这个人特别会搞笑，大家判断一下他算不算有意思？不一定，需要看语境。语境意识是语文学习的基本功。作为写作选材的搞笑不能只有一笑了之，还要有立意。单纯搞笑很难与立意点联系上，或者说显得很浅薄。我们说的“趣”是什么？是说这个人、这件事让人有回味，有启发。比如，说一位老师敬业固然是可贵的，但是作为一位语文老师，如果仅仅是每天在办公室备课及批改作业，这类选材就“无趣”。首先材料过于陈旧，没有与时俱进；其次人物活动单一，缺乏个性魅力。因为语文学科本身与生活贴合度很高，如果一个老师忙得没有时间去参与生活、营造生活，没有精力不间断地丰富自己的学习，那么人物塑造出来不仅“无趣”，也不是一个很好的榜样。

**2．人物有趣**

有生活才会有趣味，比如看戏剧，我们要尽可能亲临剧场体会效果而不仅是在网络视频上隔空欣赏，新课标中有关于审美鉴赏能力的培养，如果自己没有真实的审美体验，就谈不到后面的鉴赏。如果我们在剧场、博物馆而不是办公室遇见了老师，如果我们针对一起观看的剧目和展览在师生间展开交流而不是教室里的教师一言堂；如果教师在写下水作文时语言诙谐犀利，在生活中风趣幽默等，这样的选材是不是塑造的人物更有趣味？言传身教、以人育人的立意是不是因选材的有“趣”更显丰满？

**3．事件有趣**

除了塑造人物要选材有趣，在记事选择上也要注重趣味所在。例如，语文实践倡导博物馆教学，如果没有读万卷书的积累，即使大家都识文断字，到博物馆依然可能理解不透。在游学过程中，博物馆学习我们尽量给足两个小时，让同学们可以深入地看展板说明、展品实物，进行学习探究。但是经常会发现有的同学 20 分钟就出来了，因为之前知识储备不够，所以看不懂，没兴趣。但是如果有阅读积累，像我们阅读的一些文章诗歌如席慕蓉的《楼兰新娘》，散文如梁衡的《晋祠》、余秋雨的《莫高窟》，专著如沈从文先生的《中国文物常识》、蒋勋的《美的沉思》、阎崇年的《大故宫》、祝勇的《故宫的文物之美》等，都是从博物馆找出来的写作素材和立意。读过及看过这些作品后，再到博物馆时，我们会感到与展品似曾相识，能够看懂一些，博物馆之行就是一个很好的素材，充满了从今天到古代的穿越之趣，充满了欣喜、重逢的体验之趣，充满了从文字到实物的探究之趣。

举个例子，初中历史课本上学习中国古代史半坡文化部分有幅“人面鱼纹盆”的图片，真品在陕西省的省博物馆、北京的国家博物馆都曾经展出过。作者曾经在陕西省博物馆里待了整整一天依然流连忘返，因为几乎看到的每一件展品，都曾经在阅读中有所涉猎，都仿佛与它有前世的缘分和记忆。在看到的那一刻，欣喜激动，被深深震撼了。就像看到那半坡人面鱼纹盆的时候思绪万千，忍不住仔仔细细地端详它的每一个细节，觉得这种质朴的美无与伦比；又会想到作为儿童瓮棺的棺盖使用的特制葬具上已经出现具有象征含义的图案，这体现了新石器时代先民们丰富的想象力和艺术才能；还可以联想到在六千年前的遥远时代，先民们烧制陶器的科技水平就如此发达了等。这个选材的有趣在于材料具有丰富的立意生长点。我们写与审美鉴赏有关的故事，写中华传统文化的故事，写与科技相关的故事，写个人成长的故事等，都可以成就一篇好的记叙文。甚至还可以把这则材料整合到议论文中，作为我们讲科技强国、道路自信、文化自信的论据。

从细微处学以致用地练习选材是一种较好的选材途径，这也是大家生活和阅读中常见的素材。

### （二）立意有趣

依然以在陕西省博物馆参观学习为例，看看如何在这一天观展中挖掘出值得回味的文章立意。令作者心灵激荡的原因不止一个，首先从时间脉络上回想到自己第一次知道有这个人面鱼纹盆的时候还没到上小学的年纪，第一次看到鱼纹盆的图片时印象很深，特别惊讶地问家长为什么这么多年过去了盆没有被摔坏。这太超乎一个小孩的想象力了，感觉太神奇了。在家长的回答中才有了“文物”的概念，并且从此对文化充满了敬畏感。几十年过去，等自己真正见到这尊人面鱼纹盆的时候，脑海中浮想联翩，会有很多生活的痕迹，有对父母培养自己的深深感激，有人到了中年之后再回望自己的成长之路有很多很多更深刻的认识。如此，立意在这个故事中超越了普通父母之爱的亲情抚养之上，挖掘到自己人生成长的深远意义。

这样看来，这一则材料放在第三段就是一个特别好的素材。到第五段可供立意的方向很多，一个有趣味的素材在立意的自由度上是很大的，也是很耐人回味的。

除了上述情感立意，第三段还可以侧重写陕西省博物馆里珍藏的汉代宫门上的特别巨大的铜合页的原品。那么材料与立意的设计在于我们凝望它的时候，不仅可以联想到宫门内外铜合页见证过的如烟历史、人物事件，还能看到大汉帝国高度发达的科技力量。汉代的铜合页时至今日还闪烁着金属的光泽，说明在汉代的时候，我国黄铜的冶炼技术是世界领先的。这几枚合页经历了近两千年的岁月,依然保留着温润的光泽。

也就是说大家的写作思维一定要发散,我们在这几枚穿越千年历史的合页面前,除了能想到历史人文,想到宫门内外的历史甚至官职制度,同时还能想到科技。除了先进的冶炼技术之外,足有今天两个笔记本大的合页也在诉说着汉代建筑工艺的精湛。巨大的合页源于高大的宫门,随着宫门仰望,看到的是巍峨的汉宫,看到的是非常高大的宫殿基座上天子临风飘举,看到的是通过巍峨的宫殿建筑体现的政治思想。人文与科技在这古老的合页上轻轻地合在了一起。

只有看懂这些文化载体的时候,你所感受到的中华文化的博大精深才确实是十分令人震撼的,不再是一句空洞洞轻飘飘的标签。如此博物馆经历写进第三段,就成为很有趣味的选材,配上值得挖掘、值得回味的立意,就可以激发阅读者的共鸣。

当相当一部分同学觉得去博物馆没意思的时候,我们找到了一点意思,找到了"趣味",因为以前"认识"过它们,有似曾相识的感觉,感觉有前世的渊源。

通过这一环节选材的分析,我们也理解了阅读中出现过的一则材料,比如著名的考古专家去挖掘、鉴定古墓,然后做文物修复。之后有一天在国家博物馆办的文物展览上,考古专家再次看到那件文物藏品的时候,他的眼泪一下就流了出来,说这件文物当年是他修复的。我们现在可以理解这泪水中的热爱与骄傲。文物修复是一件积功德的事情,造福子孙万代,绵延中华文化。有部小说叫《修文物的男人》,就写到因为有了这样的文物科技工作者,我们才有幸看到这些重见天日的文物,就是这些中华文化的载体,中华文明才得以继续流传。所以我们现在有了这样的思维培养之后,就比较善于挖掘材料之"趣"和立意之"趣"。

### (三)宏大背景选材立意——大题化小及放大细节

经过作文思维的培养,我们逐渐体会到:无论写记叙文还是议论文,文体是贯通的,结构"队形"随时可以变,但是不变的是我们积累的素材。正因如此,选材的积累就格外重要。

比如,积累的素材可以是重大历史事件对于未来的深远意义。平时应注意了解中国共产党成立 100 周年、改革开放 40 年、抗美援朝战争胜利等重大历史事件的深远意义。

另外,积累重大社会热点对于社会生活的改变方面的素材。了解"一带一路"倡议、中华文化自信、人类命运共同体、新冠疫情全球化等。

在写作中我们要记住"八字真言":大题化小,放大细节。任何一个大时代与历史事件,都会在小人物身上留下印记,而这些个体生命的成长印记就是我们大题化小的落笔点。反映女排精神的电影《夺冠》在热映期间,很多人回想起 20 世纪 80 年代中国女排夺取了历史性的三连冠,当时举国上下掀起了向女排学习及振兴中华的活动。

一些宏大的历史画面,我们如何将其大题化小呢?比如,几十年以前高中班里的黑板报大多是类似"努力学习、振兴中华"的标语。在这样的教育氛围中成长起来的一代人,高考填报志愿时很少考虑到个人兴趣,很多同学都会问老师和家长国家最急需什么专业的人才。也就是说,时代的洪流带着这些年轻人勇敢向前,振兴中华的伟大事业中,祖国需要什么人才,就投身到什么专业!如果我们聚焦到一个填报志愿的故事,或者聚焦一个在这样的理想鼓舞下,大家热烈地学习研讨的场面,是不是就把大题化小并有了选材的落笔之处呢?

大题化小可以帮助我们很好地破解宏大叙事题目的选材困难。

细节放大又可以帮助我们通过种种与主题相关的细节刻画,做到第三结构段的内容充实丰满,富有张力。

## 八、如何在梯度训练中实现文化立意的升格

在实现了上述语言、结构、选材的作文升格目标之后,我们想再上一层楼,以自己具有思辨性的客观、理性思考进入愉悦的写作状态中,立意的能力是至关重要的。可以说,立意高下见思维品质高下,立意高下见语文素养高下,这才是作文的核心竞争力!

下面通过梯度训练的方式,一步一步引领同学们实现立意能力质的飞跃。

作文在于情感立意,那么升格的目标就是要具有关注社会、关注时代的大视野、大格局、大胸怀,有家国意识。体现在语文写作中不能满足于所有故事都仅仅停留在亲情、友情、师生情层面。要具有高尚情怀,有文化参与意识,要升格为文化立意。

### (一)梯度1:从教材文本阅读贯通到写作借鉴立意

**【例1】《游褒禅山记》**

这篇大家非常熟悉的教材文本简单来看是一篇游记,作者呼朋引伴去褒禅山游玩一番。但是欧阳修的“玩”却有很多思考与立意生长点,建议大家课后做跟进练习,把这篇文章按照本章所学的五段式做结构转换,就会收获到好几篇新的文章。例如,有同学的立意生长点在于“夷以近险以远”,鼓励大家不畏艰险去探究。这一段大家都很熟,如果我们在这一段中寻找立意,则第三结构段只需要选“拥火以入,入之愈深,其进愈难,而其见愈奇”这一部分就可以了。

但是如果不满足这种励志型的情感立意,想上升到文化思考的层面,面对社会的浮躁喧嚣,在学术研究和文化传承的时代责任面前,“不可不深思慎取”这句话就是穿越历史的叮咛。如此立意就需要把下文中辨别是“花山”还是“华山”的这部分内容放在第三结构段才更适合。

因此这是一篇特别好的阅读与写作相互借力的训练材料,如何把选材和立意在逻辑上严谨地结合到一起,《游褒禅山记》的丰富素材可以启发我们根据不同的立意点,对应选取文中不同的故事生长点进行思考,然后进行五段式结构梳理,理顺逻辑关系,做立意的升格扩展。

这篇文章中的故事可以做出几个方向的升格训练,除了刚才举例的励志激励、学术精神两个方向之外,还可以深入思考对人生的探索。其实我们很多人在生活中有时是盲从的,比如有人问同学想报考哪所学校,有的说要看一下能考出多少分再定。有的说家长还没确定。如此态度不是随遇而安,而是缺乏理想,人生没有方向!但是如果我们读到“尽吾志也,可以无悔矣”,对于人生的盲从多一些积极的思考,作文立意与人生选择都会有所提升。通过对选材的学以致用,借鉴教材文本的立意,实现自己对于文化与人生的升格思考。

**【例2】《记承天寺夜游》**

大家熟悉的苏轼的《记承天寺夜游》教材文本也具有选材较好的特点。其中，一有欣赏美景的雅致、感受力、领悟力，“月色入户，欣然起行”；二有良辰美景可供欣赏，“庭下如积水空明，水中藻、荇交横，盖竹柏影也”；三有张怀民这样的人生知己。大家带入语境想想在见到“月色入户，欣然起行”时“寻张怀民”，欣喜地发现“怀民亦未寝”，这样的人生默契可遇而不可求。“何夜无月？何处无竹柏？但少闲人如吾两人者耳。”于是“相与步于中庭”。这么好的月色岂能辜负，正是这样的人生相知才能使两个仕途失意却又心胸旷达的“闲人”在如此难得的夜晚一起欣赏到庭中如积水空明的美好月色，这些微小而确实的幸福慰藉了人生中的种种悲苦，在自然的博大中释然自己的个体烦恼，提升了思维的境界。立意的生长点在“闲人”的潜台词中，人生思考化为旷达、乐观、洒脱的生活态度。

看到校园里浓绿的树荫，呼吸着微微润湿的空气，大家自然能体会到一种唐诗宋词般的婉约，读书间隙，生活中有了这些微小而确实的幸福体验，如果再有默契相知的朋友，岂不是在略显单调的人生里有了难得的快意、明媚。像这类的文章立意，我们都可以学以致用。

**【例3】《赤壁赋》**

由承天寺的月光不由想到《赤壁赋》的“白露横江，水光接天”。简单说也是出去玩了一次，几个朋友在月出东山之时坐着小船，喝着小酒，泛舟游赤壁。我们由《赤壁赋》又可以想到《岳阳楼记》中的“把酒临风，其喜洋洋者矣”。但是如果只写到把酒临风喜洋洋的情感，这些文章成不了千古名篇，之所以升格为千古名篇，主要是因为有了“先天下之忧而忧，后天下之乐而乐”的人生感悟。如同承天寺夜游的最后有了人生感喟“但少闲人如吾两人耳”，已经一下子就从“庭下”开阔到漫长的人生。

同样，《赤壁赋》里的内容有些悲凉，如果停留在客人的“一世之雄也，而今安在”“哀吾生之须臾，托遗响于悲风”这种情感，只是就事论事，就是二类文。但是加上结尾段的人生感悟就升格为千古名文，我们从“天地之间，物各有主，苟非吾之所有，虽一毫而莫取。惟江上之清风，与山间之明月，耳得之而为声，目遇之而成色，取之无尽，用之不竭，是造物者之无尽藏也，而吾与子之所共适”的洒脱文字中可以感到人生是如此的旷达、豪迈，这是积极立意带给读者的振作与人生启迪。

教材文本是非常好的范例。上述三篇例文在由小见大的选材中从不同角度与深度立意，从个人到社会、从抒情到哲学思考，在平凡中颇见深意。我们要善于向课文借选材，向大师借立意，学以致用地融合到自己的写作实践中。

### （二）梯度2：从目前情感立意升格到文化哲学立意

考场记叙文写作中，我们经常会写亲情、友情、师生情等，故事落点在情感立意方面比较多。文化立意是一个比较宽泛的题目，需要有重点、有策略地做好备考复习。要认识到语文学习不只是一门学科的知识性学习，更是占有母语教育的特殊地位，是中华民族伟大复兴的基本国策中一个重要组成部分，所以我们要提高政治觉悟，提高学科认识，提高备考水平，树立文化自信，自觉践行文化传承的历史使命。

在此基础上实现立意升格，方法是从情感立意上升到文化思考。情感上升的轨迹，由个人上升到家国，进而再上升到更广大的人生宇宙。例如《赤壁赋》中的哲学思考，这是比较有难度的升格。可以先从易处入手，从情感立意升格到文化立意，这是经过努力可以实现的提升目标，可以让同学们的文章在立意上直接升格到一类文。

立意升格思维模板如图 5-13 所示。

（1）在更长久的时间维度上思考事件的意义。
（2）在更广阔的空间维度上思考事件的意义。
（3）从对未来的深远影响中思考事件的意义。
（4）突破雷同选材，提升思维品。

图 5-13　立意升格思维模板

### 1．升格方法一：在更长久的时间维度上思考事件的意义

（1）个人成长类：以高考为例，眼前也许看不到它的深远意义，但是如果你把这次选拔放到人生成长中去看，那么不用师长督促，自己就不敢懈怠。首先这是大家人生中很难得的一次提升自己的机会，因为高考公平、公正，只要你学习得法，就会有回报。其次也是很难得的一次开阔人生的机会，通过高考升学的途径，我们有机会认识更加优秀的老师和同学，各个研究领域的专家团队，带动我们一起奔赴理想。

例如，诺贝尔奖获得者屠呦呦老师就是中国中医科学院的科学家，在她这位领军人物的带领下，中国中医科学院有很多科研项目的研究在当今世界上是领先的。我们由此可以理解高三的意义，高考选拔为我们师从伟大科学家提供了机会和选择，为我们成为未来祖国栋梁提供了可能。学术专业的研究方向以及职业发展不仅提升个人的成长轨迹，而且可能由此推动社会的进步。等多年以后回望岁月自己各方面的改变，也许源于高考带来的公平机会。

（2）社会大事类：以改革开放为例，改革开放 40 多年使中华民族迎来了从富起来到强起来的伟大飞跃，从追赶时代到引领时代的伟大飞跃，从注重物质文化需要到注重美好生活需要的伟大飞跃。不仅如此，经济、科技的长足发展使中国成为世界第二大经济体。在世界“百年未有之大变局”中，中国推进合作共赢、和平发展，走向世界舞台中央，在世界上的影响力日益提升。

从更长的时间跨度上看待事件的意义，就不会是孤立短浅的，会从中看到对未来的深远影响。

### 2．升格方法二：在更广阔的空间维度上思考事件的意义

例如，中国人民志愿军抗美援朝战争的伟大胜利，不仅关乎新中国领土安全、国家形象，放眼全球，这一胜利还稳定了东亚局势，使亚洲乃至世界格局得到了深刻塑造，对世界和平发展具有极其深远的影响。

站在更广阔的空间，站在世界历史的角度，以及站在人类文明的角度来看立意，我们会更客观、理性地看到事件之间的有机联系，看到其深远的历史意义。

**3．升格方法三：从对未来的深远影响中思考事件的意义**

(1) 教材文本：例如《再塑生命》中，莎莉文老师出现的那一天就是海伦·凯勒生命中最重要的一天。从此改变了海伦的一生，也在更广阔的空间与时间鼓舞了世界各国残疾人士积极勇敢面对命运的不幸，产生了极其深远的影响。

(2) 生活实践：在本章第三节中列举的作者的小学班主任张老师不仅让作者知道爱美是美德，在意形象是自尊的体现，得体的形象是修养的体现，同时张老师还让作者体会到内敛是一种十分美好风雅的气质，以至影响到作者喜欢的很多朋友是谦谦如玉、内敛含蓄的。也就是说，张老师这个人物不仅出现在作者的作文中，出现在作者讲课的教学素材中，更在作者的人生中产生了深远影响，使作者更加欣赏、尊重内敛深沉的美。

这样一个对未来有影响的素材，与仅立足于情感的师生关系是不同的，如果我们能够注意到如此选材，作文的立意是足够帮助你胜出的，它超越了人物情感，具有更丰富的启迪性。

当时不经意的一件事，在之后某一个瞬间情景突然重现，引起心灵震撼，像一条射线一样，在人生中产生了绵延的影响。

**4．升格方法四：突破雷同选材，提升思维品质**

雷同的选材禁锢了立意的升格，关于师生素材的写作实践中我们看到过多的情感立意，有的选材不能突出教师的职业素养“以人育人”带来的心灵成长，立意局限在教师像母亲一样对学生在生活上给予关爱，要知道教师的职责是区别于母亲的。认识不到位，立意自然就不高。

还有的选材集中在“传道授业解惑”时教师可以不吃饭不睡觉。这样的教师固然非常可敬，但是却有很大的提升空间，终身学习不是一句空话，它是一种生活方式，教师同样需要保证自己的个人生活时间去继续充电，不能把所有的时间都“输出式”贡献给教学工作，那样会导致教学上缺少创新。教师的可持续发展包括丰富自己的终身学习，具有以人育人的教育理念。知识之外师生间彼此生命的互动、思想的交流、对学生未来人生的影响等，这样的选材立意点相比于老师放下饭盒来给我们讲题，高下立见。

深入探究作文中塑造的人物形象对“我”的深远影响，突破雷同选材，提升自己思维品质，将视角打开，关注更为广阔的时空，这些都有助于将情感立意升格为哲理思考、文化立意。

### （三）梯度 3：寻找物质载体并挖掘文化立意

文化是凝结在物质之中又游离于物质之外的，能够被传承和传播的国家或民族的思维方式、价值观念、生活方式、行为规范、艺术文化、科学技术等，它是人类相互之间进行交流的普遍认可的一种能够传承的意识形态，是对客观世界感性上的知识与经验的升华。①

梯度 3 是发展等级的思维，需要调动我们的知识积累与文化积累，既要大题化小，选择恰当的载体，又要找到切入点挖掘蕴含的文化意义。

---

① 资料来源：百度百科。

下面通过跨媒介阅读，读取作者原创拍摄的图片资料举例讲解，从而提升立意思维。

### 1. 赏花惜时

图 5-14 所示的牡丹图片拍摄于春夜的北京北海公园。这树繁花在夜间盛开的画面，可能比白天的灿烂更能引发人的伤感情绪，不由得让人想起“只恐夜深花睡去”的惜时伤怀诗句，感到时光稍纵即逝，人生短暂无奈。消极人生观认为人生短暂，迟早归于尘土，因此消沉无所作为。但是我们要反其意树立积极的人生观，正是因为时光一去不返，才更应该珍惜美好的青春：“劝君莫惜金缕衣，劝君惜取少年时。”也正是因为人生短暂，我们更应该努力地去拼搏，要有所作为。现在看依然是这一树繁花，深入思考后可能更多看到的是繁盛，是青春，是时不我待的奋发，是融入时代洪流“到中流击水，浪遏飞舟”的豪情，是立大志、担大任的时代责任。深刻的立意在暗夜繁花这个物质载体中得以升华。

第 5 章彩色插图

图 5-14　暗夜繁花

### 2. 饮食文化

图 5-15 所示的烤鸭图片拍摄于北京“便宜坊”烤鸭店，然而拍照目的并不限于烤鸭，其中蕴含的文化生长点有很多。

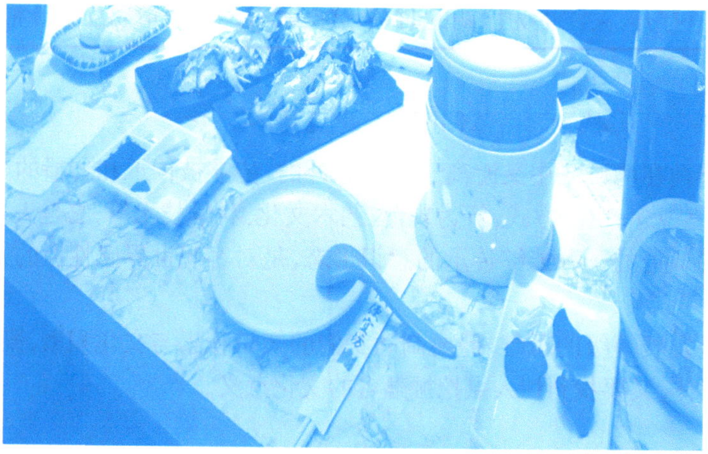

图 5-15　花枝烤鸭

(1) 由刻有“便宜坊”字样的筷子这一物质载体立意饮食文化的历史与传承。具有世界声誉的北京烤鸭,起源于中国南北朝时期。《食珍录》中已记有炙鸭,在当时是宫廷食品。北京烤鸭用料为优质肉食北京鸭,用果木炭火烤制,色泽红润,肉质肥而不腻,外脆里嫩。北京烤鸭分为两大流派,有挂炉和焖炉之分,代表行业水平的两大字号是“全聚德”与“便宜坊”。创始于明永乐年间的便宜坊至今已有近600年历史。这是根据著名菜式的历史演变、技艺流派来写饮食文化。

(2) 由盘中黄菊花、紫玫瑰的物质载体立意文化的发展与创新。这幅图片放到这一组花卉素材中,显然不仅让大家看烤鸭,看北京的饮食文化,还在逻辑上顺承暗夜繁花。盘子边上有黄菊花、紫玫瑰的花瓣,除了体现中餐美食美色的特点以外,还可以入食。我们可以从几个角度来发散思维,学习立意。发散思维的基础需要调动知识与文化的积累。

上一点立意重在饮食文化的传统与继承,这一点立意升格就强调创新与发展。传统的焖炉烤鸭在今天依然有广大市场,尤其深受年轻人喜爱,这离不开花瓣入食的花香烤鸭、蔬菜搭配的蔬香烤鸭、文房四宝烤鸭等菜式的创新与发展。烤鸭菜式是传统的,口味做法是发展的,可以作为我们文化传承与发展类的题目。

我们还可以深入讨论烤鸭盘里可点缀也可入食的花瓣与饮食文化有什么关联。同学们注意看图片右上角小吊梨汤的铜壶和玻璃盏,这是老北京传统饮料,必须用汁水饱满、味道清润的雪花梨熬制,如果我们在吃烤鸭时搭配佐以菊花、玫瑰花花瓣的小吊梨汤,不仅突出了中餐色、香、味的综合审美,而且体现了中华文化药膳同源的思想。既享受美味又具有审美价值,体现了中华文化熏染下的我们,风雅已经浸透在日常的饮食和生活方式中。其实这又是一个新的思维生长点。

大家可以在第三结构段做一点描写:小吊梨汤晶莹温润的琥珀色,配上秋菊亮丽的明黄,玫瑰醇厚、馥郁的红色,在视觉上具有很高的审美价值,挑动着人的食欲,愉悦着人的心情,同时小吊梨汤与烤鸭搭配不仅解腻爽口,还有润肺降燥的药用价值。搭配清热明目、提神醒脑的秋菊,以及疏肝解郁、消除疲劳、养颜美容的玫瑰,在美味之外我们不仅满足了色、香、味的审美体验,而且通过食补调养舒缓了身体疲惫。此时绝不是充饥的一顿饭了,可以说“吃的是文化了”。

以上在挖掘文化内涵的过程中,我们已上升到对中华美食文化的品鉴,有同学由此想到了《舌尖上的中国》。仅仅舌尖上的思考还不够,还要再深入想一想饮食文化得以孕育,与我们中华传统文化、中医理论甚至文人风骨、哲学思想有没有联系?联系之前我们由《本草纲目》扩展思维的章节,触类旁通提升思维。

从这一盘烤鸭的精讲分析,我们可以体会到任何一个物质载体都可以作为选材,关键看我们把握、驾驭材料的能力。如果仅仅从颜色搭配入手,写中餐的色、香、味,只能达到二类文水平,要想升格到一类文的水准,那么立意就需要更具有文化内涵。

人类早期文明是没有医生的,大部分是巫医同源。先秦时期华夏文明就已经具有了完备的中医诊疗方法,出现了名医。大家读过扁鹊、庞安时、李时珍等相关的文章,这种阅读与写作贯通迁移的思维十分可贵。中华哲学讲究人与自然的和谐,中医的理论包括“上医治未病”,体现在饮食方面包括“适合节令”的“药食同源”的调理。适当融入上述内容,文化立意便在逻辑上水到渠成。

在此立意上，构思一个故事就变得非常简单了。比如这两天大家坚持听课，身体很疲惫，那么上火了怎么办呢？可以喝小吊梨汤并配上菊花，它具有降火润燥及滋阴补肺的作用。有了药食同源的文化载体，立意便从外在的审美中挖掘到内在的饮食文化所独具的内涵。

现在我们有信心去达到一类文的立意水平，在我们的选材自信、立意自信中体现的是中华民族的文化自信。

### 3. 红色文化

图 5-16 是华夏名亭中的独醒亭。亭旁边的碑文刻的是《渔父》，上有两句为“举世皆浊我独清，众人皆醉我独醒”。其蕴含的文化含义是纪念爱国诗人屈原，并以此勉励后人，因此名为“独醒亭”。

图 5-16　独醒亭

以建筑作为文化载体，由独醒亭我们可以联想到王羲之的兰亭以及《兰亭集序》，更可以联想到北京陶然亭在“五·四”运动前后曾经是中国共产党的创始人和领导人李大钊、毛泽东、周恩来进行秘密革命活动的场所。这段历史在纪念中国共产党建党一百周年的电视剧《觉醒年代》中有所体现，因此建筑成为百年历史的见证。

不仅植物、建筑可以作为文化载体，我们出去旅行时会发现名山大川中有很多摩崖石刻，也是特别值得研究的文化载体。

### 4. 游侠文化

如图 5-17 所示，这幅图片显示了金山岭长城脚下停放的几十辆摩托车。现在它们不仅是摩托，也是文化载体。

有的同学会读金庸先生的作品。金庸在华语文坛的地位不仅仅是故事写得好，还因为其有深厚的中华文化底蕴。金庸的武侠小说更多的是在快意恩仇的江湖豪情中讲述人要有正义，要讲信用。所谓侠之大者，为国为民。

有了这样的文化底子，对于这幅图片就有了深层解读。摩托不仅是交通工具，更是一种生活方式，一种人生观。摩托车友往往有协会及组织，甚至每一辆摩托价值都是上百万元。这些车友并不炫耀昂贵的坐骑，而是追求一骑绝尘走天涯，放荡不羁的自由。

图 5-17 摩托车

古代有游侠文化，现在不能仗剑骑马，喜欢骑摩托奔长城的人，心中大多有个成为侠客的梦想。越野摩托在我们的立意思维中就可以成为一种独特生活方式与人生观的武侠文化载体。

5. **美食与美器**

图 5-18 所示的是中华老字号美味斋的一道面点。

图 5-18 美味斋面点

我国古典文化讲究美食美器，《论语》中“君子不器”的本意也与饮食有关。古代的器物是专用的，类似现代餐桌上大大小小的各种酒具，每一种杯子功用都不一样，专门用来匹配白酒、红酒、香槟、洋酒等，这就是我们说的美食美器，有专门的用途。

《孟子》中还有一则“一箪食一豆羹”，实际上我们在博物馆里面看到的豆羹非常精美，底座比较高，但是很浅，像一个碟子，用于放肉羹一类的食物。这个器物在西周就已经出现在餐桌上，从食器这个载体不仅可以看到当时手工艺及科技的水平，更可以看出中国人过日子的风雅与讲究，餐饮宴飨时美食美器的匹配很重要。所以从这个角度上看，这道面点做成蘑菇的样子，山珍与瓷盘在审美鉴赏上匹配度不高，如果换成竹器、草篮之类有自然气息的容器，与蘑菇形面点应该比较契合。

立意思维在这个语境中就可以逆向运用做成鉴赏题，可能放在诗词鉴赏中，也可以放到大阅读板块，或者放在写生活品位的文章中。

6．环境中的载体

精细的模仿不是创造，原创是载体与立意的契合。

比如植一株丁香，真正的建筑家会利用丁香的花语实现立意。我们从文学的角度会想到诗人戴望舒的《雨巷》：悠长又寂寥的雨巷，那个丁香一样芬芳而愁怨的姑娘，美好又带有一点淡淡的惆怅伤感。丁香需要配上雕梁画栋，才会符合中国传统审美的立意。

审美鉴赏是讲究情境的，这就是我们的文化契合度。这个思维能用在很多题型，贯通诗歌鉴赏、大阅读与写作。一株紫丁香植在雕梁画栋当中的流光溢彩、宁静安逸，与风化颓圮的金山岭长城（图 5-19）形成鲜明对比，带给我们的情感体验完全不同。

图 5-19　长城边塞

我们学习跨媒介阅读，其实读图就是读眼前景物，照片不过是把眼前景物固化呈现给大家，每个人的个性化解读是有差异的。在这一幅图片中，有人看到倾城之恋，有人看到世界尽头，还有人可能构造一个《流浪地球》《三体》之类的科幻题材。

阴云密布中天际中间突然开了一块，把天幕上下分成两半，远处的古城堡破败不堪，近处的城墙已经风化坍塌，只剩下荒草丛生及碎石瓦砾的地基，这段长城是历史遗留的明城墙，此时、此地、此景生出此情，怀古鉴今的情怀油然而起。

7．小物件中的文化内涵与立意

图 5-20 所示是一些书房小物件。它们也可以作为文化载体实现文化立意。

（1）纸墨笔砚：书法艺术是我国特有的艺术形式，以其书体笔法、结构章法成为富有美感的艺术作品。汉字书法被誉为无言的诗、无行的舞、无图的画、无声的乐。虽然英语等其他语种的书写也有圆体、花体等各种字体，但是没有汉语书法如此丰富的艺术门类、如此众多的流派和书法家、如此完整的艺术体系。什么叫文化？孤立的一个意象不是文化，凝结在物质之中又游离于物质之外的，能够被传承和传播的国家或民族的思维方式、价值观念、生活方式、行为规范、艺术文化、科学技术等，成为一个体系，才有可能构成文化。

如此来看，湖笔、宣纸、徽墨、畲砚端砚等文房四宝是书法文化体系的物质载体，我们完全可以借这些载体实现文化立意的提升。

图 5-20　书房小物件

（2）湖笔的故事：所谓“湖笔”指浙江湖州专门生产的毛笔。湖州下面有一个小镇叫善琏，我们日常用的很多毛笔的笔管上都刻着善琏毛笔，就是这里做的。相传秦朝大将蒙恬“用枯木为管，鹿毛为柱，羊毛为被（外衣）”发明了毛笔，因此善琏建有蒙恬庙供奉笔祖。“湖笔”自元朝闻名于世，距今已有六七百年历史。现在的善琏小镇少有游客，家家户户依然在安静的岁月里薅羊毛、薅狼毛。经过近百道工序精心制作。白居易曾以“千万毛中拣一毫”和“毫虽轻，功甚重”来形容制笔技艺的精细和复杂，所以有“毛颖之技甲天下”之说。

我们很多的书法专业人才在善琏小镇定制不同功用的毛笔。据说当年有一个工匠专门为齐白石老人制笔，齐白石老人会告诉工匠，定制这种笔是专门画虾的，要哪种笔是画花卉的。他画不同的对象，需要不同工艺的制笔，有的要刚劲出锋，有的要绵柔藏锋，这些笔尖文化都可以帮助我们立意。

历史上除了曹不兴、张僧繇等湖州籍书画才俊，还有王羲之、王献之、颜真卿、米芾、苏轼等著名书法家都曾寓居湖州，王羲之七世孙释智永在湖州永欣寺三十余年，用败的笔头积满五簏，葬之“退笔冢”。这些都为湖笔文化积累了深厚底蕴。

### 8．品茶的故事

如图 5-21 和图 5-22 所示，这是南方的新茶，品上一口确实不错，汤清、芳香、味醇。于是认真看看才知道这是“阳羡雪芽”茶。这符合我们逻辑思维由实到虚，由现象到本质的探究。喝茶从物质茶汤开始由实到虚，进一步探究到精神文化。该茶包装上的诗句不一般：“天子未尝阳羡茶，百草不敢先开花。”这是句唐诗，说明至少在唐代，阳羡雪芽已经是名茶。宜兴古称阳羡，汉代就植茶饮茶，是我国享有盛名的古茶区之一，唐代达到了空前的鼎盛。宜兴阳羡紫笋茶历来与杭州龙井茶、苏州碧螺春齐名被列为贡品。资料记载唐朝中期，有山僧进阳羡茶，陆羽品为“芳香冠世，推为上品”“可供上方”。

现在设想我们做第三结构段的故事，如果仅仅写品茶的生活方式，与文化的逻辑关联还不够，喝一盏茶是习，去研究它是学，学习研究之后有了新的获得，新的知识，然后继续去查典籍，了解这种茶的前世今生，其实这有点像学习任务群建设的思路：根据一个生活现象，去探究它背后的是什么、为什么。如果我们在第三结构段是由第二段的这盏茶开启的，第三段重点写对阳羡茶文化历史的研究，故事的选材就非常有趣，值得回味。

图 5-21　阳羡茶 1

图 5-22　阳羡茶 2

第四段就事论事的时候，就可以仿照《褒禅山记》，在日常物质生活的基础上，发现文化立意的生长点。

第五段就可以很自然地从茶文化引申到民族文化认同的哲理上。就拿阳羡茶来说，不仅茶有殊荣，连茶名“荆溪云片”“善卷春月”“竹海金茗”都充满诗情画意之美。我们对中国文化的热爱，其实就浸透在日常的生活方式里，中华传统文化离我们并不遥远，它不是历史中的标本，它就存在于每一个人身边，就在我们日常起居的烟火生活中生生不息。

### 9. 菜系的故事

如图 5-23 所示，饮食文化是我国传统文化的重要组成部分。我们讲过文化的特点之一就是有源流，为体系。例如大家爱吃的川菜是我国八大菜系之一，独特的烹饪方式、独特的调料、独特的食材与吃法，就像北京烤鸭肯定不是撅了大腿吃，要用刀工片出 108 片，再配料并卷荷叶饼吃，所以菜系从食材的供应、调料的选择、烹饪的方式，到吃的方法，再到餐厅的装修风格、服务的地域色彩，成为体系之后才称得上文化。

图 5-23　菜式

研究饮食文化我们会发现，在西周的时候，中原一带的文化比较发达，很多东西是禁忌不吃的。但是从秦代开始，随着大面积向南扩大版图的军事扩张，破釜沉舟的“釜”就证明军队是带着炊具食具过来的，驻扎到南粤的时候就地取材，丰富的物产成为食材，衍生出粤菜，所以八大菜系不仅有体系化，更有历史、有地理，共同孕育了一方水土养一方人的饮食文化。

**10．风筝的故事**

如图 5-24 所示，这幅图片是放风筝的场景。许多人都比较喜欢这项活动，尤其晚上，风筝尾巴上缀满五彩小灯在夜空中闪烁如星，在湖面上映衬着，是非常富有审美情趣的体育活动。这种灯火楼台，会让人想起虞平伯的《桨声灯影里的秦淮河》，以及嘉陵江上的灯影等。审美鉴赏也是文化立意的一个方面。

图 5-24　风筝

还可以从另一个角度挖掘风筝的文化意义。山东潍坊被称为风筝之都，不仅有各种制作风筝的技艺、风筝节比赛、各种巨大的异形风筝，甚至有风筝博物馆来体系化地介绍关于风筝的历史与文化。

风筝发明于东周春秋时期，距今已有 2000 多年的历史。相传墨翟用木头制成大鸟，研制三年而成，是人类最早的风筝起源，也是中华民族早期的飞天实践。随着科技进步，经历了鲁班、蔡伦对材质的改进，造纸术普及后才开始以纸做风筝，并称为“纸鸢”。在南北朝时风筝开始成为传递信息的工具，清代高鼎的诗句“儿童散学归来早，忙趁东风放纸鸢”中可以让人看到放风筝的活动早已成为日常娱乐。风筝作为文化载体，既可以写从容的、具有审美品位的生活方式，还可以写绘制风筝图案、制作风筝的各种文化因素，也可以写中华民族渴望飞翔的历史。各种文化解读都可以作为这一载体的文化立意。

## 11. 吉祥纹饰的故事

传统文化中有个主题叫吉祥文化，其中一项是吉祥纹饰，如图 5-25 所示。比如葫芦造型取福禄谐音，还有如意型云纹，这些图案纹饰在我们的家居生活中无处不在，餐具、家具、用具、服饰等都很常见，都可以作为文化载体来做吉祥文化的相关立意。

图 5-25 吉祥纹饰

## 12. 生活习惯与品位

生活品位这个题目有点大，立意好像有点难。运用大题化小原则，寻找一个物质载体就好解决了。比如一个人吃早餐，也要把小碟、小碗，杯子、筷子、羹匙都配好了，然后才坐下安安静静地享受，当一餐一饭中培养的习惯不再是一种仪式的时候，品位就形成了。我们经常说生活需要仪式感，但是希望大家有一天能够体会到仪式已经成了生活的习惯，无须母亲节的仪式，我们孝敬双亲；无须植树节的仪式，我们爱护环境，青山绿水；无须纪念日的形式，我们珍惜每一天的时光，每一种身份的责任。不必刻意通过仪式提醒自己，品位就在无形中提升了。关于生活品位的文化立意，恰恰是通过寻找生活习惯这个载体表现出来的。

经过本小节大量课堂举例学习后，大家就会体会到作文选材其实并不难，你眼前看到的每一点都是可以作为文化载体入文的。关键是看我们的领悟力，植物可以是文化的载体，建筑可以是文化的载体，生活方式可以是文化的载体，任何一个小的物件都可以，只要它形成体系化，在生活里你有领悟，并凭借这样的文化积累上升到文化思考，就能实现从情感立意到文化立意的巨大飞跃！

应试备考中最具有含金量的技巧就是依据科学的指导，运用教科研成果认真提升思维品质。只要我们有了这样的模板思维方式，在议论文升格写作学习中，我们就会轻松地发现，文体不是桎梏，在记叙文与议论文的贯通思维训练中视野反而更加开阔高远，文体选择更为自主灵活。上述所有教学案例不限文体，直击思维。贯通文体后，如果把事例、文化载体作为议论文论据，同样可以深入论证我们的文化根植在现实生活中，继承中有所创新，同样可以实现议论文的文化立意。

## 第四节　议论文写作升格思维模板

议论文文体对逻辑的要求更加直白，更加严谨。不要出现让阅卷老师无法接纳、无法理解、无法认同的观点、论据和论证。

### 一、思维篇：清晰的写作目标与对应的思维模板

#### （一）议论文写作目标

议论文写作目标如图 5-26 所示。

| |
|---|
| 思维方向：发现问题、分析问题、解决问题 |
| 思路结构：言—据—证 |

图 5-26　议论文写作目标

议论文的写作目标是通过严谨而合乎逻辑的论证，让读者能够接纳，进而认同甚至赞赏作者的观点。实现这三个层次，思维的方向就是从主要到次要的逻辑顺序。先发现问题，再分析问题，最后解决问题。逻辑三段论思路对应的行文结构是“言、据、证”的思维模板，这个思维模式会非常有效地陪伴大家一生的工作和学习。

不管从事什么专业，“言、据、证”都是最基本的逻辑思维模式。对于事件、材料发表的意见、看法、观点、感受，这就是议论文的“言”。

有了明确的“言”，还需要有力的论据支持。在议论文写作中要严格做到言而有据。

我们平时做的简答题型，就是“言、据、证”的逻辑思维。以杜甫的诗为例：《春望》这首诗表现了作者什么样的情感？表现出了诗人的忧国忧民，即为“言”。原诗当中或者链接材料中体现他忧国忧民的材料，即为“据”。

同理，可以扩展到记叙文的思维。题干关键词、记叙文的主旨为“言”，构造的故事是“据”。记叙文的议论升华，就是强化论证。

文体仅仅是外在的“队形”，是一种形式。选材、立意和逻辑思维才是真正的内涵。

#### （二）言、据、证模板中的表达原则

议论文的表达目标如图 5-27 所示。

| |
|---|
| 言：表达要清晰（不用比喻等修辞，不生歧义）<br>据：论据要有力（指向明确，不证自明）<br>证：逻辑要严谨 （行文逻辑、生活逻辑） |

图 5-27　议论文的表达目标

“言、据、证”对应的表达要清晰，论据要有力，论证的逻辑指向要清楚。

### 1．言——观点要明确

例如：“吉吉同学像猴子一样。”这个“言”是不明确的。因为运用了比喻修辞，猴子这个喻体的指向又很丰富，可能人长得很小巧，像个小猴子；也有可能非常灵活、敏捷，像个小猴子；还可能是模仿力很强；也可能说他很可爱，或者是说他聪明伶俐。所以单纯地说他像猴子一样是不严谨的，会让人产生误解。

修辞容易产生歧义，所以在清晰地表达观点时，不能使用修辞。例如，用比喻表达观点，喻体与本体的相似点并不是唯一的，就很容易引起误解。除了比喻之外，排比能用吗？以《新时代的精神》作文题为例：“新时代的精神是自信，是爱国，是勤奋。”这篇习作看上去很有气势，排比句的使用增强了语势，但实际上文章的观点不清晰，时代精神到底是什么？这三点相同吗？它在逻辑上内涵是不一样的，到底是爱国、自信还是勤奋？观点分散，没有中心论点。

所以第一结构段的表达原则就出来了：观点要明确。

因此首先要注意不使用修辞手法。比喻的相似点易生歧义，开篇用排比句导致论点分散；其次注意不用否定句，在逻辑上否定了外延就无法明确内涵。例如：“要想学好语文，盲目刷题不是好办法。”这种句式观点不够明确，否定远远不如肯定更直白。最直白的表达是选择陈述句或者判断句的句式。

### 2．据——论据要有力

有力的论据能够非常明确指向观点的论据。生活中的很多材料都是多指向的，需要去繁就简，把所有可能节外生枝的表述去掉。

例如，关于《论语》中“君子不器”这个观点的阐述，以教材中的《张衡传》为例，不只论述他某一方面的成就，而是从多方面、多角度论述，用“衡善机巧，尤致思于天文、阴阳、历算”“作浑天仪，造候风地动仪”“衡少善属文，通五经，贯六艺”“作《二京赋》《思玄赋》”“致思于天文、阴阳、历算。著《灵宪》《算罔论》”等论据证明“君子不器”的观点，表示他具有多方面才干，博学多识，多才多艺，社会责任与担当不局限于某个方面。

如果观点是张衡具有高超的政治智慧，就要删掉众所周知的作为天文学家、地理学家、文学家等这些方面的材料，只留下突出政治谋略的“出为河间相”时“衡下车，治威严，整法度，阴知奸党名姓，一时收禽，上下肃然，称为政理”证明观点，其他内容不出现在论据里。

果断取舍才能使论据明确有力地指向论点。每一个事件、每一个人都不是孤立的，会有很多的立意生发点和指向。要让素材在论据当中变为单一指向，这个“变”就是表达的基本功，只说该说的话，与论点没有直接关系的内容在论据选材时果断舍去。

**3．证——逻辑要严谨，指向要清晰**

“证”要层次清晰，逻辑严谨。在论证过程中，要时刻分析论据和论点的关联，不要把议论文变成一个故事会。

如果行文中多个论据并行，每个论据都是罗列素材，缺乏甚至没有论证，这个论据就是无效的。而且进入考试评价后，阅卷的工作量很大，基本上两三分钟就要认真审阅一篇。混乱地罗列论据、不严谨地论证只会使人不知所云，从而拉低分数。

论据不节外生枝，论证逻辑严谨，不管阅卷老师是精神抖擞还是略有疲惫，都能在论证中清晰地看到论据对论点的支持，这才是写作议论文的逻辑。

### （三）言、据、证模板中论证的逻辑关系

论证过程中的逻辑思维有两个方向，一是从不同角度去广泛论证观点的普适性；二是从不同深度去逐层论证观点的哲理性。不同的逻辑思维，在行文中对应的结构方式是不一样的。

从不同角度的论证，需要选取平行式结构，即总—分—总结构，在“分”的结构部分平行铺开两三个角度对论点加以论证。在应试作文中，不建议采用这种结构形式。应试作文的篇幅要求在900字左右，超出阅卷扫描范围的文字无法录入并呈现。而在900字左右的范围内，除去开头结尾段落的250个左右的文字，中间留给论据和论证的部分大约650字。在区区650字的篇幅中，想要完成两到三个角度的论据概括以及深入论证，也就是每个角度用大约200字完成论据概括和针对性分析论证，几乎很难实现。

这类结构的考场作文容易陷入为了面面俱到而导致面面不到的尴尬境地，很难进行深入的论证，在肤浅的罗列中也难以看到考生的思辨性思维。

另外，平行式结构最大的风险因素是考生经常把分论点与总论点并列，通常一个总论点下面有两个分论点。很多考场作文写到最后就逻辑层级混乱，两个分论点变成与总论点平级的逻辑关系，造成一篇文章出现了三个论点，犯了观点分散的大忌，所以不推荐这种结构。

表达方式与结构方式都只是为写作服务的手段，要根据立意的角度、思维的方式选取最适合考场作文的方式。

建议紧扣观点，从不同深度论证，逐层深入地展开逻辑思维。围绕一个角度展开深入分析，论证透彻，从而展示与众不同的具有思辨性的独到见解。这种深入论证就需要选取六段式的递进结构。

议论文逻辑思维与结构的对应如图5-28所示。

| 逻辑思维 | 行文结构 |
|---|---|
| （1）不同角度论证…… | 平行式结构（总—分—总） |
| （2）逐层深入论证…… | 递进式结构（六段式） |

图5-28　议论文逻辑思维与结构的对应

## 二、结构篇：行文中逻辑思维与结构模板的对应

### （一）议论文的结构模板

议论文的结构模板如图 5-29 所示。

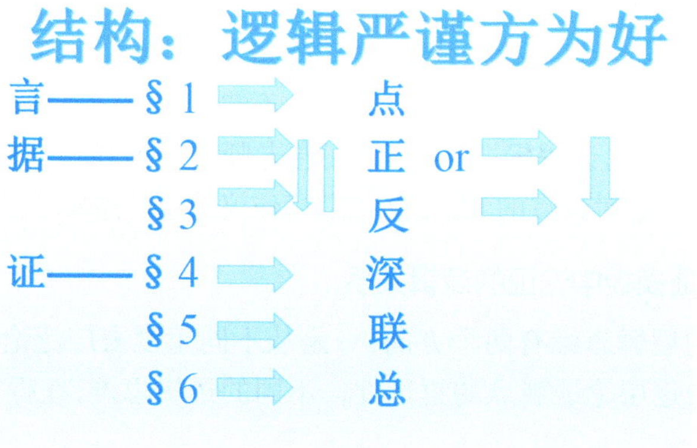


图 5-29　议论文的结构模板

### （二）递进式论证中的段落任务

逐层深入论证的思维模式对应的结构方式是递进的六段式。六段式的段落任务如图 5-30 所示。

(1) 点：明确观点。(不用比喻，不用排比，直接陈述)
(2) 正：正例加论证。(小论据大论证，从正面论证此例与观点的关系)
(3) 反：反例加论证。(小论据大论证，从反面论证此例与观点的关系)
**注意**：正反例的选择尽量考虑古今中外不同的角度。
(4) 深：分析观点形成的原因，解说怎样按观点做。(为什么或怎样做)
(5) 联："博学而近思"。(观点指导现实生活中的实例、正例)
(6) 总：总结观点及其意义。(可以用排比增强语式)

图 5-30　六段式的段落任务

第一段对应的是"言、据、证"中的"言"。第二、三段对应的是"据"。第四至六段对应"证"。

从结构和篇幅上看，一篇文章力度最大的部分是论证。这是写议论文最主要的任务。

梳理出结构之后，要明确每一段的段落任务。6 个自然段，要分别完成"点、正、反、深、联、总"的段落任务。结构和段落任务明晰之后，如何稳扎稳打并步步为营地展开是个很重要的问题。

(1) 段落任务：第一段"明确论点"。这个"明确"很重要，是针对阅卷中发现的问题提出的具体要求。

学生问题：考场作文观点模糊、分散。

备考对策：既然要明确，在表达上就有技术，不用修辞，不用否定，直接用陈述句，用一行文字表达清楚，防止出现在本章“言、据、证模板中的表达”部分详细讲述中产生歧义和观点分散。

(2) 段落任务：第二、三段分别从正、反角度举例并加以论证。

学生问题：第二段举正例，第三段举反例，听起来似乎并不难。但是阅卷评价中发现，在选择正例和反例时，因为选材失当，就有一半考生在这一部分丢分了。

备考对策：了解如何筛选有效论据。

(3) 段落任务：第四段用对事不对人的方法并联系个人生活体验，深入分析论据，强调观点和论据的重要性。

学生问题：在应该深入论证的第四段，大部分同学的习作却在同一层次上来回描述，并没有完成深入分析，同时有言语重复累赘之嫌。因此到第四、五段的时候，离高分作文会有较大差距。

备考对策：从逻辑学的角度看，重复啰唆并不能深化论证。

(4) 段落任务：第五段“联”指要联系生活实际。

学生问题：内容空泛，没有具体事例支撑；或者提出反例，不利于支持论点。

备考对策：议论的目的不是泛泛而谈，最终要解决实际问题，正如《论语》所说的：“博学、近思。”所以在完成“联”的段落任务时，要链接一个生活实际，这个链接也可以看作一个例子，针对文中的观点，链接一个正例，更能够证明观点在生活中的普适性。

(5) 段落任务：第六段最后总结论点，深入强化。

学生问题：与第一段完全雷同，没有强化。第一段和第六段如果重复，文章会落入二类文。

备考对策：虽然第一段和第六段都是阐明论点，但是经过中间 4 个段落的分析论证，第六段总结应该比第一段提出观点更加深刻。因此首尾段在逻辑上应该是递进关系，而不是简单重复。

我们已经强调过，如果论据有力，不用反复证明，不证自明；如果选择的论据无力，言语重复啰唆，不仅不会深化主题，还会节外生枝，因观点分散、语言啰唆而导致失分。

六段式还有一个变式，变在“据”这一部分。“点、正、反、深、联、总”中六段的“正、反”举例部分如果没有适合的反例来完成论证，也可以做成“点、点、面、深、联、总”。即从对比论证，变为类比论证，从第二段的一个点，到第三段的一个面，依然可以完成逐层深入论证。但是在操作的实践中，同学们更加得心应手的是正反对比论证。因为正反对比论证更能在结构与内容上凸显论据的有力。如果做“点、面”的深入，有的论据区分度不高，会做成平行论据，所以建议使用“点、正、反、深、联、总”的结构模板。也就是说暂且不管作文的议论能达到多高水平，只要这个结构对，逻辑思维就有了保障。

结构模板的六段如同六个抽屉，每个抽屉按照任务清单只装对的东西，其他的筛除。结构的稳定就可以保证逻辑思维是有序的，选材内容是充实正确的。

### （三）六段式中的篇幅详略分布

六段式的篇幅详略分布如图 5-31 所示，应注意结构详略比例。

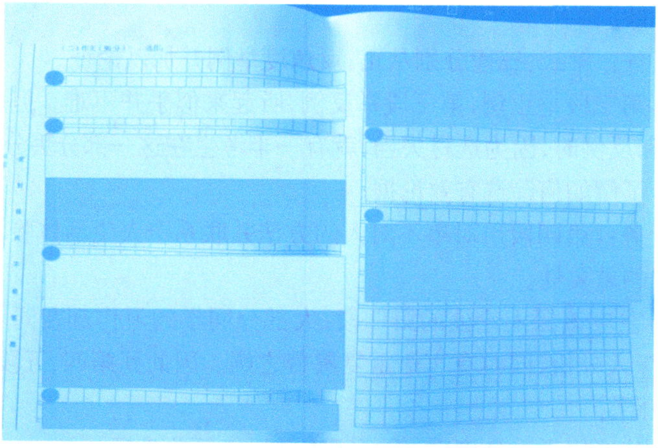

图 5-31　六段式的篇幅详略分布

本部分着重解决具体的篇幅详略导致的结构失当问题。

第一段用陈述句式，只需要完成明确观点的任务，语言风格简洁明了。篇幅尽量控制在 3 ~ 4 行，即 100 字以内。

第二段概括“正例”的目的不是讲一个故事，而是在于借正例展开论证，因此第二段应该是小故事、大智慧的篇幅结构。假设第二段占用 4 行到 4 行半的篇幅，讲故事部分必须控制在 2 行，剩下的 2 行半是对这个论据的使用和分析。简单来说，就是“据”和“证”的篇幅比例为 1 ∶ 1.5 或者 1 ∶ 2，这样才能保证完成本段落在全文中承担的任务。在议论文写作中，不是考查考生讲故事的能力，而是通过严谨地论证使阅卷老师了解考生对这个事例的见解与看法，希望出现课程标准里明确的“独到的见解”。

所以在第二、三段要格外注意不要展开讲故事，重点在于小故事中融入大智慧，在分析过程中要和阅卷老师达成共识：这个例子选材得当，能够有力地证明观点。

第一段拿到观点明确的分数，第二段拿到正面论证的分数，第三段拿到使用反面论据进行论证的分数。第二、三段重点要“明确使用”论据，保持逻辑严谨。很多考生的作文，论据部分篇幅过长，而且没有分析论据，与下文的论证缺乏必要的逻辑关联，更谈不上严谨的论证逻辑，那么这类论据在行文中是无力且无效的。因为每一个论据指向很丰富，仅仅摆在文中而不加以分析，无法完成论据与论点的联系、支撑与证明。

第四段进行深入分析，这是拔高出彩的一个关键段落，也是与其他考生拉开距离的机会。篇幅相对要长一些。这部分是文章的重点，是展示考生个性化深刻的思辨性思维的段落。

第五段联系实际，链接一个正例来支撑观点，依然是把力量放在论证而不是讲述上。篇幅结构如同第二、三段。

第六段为总结，因为要把它做成第一段的递进式，所以篇幅上也要比第一段略有增加，以 3 ~ 4 行为宜。

详细的结构比例图可以有效地帮助考生解决两个问题：一是强力矫正无序的逻辑思维；二是用稳定的结构来保证内容的充实合理。

科学的结构模板不仅有效保证同学们逻辑思维的严谨，保证内容的充实。同时稳定的结构也能够让老师看到清晰的逻辑，即便在某一段局部出了问题，也可以最大限度保证全文整体的逻辑思维是合理有序的，最大限度保全全文写作水平和得分。

考试就像打仗一样，要记住"不失分就是在挣分"的原则。要确保步步为营，稳扎稳打。

## 三、内容篇：刻意取舍与读写借力筛选有力论据

### （一）刻意取舍与读写借力筛选有力论据

（1）选择好的论据。在论据积累上不推荐论据大全之类的参考书，除了出版水平良莠不齐，论据内容比较陈旧之外，最重要的一点是编写者一般会分类归纳，例如，勤奋篇，悬梁刺股；爱国篇，苏武牧羊等。筛选的水平并不专业，往往会误导同学们思维趋向于单一，不利于建立发散性、思辨性思维。

选好论据的方法如图 5-32 所示。

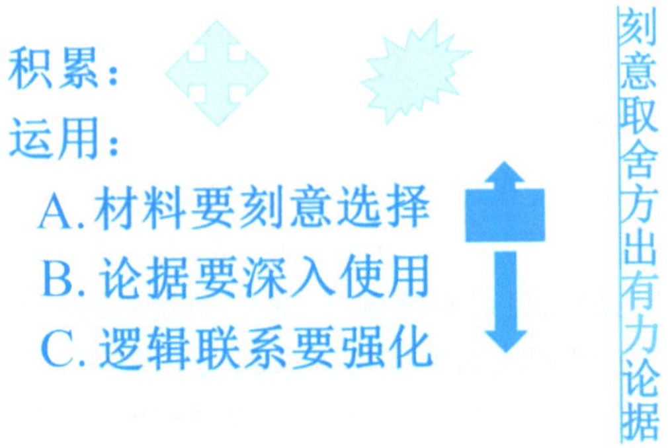


图 5-32　选好论据的方法

那么确立规范的结构之后，如何在相应段落选择有质量的论据呢？

（2）挖掘语文课堂积累。语文教材是非常有价值的论据库。可以在复习文言文的时候，提高备考效率，刻意地从文言文本中挖掘《张衡传》这类指向丰富的素材，做论据积累。用本章学习到的思维方式，重新审视教材文本，会发现很有价值。

在高三阶段博览群书，时间上不太现实，而教材就是我们的宝库。有些多指向的素材是值得积累的好论据，可以应用到很多话题讨论中，有以一当十的积累效率。如果积累单一指向的论据就无法实现一材多用的效率。

（3）指向丰富的论据在行文运用的时候需要格外注意删繁就简，并直指论点。要让多角度的素材指向单一，这个单一不是事件本身指向单一，而是叙述论据时有所取舍，表达单一，应凸显主题，不做冗余叙述。

生发点多的素材，在运用的时候一定不要把原文段、原材料直接照搬，必须根据对应的观点有所剪裁，砍掉树杈，避免节外生枝。根据语境凸显主干，使论点与论据的逻辑关联严丝合缝。

### （二）养成“有据必有证”的思维习惯，积极培养“使用”论据的意识

改正“故事会”式论据摆在卷面上不加分析的思维。这里所说“深入使用”的含义就是每一个论据故事之后一定要有跟进的分析论证，这个分析指向要清楚明确，所有的分析都是使论据与论点建立逻辑关联，越紧密越好。

## 四、语言篇：语言表达与运用如何凸显文体特征

### （一）语言表达与运用如何凸显文体特征

#### 1. 内容上的铺垫与照应

在应试作文中，为了强化逻辑关联，需要行文中的高频照应。

例如，苏秦悬梁刺股的勤奋，要强调勤奋这个主题词就需要高频点题。这个高频不是简单的词语重复，而是从论据的删繁就简开始为勤奋指向的深化议论做铺垫，这种勤奋不仅仅让苏秦个人赢得了人生。从最开始在秦国的失败，到后来配六国相印的纵横捭阖。更递进的分析是苏秦不仅依靠勤奋改变了自己的人生命运，间接地也改变了中国历史的进程，当然仅凭个人力量是无力扭转历史的，但是他间接地参与了一场大的时代变革。做好这样的铺垫，再到第四段深入论证，就可以让论据使用的效率更高。

#### 2. 语言上的照应与技巧

逻辑联系的强化还要注意，在每一段落之间的语言表达，以及起、承、转、合，都要瞄准第一段的观点。在语言表述和词语选择上刻意强化这种逻辑联系，不能每段各自为政地自说自话。目的既是控制自己不跑题，更是让阅卷老师清晰地看到第二段的论据内容是用来证明第一段的，第四段的论证是用来深入分析第二、三段论据的。高频意味着每一段都要出现主旨词，用外在的词语标志体现内在的、严谨的逻辑照应，确保逻辑线清晰、醒目。

### （二）不同文体中讲故事的语言技巧

在记叙文写作部分我们提出讲好一个故事是为了引发人生感悟与哲理。而在议论文写作中，故事只是为了证明观点。因此同样是故事，讲述的语言、表达的手段与技巧是不一样的。

记叙文体要讲述一个有趣的故事，必须选择描写的表达方式才生动。但是如果为了借故事表达一个观点，描写多了，读者思考的生发点就多，观点反而容易分散，所以一定要去掉定、状、补的修饰成分，让语言简洁干净。

议论文与记叙文在讲述故事部分的语言风格是相反的。在句式上，记叙文的语言中附加定、状、补成分很重要，在表达方式上需要大量的描写，修辞手法运用非常丰富。议论文在句式上以陈述句为主，语言附加成分尽量减掉；主要以议论、叙述为表达方式；在陈述观点时不用修辞。简明、连贯、明确、理性是课程标准的要求。也就是说，在记叙文中，语言越丰富、越饱满越好，但是到议论文中，越简洁、越理性、越干净越好，避免节外生枝。

### (三)阅卷中的议论文习作问题分析

**1. 滥用修辞,观点不明**

例如,《新时代的青年精神》这个题目,有些同学开篇就写“新时代的青年要爱国,要创新,要勤奋”等。开篇排比的风险系数极大,很容易导致文章观点分散。

**2. 把话说满,违背逻辑**

有的同学观点用陈述句式没有问题,但是在内容上太绝对了,把话说满的时候,不仅违反矛盾律、排他率等逻辑定律,而且违背生活逻辑。比如说“所有的白猫都会逮耗子,所有的黑猫都爱吃猫粮”,毛病出在“所有”这个范围的表述上。慎用全集概念,因为很有可能是一个不够客观、理性且不符合逻辑的表述。

议论文习作问题分析如图 5-33 所示。

句式:陈述为主。
风格:简洁、明确、理性。
表达方式:叙述、议论为主。
修辞:谨慎使用,开篇忌排比。
行文:强化照应,强化逻辑关联。
危险1:开篇排比,观点分散。
危险2:把话说满,违背逻辑。

图 5-33　议论文习作问题分析

## 五、审题篇:分清题目类型并找对论证角度来审题

### (一)如何正确审题

议论文的审题与记叙文略有不同。除了审题,标注要点,解释题目,找出潜台词,还要关注对应的思维模式,确定与思维模式相对应的结构与语言。语言风格、结构方式只是手段,它服从于文体写作任务,服从于思维模式。

**1. 论题型题目**

(1) 明确观点:论题型的题目不给观点,基本思路是“针对题干设置的话题,考生提出独到见解”,那么要完成的第一个任务就是自己确立观点。针对题目中的话题,应确定立场是站在甲方还是乙方,态度是肯定还是否定,是正方还是反方。态度观点一定要明确,不能够陷入脚踏两只船的写作误区,要在审题阶段就明确区分论题型与关系型题目的不同之处。

(2) 确立论据:针对话题“挑边儿站队”之后,就要思考第二段、第三段需要的有力论据有没有素材准备。如果有,就按照六段式按部就班推进;如果没有合适的论据,那么可以考虑换一个观点。因为论题型题目比较开放,不要上来就固定坚持一个论点,否则只有论点而缺乏有力论据,写作就变成无米之炊。这种情况下就不要给自己出难题,可以试想其他合理的论点。

也就是说要有试想论点、论据的思维过程,如果正好具备有力的论据,那这个论点

就可以确立了；如果储备的论据不够有力，那么就可以考虑换一个论点，避免下笔之后处于进退两难的境地。

### 2. 关系型题目

关系型论述一定要“脚踏两只船”，构成关系的双方要辩证统一，缺一不可，同时要有主次之分。

写作失误的作文大多是写成只关注一方面的文章，忽略了关系是由两方面甚至多方面构成的。

例如“勤奋与天分”这个题目当中，勤奋和天分究竟哪个更重要呢？其实需要辩证来看，在基础教育阶段，很多时候特别强调勤奋的重要性，考试如果出现了“手感不佳”的情况，一般都会说功夫下得不够，其实潜台词就是还不够勤奋。如果理性地分析一下，勤奋当然很重要，尤其在基础教育阶段，培养勤奋的品格是正确人生观之一。

但实际上同学们读了十几年书，有时候会有类似的痛苦，已经很努力、很勤奋了，但是依然不能突破某些学习瓶颈。其中有没有一点天分的关系？肯定是有的。也就是说，只要勤奋就一定成功的命题是不成立的。勤奋固然重要，但是天分在有些领域、有些阶段更加重要。比如在谍战作品《听风者》中，情报人员的超乎常人的听觉天赋起到了决定性作用。

有专家研究发现，在青少年个体学习优势上，有的同学是视觉优先型，有的同学是听觉优先型，还有的甚至是感觉优先型、触觉优先型等。对于一个听觉优先型的同学，硬性要求他必须看黑板，其实对他学习的意义并不大，因为这类同学获取知识主要的优先路径是听取信息并加以分析。也有的人形象思维格外发达，属于视觉型优势，这类人群即使在他耳边重复多次音频资料，也不如看一遍视频或图书的效果更好。

一言以蔽之，以态度是否勤奋来分析问题时，在此基础上还要充分考虑到勤奋与天分的关系，论点才能更为科学、理性，更具有深度。我们要关注到每一个个体的天分是有差异的，教育是致力于扬长补短，使学生获得长足的、全面的综合发展。

学习优势的科学认知，可以为议论文相关题目提供新的观点、新的论据、新的思想。很多时候不是单凭努力、勤奋的态度就能够解决学习、生活中的所有问题。态度固然重要，但是不是万能的。因此做这类关系型题目，要辩证分析，缺一不可，既看到勤奋的力量，也要看到天分会造成教育中个体之间的差异。也正因如此，才能证明因材施教的科学性；才会崇拜孔夫子在久远的两千年前就关注到每一个人的天分存在差异，因而提出了非常科学、理性的因材施教的教育理念。

认识提高之后，为了体现积极立意，在语言表达上不能过分强调天分，而忽略了后天的勤奋。所以关系型论证尽管缺一不可，但却有轻重主次之分。

本题目论证更侧重勤奋，因为勤能补拙。

### 3. 论点型题目

论点型题目只需严格审题，准确理解，之后按本章选材篇的要求选取有力论据，在言、据、证的思维模板中根据六段式的结构成文即可，在此不做赘述。

## （二）拓展审题练习——寻找规律

**【例 4】多角度论证——关于电影《老师好》的多角度论证**

电影《老师好》的多角度论证如图 5-34 所示。

> 网评比较一致认为于谦饰演的这个老师是个好老师形象，他工作即生活，爱憎分明，视学生如子女。对这个人物形象应如何看待？

图 5-34　电影《老师好》的多角度论证

这是一个论题型的讨论，可以“站队”这个老师好；也可以“站队”说不好，关键在于运用“言、据、证”的思维模板进行充分且合理的论据论证。

（1）正方。

**言**：老师形象是一个完美的形象。

**据**：他可以为了考生失去自己的生活，全心全意为学生奉献。

**证**：这个老师非常克己无私，他心里只有学生和工作，没有自己，值得尊敬。

（2）反方。

**言**：老师形象值得尊敬但并不完美。

**据**：作为一个独立的人，他缺乏自己的生活，缺乏职业之外的人格魅力，在很多细节可以看到，工作与生活无法分离，像家长一样爱着自己的学生。

**证**：他有职业投入，却没有抽离；他有个性中的慈爱，却没有广阔的生命悲悯，对学生爱的表达感性有余而理性不足。

这些其实都是教师素养中缺乏理性的表现，因此人物形象值得尊敬但不完美，人格魅力打了折扣。

**【例 5】多层次论证——关于“福祸相倚”**

这是关系型的论题，在论证的时候可以用古代典籍做论据，也可以用现代哲学的辩证法深入论证古老的智慧，那么第四段就容易深入了。

传说书法家王羲之家的新春对联每逢大年三十都被仰慕书法的人揭走，后来有一年实在没办法了，贴上“福无双至，祸不单行”，果然初一早上还在。他挥毫补上 6 个字：“今日至”与“昨日行”，成就了一副名联。

这副对联的传说用作论据，生发点很多。如果放在福祸相倚的哲学讨论里，叙述只需偏重内容的哲理性，与书法家身份并无太多关联。

以此思想链接巴黎圣母院失火一事，要想有更深层次的立意，就要放到一个更广阔的空间。从狭隘的民族主义角度看与从人类文化遗产的角度客观理性看，对福祸判断论证会有所变化。

**【例 6】找准论证角度——“辩论辩的是逻辑，吵架吵的是情绪”**

这是观点型论题，辩论和吵架好像有一点联系，但并不是关系型题目，更多强调的是写作者对此观点的分析。这类题目行文目的主要在于分析论证原因：辩论为什么辩的是逻辑，吵架为什么吵的是情绪。

与这个题目相似的还有一句话是“家是讲情不是讲理的地方”。这个题目的重点依然在分析原因，表示在相亲相爱的家庭生活中，不适合使用冷静的逻辑推理，更多的是对亲人们情绪上的彼此关怀，感性多于理性，亲情胜过输赢对错。

**【例 7】如何取舍选择论点——“识不足多虑，威不足多怒，信不足多言”**

如果题目要求从中任选一句观点进行分析论证，这种可供选择的题型先要掂量一下手里的选材，手里有关于哪个观点的有力论据，就选择哪个论点。这类题目要找自己擅长的观点或角度来选择切入。

一般情况下，人在见识不够广阔，思维没有高度的时候，会产生更多的担心，例如杞人忧天的典故。观察今天的生活，如果对现代科技的发展缺乏认识，例如，对支付方式的改变认“识”不足，依然单纯依赖现金支付，难以融入现代生活，也会徒生忧虑；递进分析如果对人类命运共同体的发展缺乏认识，同样会忧心忡忡，裹足不前，落后于时代。

比较起来，这类的例子不仅在语文学习中容易找到典故，而且在生活中的体会也真实丰富。所以选“识不足多虑”为题，比选“威不足多怒”“信不足多言”更容易驾驭。

现在回顾这些审题规律，首先要区分题目的类型，然后确定对应的思维框架。变化的是具体问题、具体题型；不变的是考点及“言、据、证”的思维模式。

审题方法如图 5-35 所示。

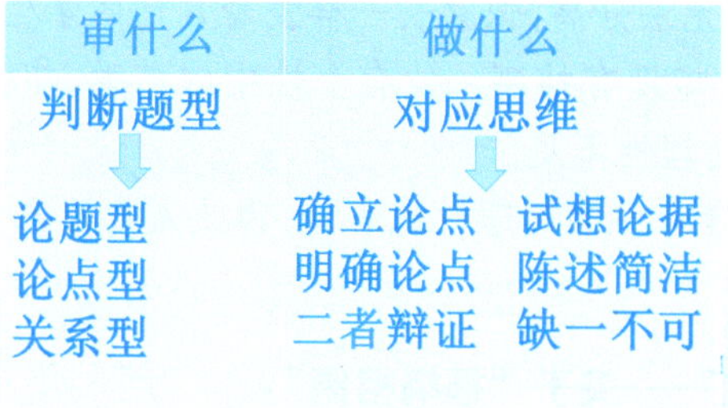


图 5-35　审题方法

## 六、立意篇：借助技巧深入论证来成就深刻的观点

深入的论证首先建立在有据可证的基础上，因此选择好的观点与论据是深入论证的前提。提高政治觉悟，具有独特的思辨，能够帮助我们成就深刻观点。

### （一）选题技巧：试想论据后再确认论点

考试作文题如图 5-36 所示。

> 老师问学生：“你们为什么老是说自己是十六岁的花季？”学生们回答：“这是一部电视连续剧的剧名。”老师沉思片刻说：“你们为什么没有想到自己是一棵树呢？一棵有十六道年轮的树已经很壮实了。”学生们默默无语。
>
> 请以“是花还是树”为题，写一篇议论文。

图 5-36　考试作文题

首先要审题，判断这是什么类型的题目，对应哪一种思维模板，试想观点论据，确定论题型题目的论点。

其次是思考论据与论点的逻辑关联。如果作为花儿有充分有力的论据支持，观点选“花”；如果没有好的论据有力证明“花”，而有作为一棵树的论据，根据手中占有的论据与论证的构思，观点选“树”。就是说在考场上的应对策略是不挑战自己，要学会做“有米之炊”。

### （二）第二、三段使用论据的技巧

在第二、三段使用论据的时候要注意结构比例的合理配置，在篇幅上要做到小故事、大分析、大智慧，千万不要陷入在考场上只讲论据不加以分析的误区。

可以从发展的观点、联系的观点、一分为二的观点三个角度对论据进行针对性分析。

#### 1．用发展的观点分析问题

我们举个低幼的例子便于大家理解。例如，有位同学对自己的语文考试成绩不太满意，但是学完思维模板这一课，有所领悟开窍了。如果今天按照老师指导的方法认真落实了，真的把课堂学到的模板式思维梳理了，提高了认识；明天再注意学以致用练习，后天就基本掌握了思维模板。体会到了“学而时习之，不亦说乎”的喜悦，到高考时正好是认识最充分、技巧最熟练的游刃有余状态。这个进步的过程是一个变化的过程，前天、昨天不行没关系，今天开始是一个节点，有可能明天、后天就有肉眼可见的进步。随着备考方法的科学化和思维品质的提高，我们对语文成绩和语文学习的看法也相应发生了变化。在事物发展的进程中看待本章模板式逻辑思维的学习，就会发现思维品质的提高，立足不止于高考，收益却在一生。这就是用发展的关系观点看问题。随着事物发展，认识也进一步提高。

#### 2．用联系的观点分析问题

我们通过阅读积累比较容易理解所有的事物是互相联系的。为什么要讲人类命运共同体的概念，因为没有一个国家、一个民族是独立生长在这个世界上的。世界是联系的，通过政治、经济、军事、文化、贸易等各个领域，穿越不同历史时间及跨越不同地域而有着千丝万缕的联系。小到团队合作，大到人类命运共同体，互补型关系在彼此的联系中才会实现合作共赢最大化，才符合历史进步的要求。

同样，在更为广阔的空间中看到事物之间千丝万缕、丰富多样的联系，可以帮助我们深入剖析问题的本质。例如，抗美援朝战争中的长津湖战役，在政治、经济、军事、历史、地缘等多重维度的联系中让我们看到的伟大意义和崇高精神，就远远不只是一个英雄主义的表达。

#### 3．用一分为二的方法分析问题

这种深化方法在关系型作文题中是经常用到。它强调的是辩证地看到问题的两个方面，利弊相生，互相影响。

在分析、使用论据的过程中，上述三个技巧、方法总有一种能帮助我们恰当地使用论据，深入地分析观点。

### （三）第四段中深入论证的技巧

深入论证思维模板如图 5-37 所示。

| |
|---|
| （1）放到时间中看 |
| （2）放到空间中看 |
| （3）怎样：方法、手段 |
| （4）为什么：原因 |

图 5-37　深入论证思维模板

稳定的结构帮助我们规范了思维的严谨性。经过结构模板的思维训练之后，做记叙文或者议论文是可以随意整合的。如同变换队形一样，同样题目今天都写记叙文体，明天还用这个题目，按照议论文思维模板马上变换文体。无论哪一种外在的文体形式，我们都一样有能力实现立意深刻的目标。

现在来看议论文第四段的深入论证，作用类似记叙文结构模板中第四、五两段的深化主题。

#### 1. 时空分析法

把事件素材放到时间中去看，放到空间中去看，在记叙文中是深化主题的手段，迁移到议论文当中就是深入论证的技巧。

例如，如何深化高三学习生活的意义。可以把高三的学习生活放在时间中看看这一年处在人生中怎样一个节点，对未来有怎样的影响；还可以放到空间中看，将自身生活置身于面对未来人生选择的全国学子之中，其对个人成长的意义自然可以看得清楚。同时要把格局及胸怀放大，看一看新中国成立七十二周年，中国共产党百年华诞，两个一百年的历史变局之时，国家与未来是多么需要年青一代奋发有为。如此来看，高考是你的人生机会，但它不仅仅属于个人，还属于时代和国家。国家通过高考要选拔、培养、储备各个领域的精英人才，服务国家，彪炳史册。考生应具有立大志、明大德、担大任的历史责任，高考的意义才变得深远。

#### 2. 剖析原因法

深入论证还可以从方法、手段和原因的角度分析“为什么、怎样、如何”呈现的论点。

例如，课程标准的学习就是为了使大家在思想上提高认识，解答“为什么”学习模板式逻辑思维。其原因在于应试写作不同于其他的创作，备考是不同于学科学习的另一项专业，备考应试的原则、方法与技巧是要体系化学习的。

再如本小节学习写作升格的技巧，其实就是在解决应试文章“如何写”“怎样写”的具体实操方法。比如记叙文的五段式、议论文的六段式结构模板，以及各种思维模板、表达模板等。

在对考试命题做深入分析与对应的模板思维研究的基础上，我们既讲了“为什么”

要学习模板式思维，同时又教给大家具体的方法与技巧，让每一位同学都能够借助思维模板与技巧知道“怎样做”“如何做”，在自己原有水平上实现大幅的质的飞跃。

深化、升格不仅是方法，更是一种深入剖析、独特立意的思维方式。

例如，美国学者房龙有篇题为《宽容》的文章，在谈到“宽容”的话题时，作者提出现在社会缺乏宽容的观点，之后从“为什么”的角度深入剖析了造成这种现象的原因。核心观点总结如图 5-38 所示。

> 现代的不宽容分为三类。
>
> 第一类，由于懒惰的不宽容，它最为普遍。……习惯依恋既定的东西，从而使抱有新思想的人成为敌人。
>
> 第二类，出于无知的不宽容，他比第一类更为严重。……自我标榜一贯正确……
>
> 第三类，不宽容是由自私自利引起的，实际上它是嫉妒的一种表现。

图 5-38　房龙在《宽容》中的三个核心观点

第一类：不宽容源于懒惰。就因为习惯依恋既定的东西，所以对抱有新思想的人容易否定甚至抵制，不能持有宽容的态度。因为懒惰不愿改变，所以对待变化就不宽容。我们观察生活会发现这种情况比较普遍：年轻人喜欢尝试这个，尝试那个，可能有时候家长、教师就会觉得是不务正业，这种不宽容、不接纳，源于习惯依恋既定的思维模式，拒绝接受新东西，不思进取的根源是懒惰，因此导致了源于懒惰的不宽容。

第二类：不宽容是出于无知。这种不宽容比第一类更严重。这一类人我们在文学作品和生活中都会看到，用成语表达叫“刚愎自用，固执己见，自以为是，自我标榜，一贯正确”等，是认识上无知的井底之蛙。

还有一种无知或不了解出于不同的人生观。例如，《庄子 · 秋水》中“惠子相梁”的一段记载“或谓惠子曰：‘庄子来，欲代子相。’于是惠子恐，搜于国中，三日三夜”。慧施对庄子的人生观不够了解，造成了眼界狭窄，行为是不宽容的。

第三类：不宽容源于主观恶意。它是由自私自利引起的，实际上是嫉妒的表现。

运用本小节思维模板阅读房龙的这段文字，毫无疑问是从剖析原因的角度深入分析，由此也可以体会到模板思维可以贯通读写并互为提高。

综上所述，我们在学习实践中不能孤立地看待语文学科的知识点，要在思维模板引导下既有方法和技巧的学习，又有政治觉悟和家国情怀的大视野、大格局的思考，才能真正实现立意升格。

## 第五节　如何积累素材并深化立意

我们生活在百年未有之大变局的时代，要具有大视野的政治觉悟及家国情怀，要关注世界局势，尤其是我们国家的政治、经济、军事、科技、文化的发展动态，从国家主流媒体的报道中筛选积累素材，做到知人论世，关注时事，素材鲜活，分析理性，立意高远。

在写作实践中我们要注意落实“关注时事、文化的理解与传承、传统和现代的联系、跨媒体的阅读交流”等课程标准精神，并在课程标准指引下有方向地积累素材。关注政治、经济、历史、军事、科技教育方方面面的国家大事和热点。

## 一、从宏大的历史事件中积累具体论据

例如，中国共产党百年历史、抗美援朝战争胜利、脱贫攻坚取得胜利、“一带一路”、改革开放四十年、新中国经济建设、中国空军及海军强军建设、中国人民反法西斯战争胜利、神州“十二号”和“天宫”空间站、全国人民众志成城抗击新冠肺炎疫情等。

再如随着国力增长，在我国召开的国际性会议及各领域的国际交流，如冬奥会等。

## 二、从中国特色社会主义理论中把握论证方向

例如，人类命运共同体、“一带一路”、中国梦的思想；纪念中国人民志愿军抗美援朝出国作战七十周年、扶贫攻坚取得胜利、中国共产党成立一百年等大会上习近平总书记的重要讲话；比如央媒、党报中关于授予共和国勋章、国家荣誉称号人物的高尚人生观与正确价值观的引导、高屋建瓴的思想。历史事件的伟大意义都指引着我们提升政治觉悟，深化论证的方向。

## 三、举例分析国家大事及社会热点

(1)“团队合作”这类的关系型的作文，立意以及第二段论据的积累方向，可以从人类命运共同体的角度切入。

(2) 关于语文学习的意义与魅力的话题讨论，可以从课程标准精神中论证母语学习关乎文化理解与传承的角度立意。

(3) 关于我国台湾问题的时事热点分析。2019 年 1 月，习近平总书记在《告台湾同胞书》发表 40 周年纪念会上的讲话中指出：“1949 年以来，中国共产党、中国政府、中国人民始终把解决台湾问题，实现祖国完全统一作为矢志不渝的历史任务。”“台湾问题因民族弱乱而产生，必将随着民族复兴而终结！”习近平总书记的讲话高屋建瓴，给我们指明了方向，让我们意识到自身的历史责任。

(4) 关于改革开放 40 年，习近平总书记前往国家博物馆参观“伟大的变革——庆祝改革开放 40 周年大型展览”，可见其高度。

2020—2021 年国家大事举例如表 5-2 所示。

**表 5-2　2020—2021 年国家大事举例**

| 时间 / 年 | 地　点 | 事　　件 | 主题及意义 |
|---|---|---|---|
| 2021 | 天安门 | 中国共产党成立一百周年大会 | 深刻改变了近代以后中华民族发展的方向和进程，深刻改变了中国人民和中华民族的前途和命运，深刻改变了世界发展的趋势和格局 |
| 2021 | 北京 | 全面建成小康社会 | 历史性地消除绝对贫困 |
| 2021 | 人民大会堂 | 纪念辛亥革命一百一十周年大会 | 站在历史正确一边，共创祖国统一民族复兴光荣伟业 |

续表

| 时间 / 年 | 地　点 | 事　　件 | 主题及意义 |
| --- | --- | --- | --- |
| 2021 | 北京 | 中国首次火星探测 | 人类科学史的重要时刻 |
| 2021 | | 神舟 12 号、神舟 13 号与“天宫”空间站 | 航天强国 |
| 2020 | 人民大会堂 | 纪念中国人民志愿军抗美援朝出国作战七十周年纪念大会 | 伟大的抗美援朝战争抵御了帝国主义侵略扩张，捍卫了新中国安全，保卫了中国人民和平生活，稳定了朝鲜半岛局势，维护了亚洲和世界和平 |
| 2019 | 上海 | 中国国际进口博览会 | 打造全球包容、互惠发展的新型国际公共平台 |
| 2019 | 北京 | “一带一路”国际合作高峰论坛 | 推动各国加强发展战略对接，聚焦互联互通，深化务实合作，实现共同发展 |

## 四、积累与运用

要找到上述方向的积累与立意的契合点，新课标和高考的命题会在“关注时事热点”方面有所体现。

例如，近年北京高考有一道题目谈到新中国成立一百年的时候是什么样子，这是一个想象类的作文题目，这个命题的立意是与时代紧密相连的。首先要了解中国发展的蓝图，学习“两会”精神和国家“十四五”规划就格外重要。其次是与世界的联系与合作，在重要会议的主题愿景中也可以看到方向。总之，既不能把今天的生活照搬到未来，只是生硬地贴上新中国成立一百年的时间标签；也不能忽略科技发展的因素，像有些网络小说一样不合逻辑地穿越臆想，那样显然是失败的。

当新中国成立一百年的时候，同学们正是各行各业的顶梁柱，是社会的骨干、精英，是民族的希望所在。所以在构思这样一个题目时，记叙文的第三段结构的故事就不应只写自己的个人成长，应该在国家发展建设的大时代背景下展示自己的家国情怀。

然而在阅卷时看到的考场作文，许多同学写到自己已经是一个 IT 精英、医学专家、工程师等，虽然在各行各业成为翘楚，但是故事里面只见个人不见家国，立意狭隘，水平就掉下来了。

首先审题没有到位，题目要求写新中国成立一百年的时候，审题模板要求注意时间定语，是二三十年后的个人成长，是在祖国发展中成长，在世界进步中成长。考场作文中大部分只见个人不见家国，题干中最主要的定语在作文中没有体现，其实就写偏题了。一旦偏离主题，一类文就很难保住。即便故事讲得很好或语言取胜，也很难有转机。审题出了障碍，立意一定会出问题。

其次积累不到位。这道题目审题的第二个要点是具有想象的因素。科技是一个大的话题，大题化小的技巧就可以运用到这里，在具体的生活小细节中体现科技的大命题。比如，支付方式的变化带来生活的变化，20 世纪 90 年代以前参加工作的发工资都是现金；后来开始出现信用卡，安全方便；现在买东西、转账等，已经很少有人用现金和信用卡了，更多的是用手机微信、支付宝等无现金支付方式，会更加快捷、方便。显而易见，支付方式的改变源于科技的发展，科技在很大程度上改变了生活。回溯过去可以帮助我们看清未来。如果我们写新中国成立一百年时的故事跟今天是没有差异的，只是把今天的生活“栽”到三十年之后的“花盆”里，“这朵花”还能开吗？这不仅逻辑上讲不通，伟大祖国日新月异的发展也不可能停下脚步。

这篇作文中的故事要合乎时代逻辑，必须有科技发展的因素。

我们可以用现在十分普及的手机列举一下三十年的时间究竟意味着什么。回望三十年前，手机在现实生活中使用的人极少。后来开始有了数字通信，公安、交通、新闻等公共服务行业优先使用寻呼机，早期呼机只显示对方电话号码的数字。后来在王选院士团队的攻关下，有了汉字显示的寻呼机。当时国际计算机界普遍认为汉字符号无法进入计算机系统，是王选院士让中国汉字录入计算机成为现实，因此具有划时代的意义。

通信工具从开始的数字寻呼、汉字显示，到后来有了手机；从模拟机到现在的智能5G手机；从单一通信功能到综合通信、支付、定位、导航、拍照、游戏、音乐、阅读、搜索、上网、生活服务等各种各样强化功能，这一切无不体现着科技的进步。三十年前无法想象手机渗透到日常生活的方方面面，买水、买电、买燃气，租车、购物、上网课，都是使用或者依靠手机，现实生活中柜台现金交易已经大幅锐减。科技发展使我国人民生活效率、工作效率大幅提高甚至领先世界。同样，在科技自主创新列入国家“十四五”规划的今天，可以想想二十多年后，新中国成立一百年之时，生活会有怎样的超乎人们想象的巨大飞跃。

面对这样的命题思考立意时，也要具备变换文体的能力，如果选择议论文体，突出的就是科技对人类生活的影响，以及科技发展在人类历史上的深远意义；如果选择记叙文体，主要呈现出的就是上文支付方式变化的故事，在故事中要有寓意。

这些大的积累方向，既是考试命题的依据，也是我们科学备考的依据。只需在这样的大背景下大题化小，做一个积累与命题契合的立意，同时注意文体的适当切换以及结构模板的稳定，学以致用，相信每一位同学都会在现有写作基础上取得质的飞跃！

在写作中还要注意卷面的整洁漂亮。书写，是一名考生在考场上的形象。字如其人，工整漂亮的书写会给阅卷教师留下良好印象。

模板式思维可以通过各种思维模板，建立起严谨的逻辑体系，让大家从根本上学会思维，从而有效提高每一个人的思维品质，并大幅提高阅读和写作水平。

# 参 考 文 献


[1] 教育部 . 普通高中语文课程标准（2020 年修订版）[M]. 北京：人民教育出版社，2020.

[2] 叶圣陶 . 叶圣陶教育文集 [M]. 北京：人民教育出版社，1994.

[3] 温儒敏 . 温儒敏论语文教育四集 [M]. 北京：北京大学出版社，2021.

[4] 顾之川 . 语文课程与考试论 [M]. 济南：山东教育出版社，2021.

[5] 顾振彪 . 语文教材论 [M]. 济南：山东教育出版社，2021.

[6] 王本华 . 任务 · 活动 · 情境——统编高中语文教材设计的三个支点 [J]. 高中语文教与学 ,2020(5).

# 后记　柔软而幸福的语文课

**刘洋（现就读于南京艺术学院）：**

我们的课堂从不是雄赳赳气昂昂地只顾前进，郭老师会告诉我们时刻感受生活中的柔软和幸福。时过境迁，当我在遥远的江南雨季中想起她的时候，我总能在朦胧中想到一丝新的细节。一页页翻着我写过的笔记，回忆和情感让“一颗孤星幻化出璀璨星空”，哪怕不再有花，我们的心中依旧弥漫着花香。

闭着眼有月色、有花香、有责任、有梦想。在这里，语文教学不再拘泥于书本表层，学习一切知识都是为了能更好地去生活。语文不再像是一门学科，更像是一种文化、一种精神的载体。活跃的课堂虽不能让人一下子成为学术大家，无人匹敌，但在师生讨论中可以为同学们抽茧剥丝，理清思绪。稍加点拨，茅塞顿开的我们思维清晰而深刻。

**李嘉元（现就读于首都师范大学）：**

在我们的语文课上你会看到颠覆，颠覆你以前的思维习惯，让你的简答不再前言不搭后语，让你的作文结构不再散乱不堪；你会看到惊讶，惊讶于做题的思路竟能如此清晰，惊讶于能在你忽略的事情中发掘出独特的情感体验与哲理思考；你会看到提升，你的思维能力随着每一节的深入而提升，你的创新能力随着每一道真题的精讲而发展，你的审美水平跟着郭老师的言传身教飞跃。

**梓珅（现就读于首都医科大学）：**

在语文课上我学到的是主动去创造幸福，而不是等待；是学会把生活中的细节看到眼里，体会在心里。

**健森（现就读于北京第二外国语大学）：**

以前我觉得柔软与幸福是最高的追求。三年语文课下来，觉得现在就已经做到，我可以去实现更多的追求了。

**雨田（现就读于北京农学院）：**

感谢语文课，以后我一定会继续用语文思维去思考问题，去过好我的人生，去好好“玩儿”。

**吉林（现就读于首都经济贸易大学）：**

三年语文课，我学会的就是要认真对待每一天，努力活成自己想要的样子，非常感谢郭老师。

**可爱（现就读于北京工商大学）：**

这三年我们感受最深的就是生活不是活着，生活有色彩、有温度，是可以触摸的。

**潇逸（现就读于陆军勤务学院）：**

语文课让我感受最深的是郭老师教给我们的严谨的治学态度。

**殷峥（现就读于首都经济贸易大学）：**

跟着郭老师三年，最深的感受就是学会珍惜现在，每一个现在就是最好的时光。

那些年的语文课，那些与郭老师并肩同行的日子已经沦为一期一会尚难顾全的拼凑。教室里的语文课结束了，读过的范文、背过的课文早已随着时间飞走了，我已经不再需要纠结于作文的选题、作者的主旨，苦闷的心事也不再写日记，耿耿于怀的过往也能坦然让它蒸发成云再落成雨。

可是，只要我还记得过去，我的人生还有所追求，语文课就永远也不会结束，时刻勉励着我不虚度时光，精彩地过每一天，它是我向前走的底气，更是方向。至于我们渴望的自由飞翔的武功秘籍，我想在这三年的语文课上我们也都找到了自己的答案。

一起努力过就值得纪念，感恩遇见，感谢并肩。

**小蝶（现就读于西安理工大学）：**

语文课是每逢一个节气，都会记录在当天笔记上的细节；是一时兴起，便都托腮看着窗外春花烂漫、鸟叫虫鸣的浪漫；是比起书本，更愿意听郭老师讲述那些奇幻经历与人生哲理的浓厚兴趣。是颠覆，是突破，是心动便行动的勇敢，也是细枝末节都藏着规矩的克制。是让我在一次又一次中感受到了生活，生活——居然是个动词。来日方长，由衷祝愿此后人生尽是坦途。

**翼飞（现就读于北京信息科技大学）：**

这三年语文课不仅学到了知识，我觉得更多的是学会了如何用一种更好的方式去生活，让自己在未来能够更从容地走下去。

**铭妍（现就读于中国民航大学）：**

三年语文课带给我的就是：做任何一件事情都要有“战战兢兢，如履薄冰”的谨慎认真。我很感动，也很幸运，在我最美好的时光遇见了郭老师、一群可爱的同学，还有我们共同的语文课。

**肖峻（现就读于北京工业大学）：**

郭老师的语文课带给我的是让我懂得全力以赴地去对待自己想做的每一件事。

**得意（现就读于南华大学）：**

这三年是郭老师教会我对于人生的态度，不盲从、不苟且、不荒废，让我相信未来的美好时光，感谢郭老师。

**唐怡（现就读于首都师范大学）：**

三年语文课让我真正明白了语文不仅是一个必考的科目，更是一个能教会我真正理解如何去感受生活里的柔软和幸福的学科。

**凯璇（现就读于北京城市学院）：**

感谢每一个遇到的人，希望每一个人都带着语文课上的坦坦荡荡，过好自己的每一天。

**大洋（现就读于南京艺术学院）：**

语文课上的郭老师让我看到了“这是行走在天地间高傲的灵魂，是真正的读书人最后的尊严”。体会到了不慌张、不谄媚的“我有我态度”的人生。

**王筝：**

照亮自己的灵魂，发现其中的深刻与肤浅、虚荣与慷慨，认清自己的意义，无论美丽或者是平凡，以及还有一句想对郭老师说的话：“珍惜天赋，保持悲悯，我们后会有期，郭老师。”

**孔畅（现就读于首都经贸大学）：**

语文是柔软而幸福的，这句话郭老师用了高中三年的时间来告诉我们。

我永远记得那次班里的诗歌朗诵活动，记得郭老师说话语气不是拿捏出来的，三分是技巧，七分是对作品的理解。我也永远记得那次话剧节，我们从零开始，剧本一遍遍推翻，道具一次次重做，台上动作的一次次揣摩，后来的一遍又一遍示教排练，最终让舞台上有了最完美的呈现。

我还记得在疲惫的高三夜晚，郭老师课间悄悄带我们三个课代表穿过空旷黑暗的大楼到办公室去，黑暗中我看到了老师桌上一朵硕大盛开的紫花，虽然老师始终没说什么，但我们幸运地在那朵花最美的时候看到了它，心情一下子柔软并振作起来。我还记得她进教室时在黑板上的阳光处随手画了浅浅一道痕迹，下课时阴影已经铺到大半张黑板，郭老师说“所谓光阴流转，逝者如斯是可以触目惊心地看到的”，那一刻我忽然就警惕并珍惜起来。